本书是国家社会科学基金教育学一般课题"基于四维度模型的企业大学创新体系研究"(课题批准号 BKA120085)研究成果

企业大学研究
——基于学习创新的视角

吴 峰 著

图书在版编目(CIP)数据

企业大学研究：基于学习创新的视角/吴峰著. —北京：北京大学出版社,2013.9

ISBN 978-7-301-23134-0

Ⅰ.①企⋯ Ⅱ.①吴⋯ Ⅲ.①企业－职工大学－研究 Ⅳ.①G726.84

中国版本图书馆 CIP 数据核字(2013)第 211529 号

书　　　　名：	企业大学研究——基于学习创新的视角
著作责任者：	吴　峰　著
责 任 编 辑：	郝　静
标 准 书 号：	ISBN 978-7-301-23134-0/G・3698
出 版 发 行：	北京大学出版社
地　　　　址：	北京市海淀区成府路 205 号　100871
网　　　　址：	http://www.pup.cn　新浪官方微博:@北京大学出版社
电 子 信 箱：	zyjy@pup.cn
电　　　　话：	邮购部 62752015　发行部 62750672　编辑部 62756923
	出版部 62754962
印　刷　者：	三河市博文印刷厂
经　销　者：	新华书店
	650 毫米×980 毫米　16 开本　20.5 印张　300 千字
	2013 年 9 月第 1 版　2013 年 9 月第 1 次印刷
定　　　　价：	45.00 元

未经许可,不得以任何方式复制或抄袭本书之部分或全部内容。

版权所有,侵权必究

举报电话: 010-62752024　电子信箱: fd@pup.pku.edu.cn

目 录

第一章 导论 …………………………………………………… (1)
 第一节 研究背景与研究问题 ………………………………… (1)
 第二节 企业大学概念分析 …………………………………… (6)
 第三节 理论基础 ……………………………………………… (13)
 第四节 研究方法与研究框架 ………………………………… (25)

第二章 文献综述 ……………………………………………… (28)
 第一节 国外相关文献综述 …………………………………… (28)
 第二节 国内相关文献综述 …………………………………… (51)

第三章 企业大学发展分析 …………………………………… (59)
 第一节 企业大学宏观发展路径 ……………………………… (59)
 第二节 企业大学成立动机分析 ……………………………… (70)
 第三节 基于组织变革视角的微观分析 ……………………… (86)

第四章 企业大学理念创新 …………………………………… (95)
 第一节 企业大学的战略性 …………………………………… (96)
 第二节 个人发展视角的企业大学 …………………………… (107)
 第三节 组织发展视角的企业大学 …………………………… (117)
 第四节 企业大学模型 ………………………………………… (123)

第五章 企业大学管理创新 …………………………………… (135)
 第一节 功能创新 ……………………………………………… (136)
 第二节 组织创新 ……………………………………………… (140)
 第三节 学习体系创新 ………………………………………… (152)
 第四节 企业大学管理者的胜任能力 ………………………… (164)

第六章 企业大学中的知识与方法创新 ……………………… (171)
 第一节 企业大学中的知识创新 ……………………………… (172)

第二节　企业大学中的知识管理案例分析 …………… (183)
第三节　基于知识的服务 ……………………………… (193)
第四节　方法创新 ……………………………………… (196)

第七章　基于网络信息技术的学习创新 ………………… (205)
第一节　企业网络学习现状及分析 …………………… (208)
第二节　组织驱动的网络学习项目分析 ……………… (219)
第三节　策略驱动的网络学习项目分析 ……………… (226)
第四节　企业网络学习项目评估 ……………………… (235)
第五节　国际比较与建议 ……………………………… (247)

第八章　企业大学中的评估 ……………………………… (257)
第一节　项目评估——学习绩效评估 ………………… (257)
第二节　组织评估——企业大学评估 ………………… (270)

第九章　结论与建议 ……………………………………… (284)
附录　企业大学调查问卷 ………………………………… (296)
文献作者名中英文对照表 ………………………………… (308)
参考文献 …………………………………………………… (311)
后记 ………………………………………………………… (320)

第一章 导 论

第一节 研究背景与研究问题

企业大学①在国内外的发展非常迅速。根据美国的数据统计,1997年美国的企业大学是1000所,1999年的数据是1600所,2001年的数据是2000所,2002年的数据是2400所②。在1997—2002这5年时间里,美国企业大学数量的平均年增长率是25%左右。虽然现有的文献资料并没有近几年的企业大学数据,但ASTD的一项估计认为美国的企业大学数量目前依然保持着以前的增速态势③。在我国,近十年来企业大学发展也是非常迅速。根据不完全的统计数据,目前大约有500所企业大学,知名的企业如宝钢、中国电信、中国移动、中粮集团、腾讯公司、招商银行等都建立了企业大学(包括企业学院,以后在本书中为方便起见统称为企业大学)。国内企业大学的大规模建立,一方面是国际上企业大学发展趋势在国内的传播与映射④;另一方面也深度地反映了我国企业对于人才的重视,企业充分认识到人才是企业的核心竞争力,是企业的第一生产力,企业大学对于提升企业的绩效有正向意义。我国人力资源的发展急迫需要从量的优势向质的优势转变,企业大学对于促进这个转变具有重要作用与意义。

---

① Allen为企业大学下的定义:"企业大学是一个教育实体,它作为一个策略性工具支持母公司实现其使命,即通过众多活动来推进个人和组织的学习、知识和智慧的发展。"
② 张竞.企业大学研究[M].北京:经济科学出版社,2012.
③ 由于美国现在企业大学数量较多,企业大学成为一种常态,因此没有机构专门统计近年来的企业大学数量。
④ 例如,我国最早的企业大学就是摩托罗拉中国公司的企业大学,中国的许多企业大学是从模仿它开始的。

按照珍妮·梅斯特(Jeanne Meister)的观点[①],21世纪的企业有如下特征:扁平化和柔性组织的出现,从体力到脑力转移的知识经济占主导地位,知识的寿命周期缩短,终身任职能力成为企业的信条,企业成为教育者。从而,员工需要七种能力:学习能力、沟通与合作能力、创造性思维与解决问题的能力、技术能力、全球化经营能力、领导能力、职业生涯自我管理能力。企业大学的出现正是帮助企业应对这些挑战。

从企业大学的发展来看,企业大学往往是由传统的企业培训中心[②]或者从企业职业技术学校[③]的基础上发展起来的。企业大学与传统的企业培训中心既存在着相似之处,也存在着极大的差异。笔者2011年针对国内企业大学的调研发现,60%以上的企业大学第一负责人是由企业的董事长或者总经理兼任,这说明企业大学被赋予了特别的期待与使命。当然,企业大学不是高等教育意义上的大学,与高等教育意义上的大学存在许多差异。埃迪·布拉斯(Eddie Blass)[④]将企业大学与大学做了比较,认为两者在目标、产出、教育层级、学生对象群体、知识生产、控制权等方面存在着很大不同。

不过,关于企业大学这个词汇用语,有一些学院派的学者提出批评,认为企业大学的水平层级不够与高等教育意义上的大学相媲美。笔者认为,企业学习发展到现在,存在着许多理念上、专业上、信息技术应用上等多方面的创新,无论是用企业大学名称还是其他的新名称来表征这一系列的创新与变革,都是可以被认同与接受的。从研究者的角度,笔者认为,为了区分企业与学校对于大学名称的理解及避免

---

① 珍妮·梅斯特.企业大学——为企业培养世界一流员工[M].徐健,朱敬译.北京:人民邮电出版社,2005.

② 例如,招银大学是从招商银行培训中心基础上发展起来的,中国电信学院是从中国电信集团培训中心基础上发展起来的。

③ 例如,宝钢人才发展院是从宝钢职业技术学校基础上,与宝钢教育培训部门进行整合发展起来的。

④ Eddie Blass. What's in a name? A Comparative Study of the Traditional Public University and the Corporate University[J]. Human Resource Development International 2001(2):153—172.

混淆,企业采用"学习中心"或者"学习与知识中心"的称谓可能更加合适一些。但是笔者也是企业大学坚定的支持者。企业大学如此高速地发展,显示出它存在的重要性及价值。企业大学之所以成为许多企业的选择,说明其对于企业绩效及企业文化起到了良好的作用;从员工层面,企业大学显示了企业对于员工的学习及成长的重视,对于员工本身的职业生涯及能力都有相当大的正面效果。企业大学强调非学历教育及针对员工能力的培养,这也是与普通高等教育意义上的大学相区分的。

  知名的企业大学研究者理查德·迪积(Richard Dealtry)认为企业大学是学习型组织的一个划时代的管理创新[①],这是一个逐渐被普遍接受的观点,即企业大学是企业教育的创新。创新是指人们为了发展的需要,运用已知的信息,不断突破常规,发现或产生某种新颖、独特的有社会价值或个人价值的新事物、新思想的活动。创新的本质是突破,即突破旧的思维定势或常规戒律。法国研究者丹尼尔·贝勒特(Daniel Belet)认为企业大学的功能从职业培训、传播企业文化、人力资源管理正在转向个人终身职业发展的管理、知识管理、组织发展以及企业战略定位和战略管理,企业大学成为企业新的组织模式并支持企业在多方面进行创新学习的实验室,Daniel 在这里观点鲜明地认为企业大学就是创新学习实验室,创新是企业大学的特色。

  笔者对于"企业大学是企业教育的创新"的观点持非常认同的态度。本书的分析架构也正是沿着创新这一理念展开。笔者针对国内许许多多的调研访谈分析与实证,支撑了理查德·迪积(Richard Dealtry)和丹尼尔·贝勒特(Daniel Belet)的观点。

---

  ① Richard Dealtry. The Corporate University's Role in Managing an Epoch in Learning Organization Innovation[J]. Journal and Workplace Learning, vol. 18 No. 5, 2006.

中国电信学院访谈记录

[访谈者]你们是在2008年成立的企业大学,你认为成立企业大学之后有明显的差异吗?

[被访谈者]差异是非常大的,以前工作任务比较轻松,往往是承接集团交代下来的一些培训任务,属于被动做事,而现在大家会主动去思考学院如何支撑业务部门,如何去支撑企业战略。以前的培训是零散的,现在我们的培训做得非常系统,并且还针对许多价值链上的客户①开展培训。我们的网络在线学习是非常有名的,拿过 ASTD 大奖。总体说来现在的工作量比以前大多了。

[访谈者]你觉得工作量增加了多少?

[被访谈者]我觉得至少有三倍。以前培训中心往往做的是接待工作,专业化程度低。现在专业化程度高,来参加轮训的分公司老总都比较尊重我们。虽然辛苦一下,但是内心比较充实,受到尊重。

宝钢人才发展院访谈记录

[访谈者]你们是哪一年成立的企业学院?你觉得宝钢人才发展院和以前的机构有什么差异吗?

[被访谈者]我们是2007年在以前的教育培训中心与职业技术学校的基础上成立的,现在职工有170多人。近几年来,集团领导非常重视职工培训与学习,我们的角色明显吃重,压力也非常大,对我们每一个人的挑战非常之大。我们学院院长是列席集团战略会议的。

[访谈者]你能说出明显差异吗?

---

① 指的是企业的合作伙伴、投资商、上下游产业链、VIP 客户等。

> [被访谈者]我觉得一个团队的带头人非常重要,我们的院长是一个非常敬业的人,也是一个非常有想法的人。他为我们设计了很多培训项目,让我们感到工作越来越充实。我觉得现在的工作越来越"入微"了,譬如说针对领导力培训,我们就划分了很多不同的阶层项目。我们设计的每一个培训项目,都要与业务部门仔细商榷方案和授课内容。另外近年来我们引入的博士数量较多,与国外之间的合作比较多,专业性也越来越高。

> **忠良书院访谈记录**
>
> [访谈者]忠良书院名气大,你觉得是因为你们的设施好还是其他的原因?
>
> [被访谈者]坦率地讲,忠良书院的硬件设施是不错,这也反映了集团对于培训工作的重视。忠良书院是董事长一手打造起来的,他对于人才与学习非常重视,将行动学习法、团队学习法亲自引进到学院,他自己经常到学院授课,所以我觉得书院名气大可能更多是由于高层的支持。
>
> [访谈者]你觉得忠良书院与以前相比明显的差异点是什么?
>
> [被访谈者]第一是对于领导力的培养。中粮集团的产业链较长,从养牧业到金融业、地产业,我们认为领导力的培养是现阶段的重点,GE企业大学因此也是忠良书院的学习标杆;第二是将学习作为解决问题的方法,我们有许多中高层研修班,在轻松的环境里解决问题,高层亲自担任研修班导师。第三是领导作为教师,我们集团高层领导、中层领导及控股公司的领导,经常担任教师来学院授课。这三点都是以前所没有的。

从上面的访谈可以看出,企业大学与培训中心相比较,在许多方面是存在创新点的。当然,这里的比较指的是纵向比较,也就是具体的某一个企业大学与它以前的培训中心相比较而言。实际上,现在也有许多企业培训中心做得非常好,也具有许多创新点,但是依然保持培训中心的名称。因此准确地描述,本书的企业大学是指学习创新意义下的企业学习部门,本书的研究问题就是,这种新的学习部门存在着哪些方面的创新。

对这个问题的研究,具有下列研究意义:

其一,企业大学存在性问题。目前既有对企业大学支持的声音,也有对企业大学观望与批评的声音。例如,社会上会有人在质疑"企业大学为什么一定要叫'大学'"?企业高层也许在心里发问,"企业大学能带来不一样的效果与做法吗?",员工也可能在心里质问,"企业大学是不是噱头?能给我带来什么价值?"对于企业大学创新点及创新体系的研究,就能较为科学地回答企业大学存在的意义。

其二,企业大学的判断标准及建设指引。对于企业大学创新体系的研究也是对于企业大学本质的研究。目前,企业大学的模型、企业大学的评估等研究都处于探索阶段,企业大学本身就是企业学习的创新,以企业大学创新体系来评价企业大学,并且指引企业大学未来的建设,具有重要的实践意义。

其三,有利于梳理企业大学在人力资源开发学科中的位置。企业大学是一种创新形式,企业大学这一理念是在人力资本理念的基础上逐渐发展的,企业大学的内容在学理上属于人力资源开发范畴。

其四,终身学习已经成为我国全民理念,企业大学在我国的大量成立也是与这个理念密切不可分的。十八大报告提出:"积极发展继续教育,完善终身教育体系,建设学习型社会",使"全民受教育程度和创新人才培养水平明显提高,进入人才强国和人力资源强国行列,教育现代化基本实现"。企业大学是终身学习的重要载体与形式,企业大学的研究对于终身学习理念的落地与实施具有重要的实证借鉴意义。

第二节 企业大学概念分析

《企业大学评论》杂志早在1998年对美国的140所企业发送了问

卷,想要了解他们的企业大学的情况。在受访的企业中,其中84%已经设立了或者是正在筹备自己的企业大学,而这些企业中,有34%的企业拥有员工数是少于5000人的。[①] 由此可见,美国企业大学起步之早、发展之快,不仅企业大学的数量惊人,在企业大学学习的学生数量也同样是惊人的,截止到1997年,美国的100所企业大学注册的学员数量就已经相当于在125所密歇根大学规模的正规大学注册的学生数。[②]

  国外对于企业大学的定义最早出现在罗勃·帕顿(Rob Paton)等人合作主编的《企业大学发展手册》一书中。该定义是:"由母公司完全所有和控制,将重点放在对母公司员工提供学习机会,并用教育部门的符号与语言进行的活动。"这个概念较为抽象,但是从本概念可以看出,企业大学是为企业服务的,是一个为员工提供学习的地方,能够让他们离开学校后继续进行学习。在企业大学里所进行的活动是用教育部门的符号和语言,说明企业大学是属于继续教育范畴。

  美国知名的企业大学研究专家珍妮·梅斯特(Jeanne Meister)在1994年出版的《企业质量大学:为企业培养世界一流员工》一书中对企业大学的定义为:"企业大学是一个过程,这个过程是企业的所有层次的员工以及重要的客户、供应商展开终身学习的过程,有助于他们提高工作业绩。"[③]这个定义不是把企业大学当做一个部门,而是强调它是一个过程,而过程是动态变化的,每个企业的企业大学的"过程"差异性较大,因此这个定义较为宽泛。但是这个定义指出,企业大学是为绩效服务的,并且企业大学的服务对象不仅是员工,而且拓展到外部客户。在1998年,珍妮·梅斯特(Jeanne Meister)又提出了"企业大学是一把战略伞"的概念,这就使企业大学的概念上升了一个台

  [①] Densford L. Corporate University Review Survey Finds Dramatic Increase in Corporate Universities; CUs Gain Popularity with Smaller Companies; CUs Seen as Cost-effective[EB/OL]. 2013-01-18.

  [②] Jeanne Meister. Corporate Universities: Lessons in Building a World-class Workforce [M]. New York: McGraw-Hill,1998.

  [③] Jeanne Meister. Corporate Quality Universities: Lessons in Building a World-class Workforce [M]. New York: Irwin Professional Publishers,1994:130.

阶,提升到了企业整体的战略上。她认为:"企业大学在本质上是室内的训练设施,它的迅速成长一方面是因为高等教育的质量和满意度不高,另一方面是因为对终身教育的需求。"梅斯特的这个企业大学观首次提出了企业大学是终身教育的组成部分。

马克·艾伦(Mark Allen)在 2002 年出版的《企业大学手册:设计、管理和发展一个成功的项目》一书对企业大学下的定义为:"企业大学是一个教育实体,它作为一个策略性工具支持母公司实现其使命,即通过众多活动来推进个人和集体的学习、知识和智慧的发展。"这是一个较为典型的定义,基本上每篇论及企业大学概念定义的文献都会提到。在这个定义里,企业大学是作为一个支持公司实现使命的工具。另外,他的这个定义强调了个体知识、组织知识等知识管理的作用,认为企业知识是企业大学的核心之一。马克·艾伦对企业大学也定义了它为"教育实体",也说明了企业大学作为一个教育机构的本质,需要用教育理念来指导。

理查德·迪积(Richard Dealtry)在 2000 年把企业大学定义为"一个组织性的专业管理流程,在演变的商务环境中,不断注入一种尊重知识、以才领导的企业文化"。在理查德的定义中,他强调企业文化对于企业大学的重要性,这种企业文化就是注重知识与才能,它是形成与培养企业大学的土壤。

普瑞斯和斯图尔特(Prince & Stewart)[1]对企业大学的定义为:一所企业大学不仅要与知识管理和团体学习平齐,还要在社会、技术及团体实践中成为重要的组成部分来支持组织的学习及知识创造过程。这个定义里进一步再次强调了企业大学里知识创造的重要性。

也有一些对于企业大学持消极态度的观点。普瑞斯和彼维(Prince C. & Beaver C.)认为:"如果根据大学的构成要素来衡量企业大学的话(这些要素有:高学历、高水平的专职师资、以全日制学生为主体的学生群体、固定的校园及支持教学、科研的基本硬件设施,大

---

[1] Prince & Stewart. Corporate University——An Analytical framework. The Journal of Management Development [J]. 2002(10):87.

学的自治和学术自由的传统、对真理和科学的无止境的追求以及包含院、系、讲座的组织建制在内的一套相互支撑的完整的教学与科研系统),没有哪个企业大学可以达到这个标准,没有哪个企业大学是和大学在一个水平面上的。"[1]

国内一些研究者也在对企业大学的定义进行有意义的探索。例如岑明媛对企业大学的定义为,企业大学扮演着一个整合组织学习系统,兼顾管理及协调不同文化、不同背景的复杂交流作用的角色[2]。

何辉认为:"企业大学就是一种由企业出资建立的新型教育培训组织,为实现组织的战略目标而对员工、客户以及价值链合作伙伴提供相关培训与教育。它将受众的学习计划与组织的战略目标直接联系起来。"[3]这个定义强调了企业大学的战略性,也突出了企业大学针对客户、合作伙伴进行服务的价值。向永康、徐东飞认为:"企业大学不是培训部门的升级而是基于战略的持续学习,是企业内部沟通的有效平台,并应具备如下主要特征:站在企业战略发展的高度;注重企业整体绩效的提升;为企业发展战略服务。企业大学通过传递一种进取的企业文化,促进企业整体绩效的提升,推动企业战略的实施。"[4]这个定义强调了三个关键词:企业战略、企业文化、绩效提升。但是这个定义仅仅将传递进取的企业文化作为企业大学的学习内容,有些片面化。实际上企业大学的学习内容既包含优秀的企业文化,也包含提升员工知识能力。这个定义阐述了企业大学是一个有效的沟通平台,对于企业大学的理念是一个新的认识,实际上,许多企业大学通过行动学习、团队学习等方式,进行学习与交流相结合。

企业大学网(study365)认为:"企业大学不是传统训练部门的升级,而是一种战略层次下的全新组织形态;企业大学注重的不只是员工的培

---

[1] Prince C, Beaver C. The Rise and Rise of the Corporate University: the Emerging Corporate Learning Agenda [J]. The International Journal of Management Education, 2001(2): 17—26.
[2] 岑明媛. 企业大学:21世纪的关键战略[M]. 北京:清华大学出版社,2006.
[3] 何辉. 企业大学及其我国的发展建议[J]. 江苏商论. 2008(4).
[4] 向永康,徐东飞. 探索具有南方电网特色的企业大学建设之路[J]. 中国电力教育. 2012(12).

训和发展，更注重的是组织整体绩效的提升；企业大学不只是满足员工在技能训练上的要求，更要满足企业在整体经营策略上的需求。因此，不管企业大学的规模大小，不管经营模式的优劣，最重要的是组织的远见、目标和协调，是所有利益相关者的共同努力、配合。"这个定义强调了企业大学的整体性、系统性、组织性，强调了企业大学与培训中心的差异。企业大学基于企业战略层面，着眼于公司的整体策略。但是这个定义比较宏观，没有进一步在微观层面上对于企业大学进行解释。

百度百科[①]对企业大学的定义如下："企业大学又称公司大学，是指由企业出资，以企业高级管理人员、一流的商学院教授及专业培训师为师资，通过实战模拟、案例研讨、互动教学等实效性教育手段，以培养企业内部中、高级管理人才和企业供销合作者为目的，满足人们终身学习需要的一种新型教育、培训体系。有点类似企业的高等学府。"从这个定义我们可以看出，首先，企业大学是由企业自己出资创办的，所要培养的也是企业内部的人员，并不像普通的大学是面向社会的，企业大学是一个公司内部的组织。其次，我们可以看到在企业大学里担任"教师"角色，除了专业的教授和培训师，还有企业里面的高级管理人员来给自己的员工做培训，其优势是这些高层人员对自己的公司与所工作的行业都很熟悉，有丰富的经验，能针对性培养人才，做到有目的地授课和培训。其次，企业大学注重的是实效性的教育手段，希望员工通过在企业大学的学习有所收获，从而能够给公司带来效益，从这里看企业大学所注重的并不是全方位的培养人，而更多的是关注所学的东西是否实用，是否能在工作中得到应用，所以教育手段才会以实战模拟、案例讨论、互动教学为主。最后，企业大学是一种新型的教育，是终身学习理念的贯彻与落地。因此这个定义相对来说比较全面一些。

无论是国内还是国外，对企业大学的概念都还没有统一的规定，每个学者都从自己的研究视角阐述自己的看法，企业大学概念本身也是在不断地深入与变化的，相对于国内来说，国外对企业大学的定义

---

① 企业大学[EB/OL]. http://baike.baidu.com/view/166909.htm. 2012-09-12.

更丰富,但是对企业大学的一个普遍共识是,企业大学是一个进行终身学习的地方,是一个为了提高企业绩效而存在的教育机构。

招银大学与招商银行培训中心的差异①

(1) 职能角色差异。由单一的培训事务专家向变革推动者、业务伙伴、员工发展顾问和培训事务专家四位一体的角色演变。

(2) 培训对象差异。由企业内部员工向企业的供应商和潜在的战略客户延伸,培训向企业价值链发展。

(3) 培训方式差异。由课堂讲授和师徒制,转变为混合行动式学习方式。

(4) 培训资源管理差异。培训资源管理由分散到集中,由零碎到整合,资源效能提高。

(5) 培训绩效差异。培训绩效与企业绩效的非直接相关到直接相关的差异。

(6) 培训需求回应差异。由被动式回应培训需求,到积极主动地探索学习需求。

通过实证与理论研究,笔者对企业大学下的定义是:"企业大学为企业战略服务,以企业文化为基础,以教育理念为指导,以系统化、知识化、信息化、经济化为方法特征,以员工发展能力、领导能力、开放能力、品牌能力为能力特征,最终促进组织变革与绩效提升的非学历终身教育培训机构,是学习型社会的重要组成部分"。在这个定义里面,强调以下四点。

(1) 企业大学是为企业战略服务的,最终目标是促进组织变革与绩效提升。

战略服务性是企业大学的根本属性,这也是企业大学区别于其他教育机构的标志。只有基于企业战略性,企业才会支持企业大学的发

---

① 资料来源于笔者对招银大学的访谈记录,2011年10月。

展,为企业大学提供人员保障、制度保障和经费保障。企业大学为绩效进行服务,体现在产品产量的增加、产品质量的提升、成本的下降、时间的节省、利润的升高、投诉率的降低等方面。组织变革最终也实现组织绩效的提升。

(2) 系统化、知识化、信息化、经济化特征。这些都是企业大学区别培训中心的差异之处。系统化体现了企业大学中的培训与学习不再是零散的、随意的,而是涵盖全体员工的、有计划的,并且有体系化的课程与师资。知识化强调企业大学创造知识的必要性。从国外企业大学的理念来看,知识管理是企业大学核心功能之一,企业大学不仅仅需要传递知识,更需要不间断地创造企业特有的知识系统。信息化体现了企业大学因应信息技术时代特征而采取的学习方式的变革,也就是E-learning在企业大学中的广泛应用。经济化体现了现代企业大学应该是一个独立进行成本收益核算的部门,同时也体现了企业大学的相对独立性,相对独立性越高,企业大学的抗风险能力就越强。

(3) 人才发展能力、领导力、开放能力、品牌能力。开发这些能力是企业大学的中间目标。人才发展能力是指员工知识技能的提升,实现职业生涯发展与组织发展的统一。企业大学的一个主要目标就是企业人才的发展,通过人才发展最终提升企业的竞争力。领导力是企业大学首先关注的领域,会对企业绩效带来较大的影响。开放能力指企业大学既需要充分整合企业内部的学习资源,为企业战略服务,同时也需要整合有效的外来资源,譬如厂商、咨询公司、政府、高校等,有效地驱动这些资源为员工学习提供服务。特别是,企业大学需要为产业链、合作伙伴、经销商提供学习支持,企业大学需要具有全球化的知识视野。品牌能力是指企业大学是一个可以驱动客户关系、提升企业无形价值的战略工具。企业大学通过研究与沉淀,形成行业的某种标准,扩大在行业中的专业影响力。譬如摩托罗拉大学的六西格玛体系成为通讯行业的质量标准,有效地扩大了摩托罗拉的行业影响力,快速传播了企业的品牌。

(4) 企业大学是我国终身教育的组成部分,是非学历教育培训机构。企业大学既针对企业内部也针对企业外部进行人才培养与知识传播,是我国终身教育体系的重要组成部分,譬如上海市终身教育条例中，明确将企业教育纳入终身教育范畴。在我国，终身学习已经成为全民理念，建设学习型社会已经成为党和政府的实际行动。企业大学的培训与学习以提高员工能力、解决问题为主要诉求，是非学历的教育形式，因此一些希望将企业大学演变成学历教育机构，将学历文凭纳入企业大学体系的做法，偏离了企业大学的理念。

第三节 理论基础

与企业大学研究相关的理论渊源较多，在这里主要回顾四个与本研究特别相关的，也是本书基础的四项理论，分别是服务创新理论、知识管理、学习型组织、人力资本理论。其中服务创新理论与知识管理属于企业大学内容理论层面，也是本书的内容框架。另外，一般的观点认为，企业大学是在人力资本理念的基础上快速发展起来的，企业大学是学习型组织的发动机，因此本书对学习型组织以及人力资本理论也进行了回顾。

一、服务创新理论

马克·艾伦(Mark Allen)认为，企业大学是一个战略工具，协助母公司来达成使命。企业大学生产的产品是知识与学习服务。这样的观点颇受认同。可见，企业大学是一个为企业战略提供服务的部门。所谓服务，格鲁诺斯(Gronroos)给出的定义是："服务是以无形的方式，在客户与服务职员、有形资源等产品或服务系统之间发生的，可以解决客户问题的一种或一系列行为。"当代市场营销学泰斗菲利普·科特勒(Philip Kotler)给服务下的定义是："一方提供给另一方的不可感知且不导致任何所有权转移的活动或利益，它在本质上是无形的，它的生产可能与实际产品有关，也可能无关。"[①]甘德瑞(Gadrey)指出："生产一项服务就是需求一个问题的解决方法，它并不提供实物产品，而是将很多不同能力(人力、技术、组织等)集中起来以回应客户和组织问题的解决方案。"

服务创新近年来受到了学术界和产业界的关注。服务创新在本

---

① 服务[EB/OL]. http://baike.baidu.com/view/133203.htm, 2012-08-12.

质上是一个过程,也能够产出价值,具有"无形性"、"生产和消费的同时性"等特性。蔺雷、吴贵生[1]认为,服务创新要重视下面几个要素:(1)创新的无形性。服务创新是一种概念性和过程性的活动;(2)创新的新颖度范围。唐纳德·赫妮(Donald F. Heany)[2]按照服务提供的结果对服务创新的新颖度进行了界定,分为根本创新型服务及渐进创新型服务。(3)创新形式的多样性。服务创新有多种诱发因素,创新维度多种多样,包括产品创新、过程创新、市场创新、组织创新、传递创新等。(4)创新的客户导向性。服务创新以客户需求为导向,客户推动了创新的出现,也对创新结果产生了重要影响。(5)创新的使用范围。服务创新具有个性化特点,与企业特色紧密结合。一个企业的服务创新不一定适用于其他企业。

> 中国电信学院[3]作为企业转型的创新平台,服务企业发展的战略工具,其角色是企业创新、企业发展的引领者,为企业发展提供策略、理念、方法和工具的支撑,以迎接新机遇,应对新挑战,因此创新成为学院发展的不竭动力。学院积极鼓励和倡导创新,营造创新的文化氛围,畅通创新渠道,搭建创新平台,练就创新能力,建立健全有利于创新的管理措施和机制,并追踪、内化业界先进的理念、方法和技术。在培训运营、课程开发、师资管理和网络大学服务四大体系的硬实力建设中,在文化和品牌的软实力建设中,在有效整合内外资源的巧实力建设中,无论在内容上,还是在形式上,都处处体现了创新的理念、方法和举措,练就了学院的核心能力,实现了学院的核心价值。

从上面中国电信学院的资料可见,服务创新是企业大学的主要特征。拜德·比克(Bilder Beek)等提出了一个有关服务创新的整合模型概念,其中包含了四个关键概念。这四个维度分别是新服务理念、

---

[1] 蔺雷,吴贵生. 服务创新:研究现状、概念界定及特征描述[J]. 科研管理,2005(3).

[2] Donald F. Heany, Degrees of Product Innovation[J], Journal of Business Strategy. Spring, 1983:3—14.

[3] 资料来源:中国电信学院。中国电信学院是中国电信集团公司于2008年成立的企业大学。

客户交互、服务传递系统、技术创新①。不同维度间存在关联和相互作用,分别对应不同的职能活动。四维度模型是一个运用结构化方式对多个因素发挥作用的创新进行描述、分析和讨论的整合模型。

这个模型的四个部分分别解释为:

(1)新服务理念(New Service Concept),即理念创新。企业大学的服务创新中,理念创新非常重要,理念决定方向。企业大学不同于传统的企业培训,很多理念具有创新性,譬如,终身学习理念、战略性、绩效导向、职业生涯发展、建构主义等。珍妮·梅斯特(Jeanne Meister)②通过对企业大学与传统培训部门的差异比较分析,阐释了企业大学的这种理念创新:企业大学是主动的,培训部门是反应性的;企业大学是集中式的,培训部门是分散的;企业大学是战略性的,培训部门是战术性的;在传递知识方面,企业大学是分享的,培训部门是以教师为主导的;企业大学关注绩效的提升,培训部门关注技能的提高;企业大学作为业务单位运作,培训部门作为职能部门运作;企业大学体现了终身学习理念的深入,体现了企业对于人才发展的重视,"大学学习的象征",培训部门体现了"去接受培训",等等。这个研究成果充分而细致地比较了企业大学和传统培训部门,也详细阐释了企业大学在理念方面的创新。

(2)客户交互(Client Interface)。服务创新的第二个维度是客户交互,主要包括服务提供给客户的方式以及提供给客户的内容。客户在很大程度上已成为服务生产不可缺少的一部分,服务提供者与客户之间的内容、交流和相互作用已成为创新的一个主要来源。在设计客户界面时考虑的问题有:提供给客户什么?如何与客户有效地交流?有能力让客户在交互中扮演合作生产者吗?具体到企业大学层面,客户交互的内容也就是企业大学的知识创新,客户交流的方式也就是企

---

① R. Bilder Beek, P. denHertog, G. Marklund, I. Miles. Service in Innovation: Knowledge Intensive Business Services as Co-producers of Innovation[J]. the Result of SI4S,1998(11).

② 〔美〕珍妮·梅斯特. 企业大学:为企业培养世界一流员工[M]. 徐健,朱敬译. 北京:人民邮电出版社,2005.

业大学的教学方法,例如行动学习①,目前在企业大学中应用最为广泛,也是解决问题的有效手段,是形成组织知识的重要方法。

因此,本书将采用"知识与方法创新"的概念来分析企业大学服务创新的维度。

(3) 服务传递系统(Deliver System)。"服务传递系统"维度主要指生产和传递新服务产品的组织。该维度侧重于内部组织安排,即通过合适的组织安排、管理和协调,确保服务有效地完成,并开发和提供创新服务产品。与该维度密切相关的问题是:组织的架构如何?如何对员工授权?如何促使员工完成其工作并开发新的服务产品?"服务传递系统"维度的核心是强调现有的组织结构以及现有员工能力必须适应新服务开发的需要,如不适应,就要通过新的组织结构设计和员工能力的提升促使创新顺利进行。

从上可见,服务传递系统就是一种组织安排、管理与协调,总体来说是属于管理范畴。具体到企业大学,指的是企业大学管理创新,包括架构、定位、功能、体系等方面的创新。在本书中也将直接以管理创新来诠释服务传递系统创新。

(4) 技术创新(Technology)。技术在很多服务创新中扮演着重要角色,"技术"和"服务创新"也存在广泛而密切的关系。大多数服务都可以通过使用某些技术而变得更为高效,如信息和通讯技术(ICT)的使用。在企业大学里,一个重大的技术创新就是信息技术带来的对于学习方式的创新,也就是 E-learning②的大规模应用。目前,E-learning 在企业大学里面广泛应用,根据笔者针对企业大学的一项调查指出,未来 E-learning 学习方式将占整个企业学习量的 70%,也就是大部分的企业学习将由 E-learning 支持完成。E-learning 由于它顺应信

---

① 每个参与者所在的机构都提出了一个比较棘手的问题,他们被交换到不同于自己原有专业特长的题目下,组成学习的团队,群策群力,互相支持,分享知识与经验,在较长的一段时间内,背靠学习团队,解决这些棘手的难题。通过实践,这种方法获得了成功,并被称为行动学习法。

② E-Learning:英文全称为 Electronic Learning,中文译作"数字化学习"、"电子化学习"、"网络学习"等。

息时代的特征与挑战,既降低了学习的成本,又提高了员工学习覆盖率,给员工带来了相对公平的学习机会,因此是企业学习的重要选择方式。

笔者认为,企业大学也是一种服务性组织,服务创新模型理论适合企业大学的创新分析。因此,笔者将服务创新理论具体应用到企业大学创新分析中,衍生出四个维度框架:理念创新、知识与方法创新、管理创新和技术创新。

二、知识管理

百度百科对于知识管理[1]的定义是:为企业实现显性知识和隐性知识共享提供新的途径,知识管理是利用集体的智慧提高企业的应变和创新能力。知识管理包括几个方面工作:建立知识库,促进员工的知识交流,建立尊重知识的内部环境,把知识作为资产来管理。

菲克·詹斯克(Femke Jansink)[2]认为,企业大学的重要功能就是在企业员工中创造知识、开发知识及分享知识。按照瑞梅克斯(Rademakers)划分的企业大学三阶段观点,在第一阶段,企业大学是属于操作层面上的,实质上是一个高级培训部门,它的目标是提高效率,与企业战略之间的关系是间接的与反应性的,主要的内容是将培训活动与企业结合起来。在第二阶段,企业大学属于战术层面的,企业大学的目的是跟随组织的目标;它与企业战略之间的关系是直接的与反应性的。在第三阶段,属于战略阶段层面的,其主要特征是知识工厂,多方位地提升与发展,与企业战略之间的关系是直接与预先构思的,通过培训与研究的手段实现开发并实现战略的落地。

美国 Corporate University Xchange(CUX)是一所企业大学研究机构,认为有五种事实共同推动企业大学的出现:扁平化和柔性组织的出现;"传统经济"转型为"知识经济";知识的寿命周期缩短;员工更

---

[1] 知识管理[EB/OL]. http://baike.baidu.com/view/2057.htm,2012-08-12.
[2] Femke Jansink. The Knowledge-productive Corporate University[J]. Journal of European Industrial Training,2005(1):29.

关注于终身任职能力而非终身雇用；全球的教育市场正在向更切合实际应用的方向转型。这五种力量共同推动建立一种更能持续提升企业竞争优势的工具——企业大学，这五种力量更反映出企业对知识的需求。从知识视角审视企业大学，有助于我们认识企业大学的本质及其发展的客观规律。

经济合作与发展组织（OECD）将广义的知识按内容分为四种[①]：（1）know-what，知道是什么的知识，此类知识又称为事实性知识，主要指关于历史事实、经验总结、统计数据的知识。（2）know-why，知道为什么的知识，指那些自然、社会和人的思维运动的规律的科学知识。这些知识的产生与传播通常是在大学、研究院等这样的专业组织内进行的。（3）know-how，是指技能方面的知识，指的是怎样做某件事情的能力。它与生产相关，也与经济领域中活动相关。（4）know-who，知道是谁的知识，是关于谁知道什么以及谁知道怎么做什么的信息，特别是它还包括有关专家形成的特殊的社会关系，以便可以获得并有效地利用这些专家的知识。吉本斯（Gibbons，1998）将知识分类为：模型1知识，在大学和其他研究机构以学科中科学知识结构为主的知识；模型2知识，即应用性知识，企业各类专业技术人员和管理人员拥有的知识。

按照以上研究的观点，企业大学是创造知识的场所，也是传播知识的场所。企业的知识更侧重于 know-how 和 know-who 的两个层面。按照吉本斯（Gibbons）的分类，企业知识也更接近于模型2的知识。笔者认为，知识管理与创新是企业大学区别于另外一所企业大学的根本属性之一，没有自己知识体系的企业大学不能称得上严格意义上的企业大学。目前，越来越多的企业大学重视知识管理与创新，将知识管理与创新作为企业大学的核心内涵及工作任务。知识管理也是企业大学区分于传统培训部门的差异点，是对传统培训的创新。

由此可见，知识创新是企业大学创新的重要内容。从上面的论述也可以看出，知识是属于服务创新模型中客户交互的组成部分，是客

---

① Organization for Economic Co-operation and Development. The Knowledge-based Economy[M]. 1996.

户交互的内容。综合上面两小节所述,从服务创新理论及知识管理理论出发,本书后面的章节将从理念创新——管理创新——知识与方法创新——技术创新这四个主要方面进行研究与论证企业大学的创新。

大量的国内企业大学实践表明①,四个方面的创新不是同时进行的,往往存在前后时间差异的。(1)理念创新属于最前置的范畴,发生于企业大学的萌芽阶段。在企业大学建设之前,无论是从理论上还是从实践角度上,需要企业负责人具有相应的理念创新,才能下决心在培训部门基础上成立企业大学。当然,从最初的萌芽阶段开始,一直到企业大学成立之后的全部过程中,理念创新是持续存在的。(2)管理创新在企业大学的第一阶段就开始启动,在这个阶段主要从事企业大学的建设工作。成立企业大学,实际上就开始进行了管理创新方面的工作,譬如企业大学的职能定位、架构、体系建设等。(3)知识与方法创新一般在企业大学的第二阶段开始启动。在这个阶段,企业大学从粗放向精细发展,从注重宏观到注重微观转变,在这个阶段,重视绩效技术、重视教学设计、重视质量与效果、重视教学传递的方法。(4)技术创新一般在企业大学的第三阶段启动,企业大学顺应信息技术时代的特征要求,逐步引入 E-learning 平台作为支持员工学习的主要手段。成熟的企业大学是这四个方面持续创新的综合体。

三、学习型组织

吉雷和梅楚尼奇(Terry W. Gilley & Ann May Cunich)②认为,学习型组织是"进行有效的和集体学习的企业,它不断转变自己以更加有效地管理知识。学习型组织赋予其成员工作中学习的机会,并且利用技术来达到学习和生产的最大化"。他认为,从传统型组织转变为学习型组织,要求企业改变其环境来支持学习。他认为,第一,学习是建立在绩效基础之上的,并且需要与企业目标相关。第二,学习过程

---

① 吴峰,中国企业大学研究文集,内部资料,2011.
② 吉雷,梅楚尼奇. 组织学习、绩效与变革:战略人力资源开发导论[M]. 康青译. 北京:中国人民大学出版社,2005.

与内容一样重要。第三,界定学习需求的能力非常重要。第四,开发知识、技能和态度的机会应遍及整个组织。并且,他的其他观点在现在也非常有价值:学习从某种角度上讲是活动、环境与文化的产物,学习应该融合不同的学习方式,学习应该融入每一个人的工作,在当今世界持续学习对于企业的生存与发展至关重要。

彼得·圣吉(Peter M. Senge)[1]指出,学习型组织主要体现在以下五个方面:(1)自我超越。指组织成员个体通过教育、正式活动和工作经历获得专业技术和增加个人能力,从而提升个人和组织绩效,达到全面绩效优异。(2)心智模式。价值观、态度等要素共同构成了个体的基本世界观,而组织的结构、经验、文化、价值观构成了组织的心智模式。(3)共同愿景。组织的共同愿景产生于组织成员的个人愿景,是综合了个人期望后所形成的组织成员共同愿望的景象,愿景、使命和核心价值共同构成了组织的主导理念。(4)团队学习。鼓励沟通和合作,促进成员之间的相互协作和相互尊重。(5)系统思考。以整体的观点对复杂系统构成组件之间的联系进行研究,其目的是为了解决组织面临的复杂问题。

吉雷和梅楚尼奇(Terry W. Gilley & Ann May Cunich)[2]认为,传统组织向学习型组织转变,需要实现下面一些方面的变革,也就是下面这些特征是学习型组织需要具备的:(1)以持续改善为基础的学习;(2)从一个个体绩效为基础的学习向以团队和集体绩效为基础的学习;(3)从以竞争为基础的学习到以合作为基础的学习;(4)从以测评与批评为基础的学习到以指导、支持和反馈为基础的学习;(5)从正式的学习向非正式的学习;(6)从以一个正确答案为基础的学习到以发现多种可能性解决方案的学习;(7)从以抽象和逻辑推理到以直觉、关系和环境为基础的学习;(8)从以结果为基础的学习到以过程

---

[1] 〔美〕彼得·圣吉. 第五项修炼:学习型组织的艺术与实践[M]. 张成林译. 北京:中信出版社,2009.

[2] 吉雷,梅楚尼奇. 组织学习、绩效与变革:战略人力资源开发导论[M]. 康青译. 北京:中国人民大学出版社,2005.

为基础的学习。

霍桑(Hawthorne)的定义中认为企业大学是提供教育活动的机构,教育培训是企业大学中提供的主要内容,大多数学者支持这一观点。员工通过在企业大学的学习,提高自身的知识与技能。珍妮·梅斯特(Jeanne Meister)指出:"企业大学的教育是面向企业的全体公民",通过企业教育给员工发展和教育培训"公平的机会"。可见,企业大学作为一个教育机构,需要遵循教育的普遍规律,以发展被教育者的潜力作为主要目标之一。

学习型组织是由个人学习、团队学习、组织学习三个层次构成的学习系统,团队是企业基石,团队学习比个人学习更加重要[①]。彼得·圣吉(Peter M. Senge)对学习型组织的描述是:"在其中,大家得以不断突破自己的能力上限,创造真心向往的结果,培养全新、前瞻而开阔的思考方式,全力实现共同的抱负以及不断地一起学习如何共同学习。"学者马夸特和雷诺(Marquardt & Reynold)指出了学习型组织的范围、对象和目标,他认为,"系统地看,学习型组织是能够有效地进行集体学习,不断改善自身收集、管理与运用知识的能力,以获得成功的一种组织"。

总的来说,学习型组织是一种以持续性的、与工作相融合的学习为特征的,强调通过学习特别是组织层面的学习来改善组织工作绩效的一种新型组织。企业大学是将企业推动成为"学习型组织"的发动机,学习型组织的理念与内涵和企业大学的内涵完全一致。

四、人力资本理论

西奥多·舒尔茨(Theodore Schultz)在美国经济年会上首次发表了人力资本理论,其主要观点如下[②]:(1)人力资本存在于人身上,表现为知识、技能与体力价值的总和;(2)人力资本是投资形成的,其中

---

① 史蒂芬·迪夫.学习力[M].常桦译.延吉:延边人民出版社,2003:66.
② 尉玮.基于人力资本投资理论的企业大学运作模式与发展趋势探析[D].北京交通大学,2010.

在职人员的培训是一个重要的方面；(3) 人力资本投资是经济增长的主要源泉；(4) 人力资本投资具有最佳的投资效益；(5) 投资所形成的人力资本的消费部分比物质资料更加经久耐用。贝克尔说："所有资本中最有价值的资本是投资在人身上的资本。"他发表了《人力资本》代表作，主要观点如下：(1) 人力资本投资既要考虑将来的收益，也要考虑现在的收益。(2) 在职培训是人力资本的重要内容。(3) 提出了人力资本 ROI 计算方法与公式。(4) 提出了年龄—收入曲线。(5) 说明了高等教育收益率，同时也比较了不同教育等级之间的收益率差别。(6) 信息的收集是人力资本的重要内容，同样具有经济价值。企业大学成立与迅速发展的趋势，正是对于人力资本理论的践行与证实。人力资源开发学科，也正是基于人力资本这一世界普遍理念发展起来的。《人力资源开发》一书中的定义为[①]：组织给员工提供学习必要技能的机会，从而满足当前和未来工作的需要而制定的一整套系统的、有规划的活动。学习是人力资源开发的核心。由此可见，企业大学属于人力资源开发学科范畴。

企业大学的迅速发展既体现了人力资源开发与人力资源管理之间的差异性，也体现了人力资源开发的日益重要性与地位上升趋势。企业大学的定位引发了它在整个企业组织里面的架构位置的讨论。对于许多新建企业大学来说，是继续保留作为企业人力资源部门下面的一个二级部门，还是重新定位作为与企业人力资源部门平行的一个机构，抑或是比人力资源部门层级还要高一层次的机构？从目前的调研实例来看，企业大学在企业中的角色架构中，与企业人力资源管理部门平级的情况较为普遍，这种情况的出现也正是人力资本理论的"胜利"。企业大学体现了人力资源开发与人力资源管理既具有相互联系，又具有自然分界的属性，如图 1-1 所示。

---

① 〔美〕乔恩·M. 沃纳，德西蒙. 人力资源开发(第 4 版)[M]. 徐芳等译. 北京：中国人民大学出版社，2009.

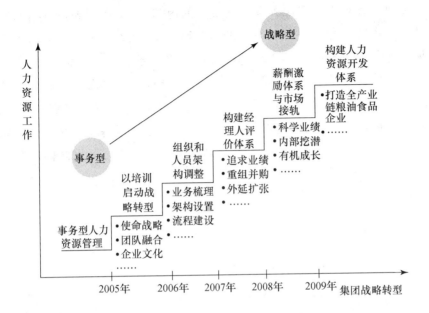

图 1-1 中粮人力资源工作的演变[①]

人力资源车轮图[②]是目前较为普遍接受的关于 HRD 与 HRM 关系的指导性研究成果。在这个模型中,人力资源管理包含的内容有:(1)薪酬福利,主要内容是确保薪酬福利的公平性和一致性;(2)员工援助,主要内容是为每位员工解决个人问题或提供相关咨询;(3)员工关系,主要内容是确保健康的员工组织关系;(4)人力资源信息系统,主要内容是建立一个完善的人力资源信息库。[③] 人力资源开发包含的内容有:(1)培训与发展,其主要内容是通过有计划的学习,帮助个体开发关键能力,使其能胜任当前或将来的工作;(2)组织发展,其主要内容是确保组织间和组织内的良好关系,并帮助组织启动变革、管理变革;(3)职业生涯发展,其主要内容是确保个人职业规划与组织职业管理的过程一致,以达到个人需求与组织需求的最优配匹。人

---

① 资料来源:忠良书院,2011 年。
② P. A. Mclagan. Models for HRD Practice[M]. T & D Journey, 1989:41—53.
③ 刘雨昕,李文超,郭燕飞. 组织与学习[M]. 北京:北京大学出版社,2011.

力资源管理与人力资源开发共同重叠的内容有:(1)组织/职位设计,其主要内容是确保组织目标、职权和系统,以及如何在组织部门和个体工作中进行整合;(2)人力资源规划,其主要内容是明确组织主要的人力资源需求、战略和理念;(3)绩效管理,其主要内容是确保个体和组织目标相关联,个体每天的工作有助于组织目标的实现;(4)招聘与人员配置,其主要内容是将个体及其职业需求、能力,与工作和职业生涯相配匹。由此可见,人力资源管理与人力资源开发之间既具有关联性又具有明显的差异性。

> **培训在中粮集团的地位和作用**[①]
>
> 在中粮,培训的地位和作用可以用几句话概括:培训是推进企业战略转型的切入点、抓手,培训部是集团备受瞩目的一个部门。培训是企业管理的一个重要工具和方法,培训是集团每位经理人必须掌握的领导技能。中粮人要使培训成为中粮集团日常的工作方法,使中粮成为一所大学。与学校不同的是,中粮把培训与团队建设、工作方法、决策形成逐步结合起来,代表一种科学、系统、参与、投入、透明、团队共同提高的工作态度和方法,形成学习型团队,从根本上改善组织的工作气氛和习惯。在中粮,培训不是老师或领导在台上讲,员工在台下听;老师不是专家,智慧在大家中间。培训是不断质疑反思,不断解决问题的方法。培训其实是一种工作方法,是团队决策的方法,是团队建设的方法,是推动人才发展和企业进步的方法。

从上面中粮集团企业大学——忠良书院提供的资料中可以看出,中粮集团的人力资源工作从事务性逐渐演变成为战略性,从事务性人力资源管理转型为构建人力资源开发体系。

[①] 资料来源:忠良书院,2011年。

第四节 研究方法与研究框架

一、研究方法

（1）文献法、问卷法

目前国内外关于企业大学的文献不多，笔者对于相关的企业大学资料进行了文献梳理，查阅了所有含企业大学关键词的外文文献一百多篇，查阅了与企业大学相关的文献三百多篇，并对于国内的对企业大学研究有些价值的几十篇文献和研究论文也做了仔细阅读与相应梳理。通过文献法了解了国内外企业大学研究的最新成果，系统地构建了本书的理论、逻辑与元素。在文献基础上，笔者带领研究团队设计了调查问卷，问卷内容是在理论框架基础上形成的，问卷内容之间隐含一定的逻辑关系，共70多道客观题或者开放题[①]（附本书后），这些问卷针对国内一些知名的企业大学[②]进行发放，回收了问卷40份。通过问卷，收集到大量的第一手翔实资料。对于回收的问卷，进行汇总、分类、整理及数据导入。

（2）实地调研、访谈及案例分析

在第一步问卷的基础上，我们组成项目组[③]，选择了二十家合适的企业大学进行实地调研，这些企业大学在不同的城市，由于时间、项目资金支持有限，笔者选择的企业大学调研数量也有限。项目组针对每一家企业大学展开访谈，访谈的对象是企业大学正职和副职负责人、下属部门负责人。针对不同的角色对象，访谈的问题与内容都有差异。对于层级高的被访者，访谈时间就相对较长。针对每一个单位的访谈时间都超过了六个小时。在此基础上，结合问卷收集上来的信息资料，我们进行仔细地观察、研究与分析。

[①] 问卷内容涵盖企业大学创新的内容但不仅限于这部分内容。

[②] 利用笔者自身的合作关系选择的企业大学。选择调研的企业大学不具有地域与行业代表性。

[③] 项目组的组成一般是三位教师与一位研究生。

(3) 层次分析法

层次分析法(The Analytic Hierarchy Process,以下简称 AHP)是区域经济学中应用得较多的一种方法,通过两两比较用以对指标权重进行确定。这个方法由美国运筹学家、匹兹堡大学萨第(T. L. Saaty)教授于 20 世纪 70 年代提出,他首先于 1971 年在为美国国防部研究"应急计划"时运用了 AHP,又于 1977 年在国际数学建模会议上发表了"无结构决策问题的建模——层次分析法"一文,此后 AHP 在决策问题的许多领域得到应用,同时 AHP 的理论也得到不断深入和发展。目前每年都有不少 AHP 的相关论文发表,以 AHP 为基本方法的决策分析系统——"专家选择系统"软件也早已推向市场,并日益成熟。层次分析法的基本原理是排序的原理,即最终将各方法(或措施)排出优劣次序,作为决策的依据。具体可描述为:层次分析法首先将决策的问题看作受多种因素影响的大系统,这些相互关联、相互制约的因素可以按照它们之间的隶属关系排成从高到低的若干层次,叫做构造递阶层次结构。然后请专家、学者、权威人士对各因素两两比较重要性,再利用数学方法,对各因素层层排序,最后对排序结果进行分析,辅助进行决策。层次分析法应用步骤如下:构造递阶层次结构;构造判断矩阵并请专家填写且按重要程度打分;层次单排序与检验;一致性检验;层次总排序及其一致性检验;多位专家汇总得出权重。

在本文中,层次分析法主要用在针对企业大学的定量评估及针对企业数字化学习项目的定量评估上,采用了"专家选择系统"软件进行定量计算。

二、研究内容框架

本书逻辑上是按照服务创新理论的四个维度来组织的,也就是理念创新维度、管理创新维度、知识与方法创新维度、技术创新维度。

在第二章,本书针对国内外企业大学研究进行文献梳理。总结国内外企业大学基础性的与最新的研究成果,按照文献的内容性质,从企业大学理论研究、企业大学建设与发展、企业大学评估、企业大学实证四个角度对企业大学文献进行分类梳理研究。

第三章分析了企业大学的发展。首先分析了企业大学在国内外特别是国外的宏观发展脉络,然后从微观角度用实证方式分析了企业成立企业大学的深层次动机,最后从组织变革的视角分析从培训中心到企业大学的发展变迁。

第四章研究了企业大学的理念创新。从企业大学的有机战略模型的三个维度:战略发展、个体发展、组织发展,进行研究企业大学的理念创新。基于有机战略模型,结合场论模型,笔者提出了企业大学的理论模型框架。

第五章研究了企业大学的管理创新。分别从功能、组织、体系、管理者四个方面进行比较研究。企业大学功能的创新、组织架构定位的创新、体系设计的创新是本章重点,最后针对企业大学管理者的胜任能力进行了研究,企业大学管理者(首席学习官)的胜任能力也是企业大学成败的关键所在。

第六章研究了企业大学的知识与方法创新。本章分析与总结了任务式知识创造流程,对企业大学中的知识创造与知识管理进行了实证分析。方法创新主要针对近几年来在企业大学应用最前沿的行动学习法进行了研究。

第七章研究了企业大学的技术创新,也就是信息化下企业的学习创新——企业 E-learning。本章针对企业 E-learning 的特征、现状与发展趋势,结合企业大学实施的不同类型企业 E-learning 项目进行研究分析。

第八章是针对企业大学评估的研究。在前述研究的基础上,对于企业大学做整体描述,并基于此,结合评估的原理与方法,笔者构建了企业大学评估指标体系。

第二章 文献综述

第一节 国外相关文献综述

一、企业大学理论研究

企业大学在学科上属于人力资源开发研究范畴。企业大学在实践中不断发展,也推动了理论的不断发展与进步。在企业大学理论中,关于企业大学模型与理念、特征与框架的研究是最丰富的。

1. 首先是模型与理念的研究

珍妮·梅斯特(Jeanne Meister)[①]在《首席学习官》杂志中提出了一个新的企业大学模型,包含四个内涵,分别是:学习变迁为商业绩效;学习组织的愿景与战略一致;共享的服务架构;学习服务与传递的创新。克里斯托弗·普林斯(Christopher Prince)基于企业大学的内容架构提出了轮模型。该模型认为,企业大学的主要目标有:提升员工心智水平、实现信息共享、创造"正能量"的框架结构、建立同伴关系、建立协作关系。企业大学与四个流程内容发生关系,产生信息交换。这四个流程分别是:知识系统与流程,其中包括技术、创造知识系统、数据库、决策工具。网络与合作流程,其中包括内部合作、外部合作、学习伙伴。人员流程,其中包括学习文化、激情的学习者、高层管理者的承诺、程序。学习流程,其中包括 HRD 流程与步骤来促进学习。

克里斯托弗·普林斯(Christopher Prince)和格雷厄姆·彼维

---

① Jeanne Meister. Corporate University[J]. Chief Learning Officer,2006(3).

(Graham Beaver)①研究了企业大学的核心价值与理念,认为企业大学越来越聚焦于员工的学习与发展,是企业知识管理的工具与载体,是企业最卓越的中心部位——组织的思想领导所在地。并且,他认为,企业大学需要与企业的最迫切的战略紧密关联,企业学习项目需要基于能力模型进行设计。企业大学应该被越来越多地用作围绕一个目标来开发共同愿景的工具,企业大学成为创造或者转化个人学习为组织知识的实验室。

马克·艾伦(Mark Allen)②定义企业大学为一种教育实体,是战略性工具,其职责是通过实施能培养个体或组织的学习、知识和智慧的活动来辅助母公司实现自己的使命。这个定义最重要的关键词是战略性,这也是与培训部门的差异,培训部门通常是操作层面或者战术层面的。

菲利普·麦塞(Philip McGee)③的一个观点值得重视,他认为企业大学一定程度上是企业的道德守护者。道德是企业文化中十分重要的环节,不道德的企业员工经常不相信组织及其领导力,缺乏工作动力,而道德的企业员工会为这个组织而自豪,工作更加有积极性,质量也更高。企业大学要提升企业道德,需要理清下列具体事项:(1)组织的使命与目标,也就是组织为什么要存在,希望或者想要完成什么,组织为什么很重要和很有必要。(2)资源和操作程序的分配,也就是为了完成组织的使命和目标应该做什么?这一步骤包括组织绩效的基准的建立、对于组织绩效的反馈、绩效差距的改进。(3)组织的核心价值、政策和道德标准。企业大学的使命不是去制定企业道德,而是如何促使 CEO 和执行团队达成组织战略规划所定义的使命与目标,逐渐形成良好的企业道德环境。

---

① Christopher Prince and Graham Beaver. The Rise and Rise of the Corporate University: the Emerging Corporate Learning Agenda[J]. The International Journal of Management Education.

② Mark Allen. The Corporate University Handbook [M]. New York: AMACOM,2002.

③ Philip McGee. The Next Generation of Corporate Universities: Innovative Approaches for Developing People and Expanding Organizational Capabilities[M]. John Wiley & Sons International Rights, Inc. 2007.

2. 企业大学特征与框架方面的研究

企业大学在发展过程中,尽管在不同行业、不同企业呈现的效能不尽相同,但综合来看还是有一些共同的特征。国外一些研究者对于成功的企业大学要素进行了总结。如珍妮·梅斯特(Jeanne Meister)[①]认为一个成功的企业大学的主要因素在五个方面:共同愿景的形成、测量评估体系的建设、市场及沟通、学员学习管理、企业大学的适应灵活性。珍妮·梅斯特(Jeanne Meister)对企业大学的建设标准进行了建议:(1)品牌,包括组织的声誉、项目的质量、薪水报酬、财政可持续程度。(2)项目,包括全球化、员工参与程度、项目网站使用简易程度、认证。(3)财政,包括企业项目产生的经济收益比例、在线项目产生的收益比例、学费及雇员工资。(4)员工,包括与一线业务相关的员工数量、教师与学生比例、教师在线辅导能力。(5)技术,包括与现存技术的适应能力、内容管理系统、功能、SCORM 适用性、现在或者未来对技术的投入。(6)测量,包括在线学生保持率、产出评估、项目与企业目标一致性、同事或者合作伙伴的测量评估。(7)学习者支持,包括电子图书馆、在线辅导、在线支持服务。(8)个性化定制,包括个性化案例、与企业战略吻合度、资深员工作为讲师、个性化市场。

托马斯·摩尔(Thomas E. Moore)认为企业大学应该包括四个因素:它是大学和其他供应商的伙伴、聚焦于员工的学习与发展、是知识管理的系统、是企业的智力中心。

在此基础上,托马斯·摩尔(Thomas E. Moore)通过研究总结出优秀的企业大学的四大特征:企业大学目标指向企业最重要的战略;培训是基于复杂的胜任能力模型;将发展企业共同愿景作为一个主要的目标;创造及转化知识,将个体学习转化为组织知识。而且,他还预测企业大学未来的发展趋势为:(1)从砖头与泥浆,到任何时间任何地点,也就是从教室培训到信息技术的大量采用。远程教育在企业大

---

① Jeanne Meister. The Latest in Corporate-college Partnerships[J]. T+D, 2003(10): 57.

学的大量使用,将改变单纯的教室面授培训模式,使得学习到每一个角落。(2)学习项目更加具有针对性。(3)终身学习成为趋势。(4)从重视学历学位到重视能力。(5)从学术研究到应用问题的解决。

在企业大学与传统大学比较上,埃迪·布拉斯(Eddie Blass)[①]提出了自己的观点。他从历史发展、学习主体、研究及知识生产、所有权与控制权等方面对企业大学与普通高等教育进行了比较。研究结果显示,这两者之间尽管有一些相似的地方,但是它们之间存在着许多本质上的差异。(1)大学名称来源于学术团队的发展,企业大学名称起源于在企业里进行的文化与学习传递。(2)大学是17—19世纪发展起来的,在20世纪发展最迅速;企业大学起源于室内培训,提供新服务、创造力、研究及发展。(3)大学的目标是为公众提供高层次的专业教育,企业大学的目标是基于企业的知识基础与知识需求进行传播,特别是胜任能力。(4)大学的教育层次是学士、硕士、博士,企业大学的教育层次是相对较低层次的职业教育(笔者对于这个观点不认同)。(5)大学的对象是所有的有需求的大众群体,企业大学是组织里的员工。(6)大学是第一类型的知识创造,企业大学是第二类型的知识创造。(7)公共大学的所有权在国家,由政府出资的;企业大学的所有权在企业。

当然,要进一步理解企业大学,还要理解企业大学在组织发展过程中的作用。埃迪·布拉斯(Eddie Blass)[②]认为,企业大学在组织里面起到的角色有：随着环境的不断变化与挑战,企业大学需要具备不断增加员工学习机会的能力;能够面临全球化的挑战,例如技术的挑战;将学习战略与商务目标整合起来的能力;整合与统一企业文化,即面临不同地域差异的挑战;聚焦于知识与学习,从而创造与保持竞争

---

① Eddie Blass. What's in a Name? A Comparative Study of the Traditional Public University and the Corporate University[J]. Human Resource Development International 2001(2): 153—172.

② Eddie Blass. The Rise and Rise of the Corporate University[J]. Journal of European Industrial Training. 2005;29,1; ABI/INFORM Complete p. 58.

优势。

凯伦·巴利(Karen Barley)[①]研究了从战略性培训到战略性学习的转变。认为企业大学中的战略性学习包含四个重要组成部分：(1) 战略基础，它定义了企业大学的目标和位置，代表了对组织学习战略的高层次概览；(2) 课程和服务，它代表了企业大学的传递供应，内容有课程、教练、指导、学习项目、认证、咨询、基于计算机的学习工具；(3) 操作和逻辑，描述了维护及发动企业大学的业务流程；(4) 评估与分析，它描述了可以在其中影响企业大学的绩效测量和整个评估规划。Karen 认为从培训到企业大学是一个从战术到战略、从个体到组织的不断上升过程。在第一阶段，特征是个人、战术性的，学习功能主要关注构建员工能力。在第二阶段，有两种混合模式。第一种模式的特征是战略性的、个人的，学习功能关注绩效改进；另一种模式的特征是战术性的、组织的，学习功能关注于通过培训构建组织效率。在第三阶段，特征是战略性的、组织的，它是一个整合的商业流程，为竞争能力与绩效而驱动学习。

克里斯托弗·普林斯(Christopher Prince)[②]对于企业大学提出了系统的分析框架。他们认为，知识管理、组织学习、学习型组织这三个概念在企业大学领域尤其重要。企业大学应该成为知识管理的推动者与建设者，在企业大学的知识管理可以分为基础层、操作层、网络层。基础层是由人力资本、结构资本、客户资本组成；操作层是由绩效、战略愿景、核心流程等组成；网络层由战略、领导文化、技术推动、知识结构组成。克里斯托弗·普林斯(Christopher Prince)对于组织学习提出了十条建议，其主要内容有：建立基于知识的伙伴关系、发展小组学习活动、改变经理的角色、鼓励试验与冒险、创造学习的机制与机会、传递有意义的信息给整个组织及外部合作伙伴、开发系统思

---

① Karen Barley. The Next Generation of Corporate Universities: Innovative Approaches for Developing People and Expanding Organizational Capabilities[J]. John Wiley & Sons International Rights, Inc. 2007.

② Christopher Prince and Jim Stewart. Corporate Universities——An Analytical Framework [J]. Journal of Management Development, Vol 21 No. 10. 2002:794—811.

考能力、开发持续改进的文化、发展组织及个人的强有力的愿景、根除官僚机制。

知识管理在企业大学发展中非常重要。克里斯托弗·普林斯在知识变革的驱动力一文中研究了知识管理在企业大学中的重要性。马丁·瑞梅克斯(Martijn Rademakers)[①]认为知识是组织获取良好绩效及竞争优势的关键所在,组织的知识更多的是动态及隐性的,这类知识很难挖掘出来,也很难去转换与交易。实际上,企业大学的概念非常广泛,既包括培训部门也包括知识创新部门。

菲克·詹斯克(Femke Jansink)[②]认为,企业大学的最重要的功能是在企业员工中创造知识、开发知识及分享知识。知识创造的产生与企业大学的哪些特征密切相关?换言之,在具有哪些特征的企业大学中知识容易产生?菲克·詹斯克(Femke Jansink)认为这与企业大学所处的发展阶段、知识生产能力、战略一致性三个方面密切相关。

克拉拉·克罗切蒂(Clara Crocetti)[③]分析了学习与知识管理之间的关系,学习如何促进知识管理,知识管理又如何促进组织的学习。他认为,培训与企业的许多过程是高度整合的,包括管理、研究与开发(R&D)、市场与沟通、销售部门、外部网络。培训部门或者企业大学建立一个从企业到部门或者从部门到企业的双向信息流程。一个战略支撑的企业大学需要四个必要条件:(1)将培训与企业目标保持一致的机制,例如培训目标使得员工的技能与企业可执行的战略目标一致。(2)将商业流程中的定量改进与特定的培训项目结合起来。(3)对于培训项目的高收费具有稳定的认同感及执行力。(4)正确区别培训与日常持续学习之间的差异。克拉拉·克罗切蒂(Clara Crocetti)分析了学习管理系统(Learning Management System,简称 LMS)

---

① Martijn Rademakers. Corporate Universities: Driving Force of Knowledge Innovation[J]. Journal of Workplace Learning;2005;17,1/2;ERIC p. 130.

② Femke Jansink. The Knowledge-productive Corporate University[J]. Journal of European Industrial Training;2005;29,1; ERIC.

③ Clara Crocetti. Corporate Learning——A Knowledge Management Perspective[J]. Internet and Higher Education 2002 (4):271—285.

的特征,认为内容管理、标准化、课程建设、评估、合作、技能与人才管理、认证及员工学习夹是其主要内容。企业培训LMS需要考虑到知识管理与处于不断变化市场中的培训之间的关系。

在企业大学的特征中,有的研究者非常强调管理的策略。如马克·艾伦(Mark Allen)[1]将企业大学的使命定义为"实施行动来培养个体和组织的学习、知识和智慧"。其中,智慧管理是一种设计完善、系统化的过程,企业通过智慧管理可以管理员工如何使用和应用其知识和技能以使得组织受益。马克·艾伦(Mark Allen)通过对于Enclos公司的智慧管理分析得出,智慧管理有三个核心的原则:确切地描述组织和员工需要发展的是什么;确定传递所需的知识、技能和经验的最好方式;确保合适的方式把发展干预迁移到影响绩效的行为中。

二、企业大学建设与发展研究

在第二次世界大战期间,企业在员工教育方面的投资发生了巨大的变化。商业与工业领袖开始逐渐认识到受教育的员工对于企业的核心竞争力提升十分重要,同时普通大学的教育又有所缺位。技术的快速发展,使得员工的持续教育与学习非常必要,这对于减少企业成本及降低员工流失率有明显的作用。一项调查显示,加拿大企业花费在员工培训上的资金数量大约占1.6%(员工总工资收入的比例)[2],当年在美国的比例大约是1.5%。戈登·汤普森(Gordon Thompson)认为,企业大学是为企业提供专门的项目,而这些项目是传统学校不能提供的。同时,需要注意的是,企业大学并不会给传统大学构成挑战,相反可以起到相辅相成的作用。

国外企业大学发展比国内早许多年,国外企业大学建设的许多经

---

[1] Mark Allen. The Next Generation of Corporate Universities: Innovative Approaches for Developing People and Expanding Organizational Capabilities[M]. John Wiley & Sons International Rights, Inc. 2007.

[2] 我们国家法律规定,职工培训经费占企业职工总工资收入的1.5%~2.5%。

验与研究值得总结。理查德·迪积(Richard Dealtry)[1]针对企业大学建设的一些具体问题进行了解释。(1)企业大学的名称是否有必要？他认为,有的企业对这个名称比较满意,因为一方面"企业大学"体现了企业性,属于企业的,另一方面,它是一个支持学习、驱动学习的机构。但是有的企业对于"企业大学"这个名称不见得满意,认为这个名称过于学术化。不管怎么说,名称对于一个机构很重要,理查德·迪积(Richard Dealtry)建议名称包含下列要素：公司的名称、行业或者商务的关键词、研究院或者企业大学或者学院。(2)哪些类型的企业适合于建立企业大学？理查德·迪积(Richard Dealtry)认为,以前的趋势是,在高科技企业、专业服务公司、科研性质的企业比较适合于建立企业大学。但是目前对于关注领导力发展与创新的企业更容易获得突破。(3)企业大学的地点在哪里？一般的理解是企业大学需要在固定的校园里开展一些正式的培训项目。理查德·迪积(Richard Dealtry)认为,学习适用于任何场所,在办公室、在工厂等,没有边界,企业大学的关键在于创造一个良好的环境氛围使得员工愿意参与进来。(4)企业大学是否像一所传统的大学？理查德·迪积(Richard Dealtry)认为,虽然企业大学也存在教学、研究及学习发展等相关行为,但是企业大学与企业管理、战略框架、学习过程等结合得很紧密,它与传统意义上的大学存在着差异。企业大学与大学的关系是一种新型的关系,不像以前的商业与学术机构的关系。(5)企业大学是否包括所有员工？理查德·迪积(Richard Dealtry)认为,企业大学是为员工、经理、执行者及高级主任的所有人提供学习支持的,并不仅仅只是为专门的一些人群及部门服务。但是企业大学也需要考虑到,如何利用有限的资源为那些创造商业价值的特殊人群提供特别的项目支持。(6)谁对企业大学的发展与管理负责？理查德·迪积(Richard Dealtry)认为,企业大学是一个重要的展现最高层愿景的业务平台。它的成功需要克服企业文化障碍、组织变革的障碍。因此,一个直接

---

[1] Richard Dealtry. Frequently Asked Questions with Reference to the Corporate University[J]. Journal of Workplace Learning;2001;13,5/6;ABI/INFORM Complete p.254.

向首席执行官进行汇报与负责的角色非常有必要,他需要具备高层次的技能,对于核心团队的管理能力,并且是一个能提供建议的咨询师。(7) 是否需要与普通大学及商业学院保持联盟? 理查德·迪积(Richard Dealtry)认为,保持联盟合作有必要,特别是在信息交换、项目研究合作、学分转移制度等几个方面。

迪拓集团(Dibta Group)[1]认为企业大学的发展历程是:培训中心—学习中心—团队学习中心—团队企业学院—企业大学。其中培训中心的特征是:提供一些短期课程及支持一些特殊的工作技能训练活动。在这个阶段,培训被视为一项昂贵的活动,培训由培训主管负责,并且受培训经费的约束。学习中心的特征是:发展特殊项目以支持员工的在岗培训,重视员工职业生涯发展及工作绩效提升。将培训作为一件有益处、有意义的事情,培训工作受培训预算及培训日程计划控制。团队学习中心的主要特征是将整个组织的提升作为中心任务而不仅仅是针对部分员工。团队企业学院的主要特征是:作为组织学习的推动者与协助者提供问题解决方案,影响企业战略商业绩效的提升。该项工作由一个直接向企业最高层汇报的学习管理者负责,他具有学习的战略理念,这些理念是基于他非常好的专业领域能力。企业大学的主要特征是:它是组织的战略伞,是推动组织文化及推动组织学习的主要引擎。与外部伙伴形成联盟与战略伙伴关系,使得组织的发展是安全的,它还是组织未来领导者成长与选拔的摇篮。通常企业大学被首席学习官领导,他具有高阶层的领导地位并且具有学习愿景。迪拓集团(Dibta Group)认为,企业大学学习传递系统通常具有以下组成内容:业务学习解决方案、学习项目、必需的职员数量、未来业务领导力、业务差距分析、学习创新、战略学习伙伴。

拉里·罗斯娜(Larry A. Roesner)[2]对于 CDMU[3] 企业大学的成

---

[1] Dibta Group. Corporate University[EB/OL]. http://www.dibtagroup.com, 2012-05-02.

[2] Larry A. Roesner. Corporate University: Consulting Firm Case Study[J]. Journal of Management in Engineering, 1998(4).

[3] CDMU 是 Camp Dresser & Mckee 公司的企业大学。

立做了研究,CDMU 是在以下情况下成立的：企业希望提前进行变革,企业希望成为技术领导者,希望每一位员工通过学习而发展自己,视同培训与学习为企业与员工个人之间的契约。CDMU 下面设立了三个学院,分别是技术学院、商学院、员工发展学院。技术学院主要提供工程与科学方面的与企业业务相关的知识培训;商学院主要提供项目管理、预算、会计、市场等方面的课程;员工发展学院主要提供时间管理、个人技能、企业文化等方面的知识培训。

珍妮·梅斯特(Jeanne Meister)[①]总结了企业大学建立的步骤,分别是：组织管理团队;形成一个共同的愿景目标;寻求资金渠道;确定企业大学的范围;甄别利益相关者及他们的需求;开发产品与服务;考虑技术策略;审视测量与评估体系;沟通、沟通、再沟通。珍妮·梅斯特认为作为企业大学的负责人,也就是首席学习官,需要具有四个方面的能力,承担四个方面的角色,分别是业务伙伴、系统思考者、教育专家和联盟建立者。21 世纪会带来新客户、新产品与服务、新联盟、新机会,企业大学的主要目标就是武装员工的知识与技能迎接这些新的机会与挑战。

理查德·迪积(Richard Dealtry)认为企业大学的功能要素有：(1)设计学院战略。其中包括设计学院顶层团队、战略方向与政策、动态大纲。(2)内外部市场功能。其中包括：管理的市场、设施、项目候选者的市场、外部伙伴的市场、联盟。(3)行政。其中包括：个人资源与契约、学员选择及员工入职计划、项目管理。(4)知识获得过程。其中包括：数据选择、系统和过程、进入协议、研究。(5)知识管理。其中包括：企业图书馆、其他图书馆、电子资源。(6)学习硬件支持。其中包括：经理及辅导者,组织与开发职能。(7)规则标准。其中包括：行业最佳实践、环境最佳实践、政府干预最佳实践。(8)管理项目开发。其中包括：企业开发平台、培训模式、学士项目、认证项目、学位项目、硕士项目、政府推动的项目。(9)质量保证系统及过程。其中

---

① Jeanne Meister. Ten Steps To Creating a Corporate University[J]. Training & Development, November 1998;52,11;ERIC.

包括：正式契约、企业开发评估、外部知识伙伴、开发评估。(10) 数据保护。其中包括：分布式学习、协议、安全、内部知识管理、伙伴关系。

艾米(Amy)从多维度对企业大学功能进行刻画与描述，每一个维度代表企业大学的一个特征或者一个过程，其中架构、发展阶段、资金来源是刻画企业大学特征的，其余的维度是刻画企业大学的过程。(1) 战略与愿景。企业大学的目标、项目的实施、学习与开发的过程等一切都必须与企业的战略相配匹。只有战略一致，企业大学才能为组织创造价值，组织才能为企业大学提供良好的环境。企业的战略与愿景主要有：教育目标与组织的战略需求一致；将员工的所得和学习活动与学习目标紧密结合起来；设计出来的课程体系中强调企业公民、商业框架、核心能力；将学习对象拓展到关键客户及供应商；像运营商业业务一样经营企业大学，允许企业大学的经济追求；发展企业大学的创新联盟，特别是与高等教育机构一起；能体现企业大学的价值，对企业大学的价值进行评估。(2) 管理与领导力。企业大学需要与业务部门紧密结合，企业建立一个包含高层领导及业务部门领导在一起的专业学习委员会来宏观管理企业大学。委员会不仅仅可以提升企业大学在员工中的影响力与参与度，也可以提升企业大学在行业中的地位。同时企业大学需要一名首席学习官来进行管理。ASTD的调查发现，95％的企业大学设有首席学习官。(3) 架构。架构也可以成为"工作流程、沟通、威权关系"。许多企业大学更加趋向于正式的制度化的集中培训管理模式，特别是，学习与培训项目的管理与预算进行集中管理。一个隐藏的模型是，各个业务单元需要对与自己业务相关的培训进行配合与负责，但是技术与项目由一个统一的核心团队来负责，包括学习技术的推进、E-learning 标准、建立统一的流程、设立项目评估策略。(4) 发展阶段。新的企业大学仅仅在操作层面和过程层面上起步，而相对成熟的企业大学已经出现项目及标准很规范的特征。企业大学成熟度的主要考察依据一般说来由项目创新、技术应用、实践完备程度因素组成。(5) 课程体系提供。企业大学关注企业的价值实现、流程、战略目标，并且在企业文化、企业历史方面也充当一定的角色。课程体系主要包含有：新员工培训、客户服务能力、沟通能力、专业技术、商业能力、领导力与管理能力。(6) 学习覆盖率。企业大学的服务对象及服务内容与培训中心相比大大拓展，它为不同层级的员工、一个专业的小组、一个特定的角色提供服务。(7) 价值与测量。学习的价值由于它的不可触摸性，因此对它的测量变得极其具有挑战性，例如领导力开发课程的培训效果测量就非常困难。目前普遍的测量原理是柯氏四级评估法。根据 ASTD 的一项调查，38%的企业是应用柯氏四级方法去评估的。一般来说，低层级的评估较为容易，而高层级评估则困难得多。(8) 资金来源。企业大学需要资源、职员、资金来开展工作，因此应该建立一个为服务而付费的体制，各个专业部门为企业大学提供的服务而付费。企业大学建立自负盈亏机制，这样，企业大学会有更好地为业务部门提供优质学习服务的动力与压力。(9) 技术应用与完备。随着信息时代的发展，技术在企业大学里得到越来越广泛的应用。例如网络学习、Web 2.0、模拟技术等。一方面技术的应用降低了成本，另一方面使得更多的员工得到学习的机会，使得学习不再局限于教室。(10) 合作伙伴。企业大学需要与业务部门、人力资源管理部门、学术研究机构、供应商建立合作伙伴关系。与业务部门能否建立有效的合作关系是决定企业大学成败的重要因素，企业大学是为业务部门的绩效提升服务的。企业大学可以视作人力资源管理的一个组成部分，它与企业总体的人力资源规划是分不开的。企业大学与大学机构之间的课程开发、学位提供合作也越来越多。另外，企业大学也没有必要事无巨细都自己去开发，一些专业内容可以交给咨询机构、供应商去完成，这样可以在职员人数有限的情况下保证企业大学总体目标的实现。据 Global Industry Analysts (2010) 预测，在 2015 年，全球学习外包行业市场能达到 60 亿美元。

彼得·霍兰与阿曼达·帕曼 (Peter Holland and Amanda Pyman)[①]以 Coles Myer 企业大学为例做了分析。Coles Myer 企业大学的发展分三个主要阶段。第一阶段是建设阶段。该企业大学是在 2003 年 11 月建立的,最初成立的主要目的是节省成本,使得更大量的员工能获得培训,并在不长期缺席工作岗位的情况下以及出差的情况下获得培训。该企业大学也是在企业实施"走出去"战略的指导下,以及在整合企业资源的形势下成立的,既是企业竞争优势的发展,也是企业人力资源职能的拓展。第二阶段是发展阶段。在这个阶段,团队花了较长时间去探究企业大学的内涵,以及企业大学应该如何工作。团队从 Caterpillar 大学聘请了一位专家来做介绍,帮助并促进 CMI[②]企业大学发展。在这个阶段,CMI 做的一件有意义的事情是建立了企业大学的愿景,并且对于企业的各个层次的员工的学习与培训都做了专业的需求分析与规划。第三阶段是高级阶段,特征关键词是:持续、传递、支持。在这个时期 CMI 有两个主要的目标任务:(1) 在整个企业的组织目标规划下,用培训或者开发的方式帮助每一个层级发展,E-learning 培训平台在这个阶段进行了引入。(2) 与 Deakin 大学在职业教育与培训方面建立了合作伙伴关系,特别是在六个方面进行全方位合作:零售、运输、礼仪、信息技术、客户关系、商务服务。员工的职业发展是这个阶段的核心,提供员工一系列学位与非学位的课程,并且与大学合作开展领导力培养项目。实践证明,CMI 企业大学是成功的,一方面,通过资源整合,为企业节约了 30% 的资金;另一方面,企业大学的投资回报率(ROI)相当高。总之,企业大学的出现说明了近几年来它在人力资源开发领域里的重要性。

按照瑞梅克斯(Radmakers)划分的企业大学三阶段观点,在第一阶段企业大学是属于操作层面上的,实质上是一个高级培训部门,它的目标是提高效率,与企业战略之间的关系是间接的与反应性的,主

[①] Peter Holland and Amanda Pyman. Corporate University: A Catalyst for Strategic Human Resource Development[J]. Journal of European Industrial Training, vol. 30 No. 1, 2006: 19—31.

[②] CMI 是 Coles Myer Institute 的简写。

要的内容是将培训活动与企业结合起来。在第二阶段,企业大学属于战术层面的,企业大学的目的是它仅仅跟随组织的目标,它与企业战略之间的关系是直接的与反应性的。在第三阶段,属于战略阶段层面的,其主要特征是知识工厂。多方位地提升与发展,与企业战略之间的关系是直接与预先构思的,通过培训与研究的手段实现开发并使战略能落地。菲克·詹斯克(Femke Jansink)认为,只有在第三阶段,企业大学才能实现知识的生产。Femake 提出了一些值得借鉴的研究结论,认为知识生产型企业大学有以下一些特征:(1)组织目标。学习一定要与组织的目标相联结。(2)知识过程。知识转移、知识分享、知识创造应该同时产生。(3)"做"中学。学习不仅仅通过课堂教学,更大范围的学习活动应该被组织并重视起来,例如"做"中学之类的活动。(4)学习目标自主性。学习与课程不是命令式的,也不是预先被定义好的,员工应该是自己学习的主人。(5)设定学习目标。特别是针对组织的不同情境与岗位的员工。(6)天天练习。通过一天又一天持续渐进的学习整合非常重要。(7)挑战工作环境。工作环境的挑战可以促进学习与工作的高度整合。(8)学习功能。企业大学应该使得学习环境与工作环境更加合适,并且使得学习功能具有可操作性。(9)吸引力。组织中的员工以及学习活动的参与者相互之间具有吸引力。(10)激励员工在工作中的积极性和主动性。(11)提升挑战。员工能感受到工作的挑战并且受到鼓励为组织的提升努力。

理查德·迪积(Richard Dealtry)[①]根据职位与任务的性质将企业大学从业人员的层级做了划分。处于第一层(最底层)的是操作型一线经理,主要特征是"固定的岗位上从事日常性的工作";第二层是专家型,专职负责专门领域,主要特征是"不固定岗位上从事日常性的工作";第三层是部门主管,主要特征是"固定的岗位上从事非日常性的工作";最高级别的第四层是首席学习执行官,负责宏观层面的规划与政策,主要特征是"不固定的岗位上从事非日常性工作"。

---

① Richard Dealtry. The Corporate University's Role in Managing an Epoch in Learning Organization Innovation[J]. Journal of Workplace Learning, vol 18 No 5. 2006: 313—320.

中小企业也可以建立企业大学。李·斯蒂芬斯（Lee E. Steffens）[①]以 Enclos 公司为例介绍了如何在小公司开展工作。Enclos 建立企业大学的关键要素是知识管理、学习项目、智慧管理、创新管理、文化变革。在小企业以有限的资金去做企业大学，需要知道企业大学不能满足所有人的需求。在资源不充足的情况下，如何外包、如何将产品拓展到市场、有效地利用技术手段、建立学习管理系统都是最佳的可选择实践。

政府部门也可以建立企业大学。凯文·布鲁尼（Kevin W. Bruny）[②]以切斯特菲尔德企业大学为例研究了如何在政府环境中建立企业大学。作为政府，建立企业大学的目标是提供公民利益、员工利益及组织利益，愿景是提供持续的学习、促进个体和组织的成功。企业大学框架顶层设计是学习委员会，学习委员会有来自政府部门的代表，也有来自各个学院的负责人，学习委员会下设首席学习官岗位，从执行层面负责企业大学的运作。切斯特菲尔德企业大学下设的学习机构有：业务应用技能和时间学院、健康和安全学院、领导和个人效率学院、政策和实践学院、公共安全学院、质量和持续改进学院。

也有研究者关注企业大学内部的学习策略。凯伦·巴利（Karen Barley）[③]认为学习策略的成熟是企业大学的一个明显的标志。他认为在以下几个方面的学习策略是企业大学区分于企业培训的：(1) 对工作场所的挑战从完全反应性的，到主动应对将要发生的变化。(2) 从关注个体到强调组织建设。(3) 从传递课程到系统化的解决方案。(4) 将培训从人力资源所有权到将学习视作业务伙伴。(5) 从零

[①] Lee E. Steffens. The Next Generation of Corporate Universities: Innovative Approaches for Developing People and Expanding Organizational Capabilities[J]. John Wiley & Sons International Rights, Inc. 2007.

[②] Kevin W. Bruny. The Next Generation of Corporate Universities: Innovative Approaches for Developing People and Expanding Organizational Capabilities[J]. John Wiley & Sons International Rights, Inc. 2007.

[③] Karen Barley. The Next Generation of Corporate Universities: Innovative Approaches for Developing People and Expanding Organizational Capabilities[J]. John Wiley & Sons International Rights, Inc. 2007.

散式的培训记录到跟踪式的中央控制。(6)从很少或者没有评估实践到拥有强大的测量系统。(7)从架空的支付模型到竞争性的、增值性的收费资产系统。

也有的研究者关注企业大学品牌建设,认为品牌是企业大学最有价值的无形资产。安妮克·雷纳德·库伦(Annick Renaud Coulon)[①]认为企业大学的品牌很重要,它既是形象,也是身份认同和一种承诺。安妮克建议打造企业大学品牌的第一步就是确定企业大学的战略地位,然后才是设计企业大学品牌,这些属于品牌的要素有:理想、愿景、目标、价值观、文化、资源、能力、市场地位、竞争、产品与服务。评估企业大学品牌的价值可以从四个维度入手:品牌的知名度、品牌的形象、客户的忠诚度、客户的喜好程度。

随着信息技术的发展,越来越多的企业大学主动运用技术促进学习。E-learning逐渐成为企业大学学习方式的一种主要类型。吉尔·胡曼(Gill Homan)和艾伦·麦克皮森(Allan Macpherson)[②]调查显示,2002年美国的企业培训中30.5%是通过E-learning完成的,到2003年这个数字已经达到了47.8%。吉尔针对美国三个典型的企业E-learning做了案例分析。从最基本的层次来讲,E-learning可以作为支持员工基本技能发展的工具,同时,E-learning可以扩大应用的对象范围,鼓励形成一种学习型的企业文化。E-learning降低学习成本、提高学习的灵活性、更加具有效率等明显特征。吉尔认为企业E-learning有两点重要的隐形价值:企业E-learning对于企业文化形成的价值,另外就是,企业E-learning提供了基层员工大量的学习机会,从而使得企业绩效底线上升[③]。有资料表明,技术的广泛应用将是第三代

[①] Annick Renaud Coulon. The Next Generation of Corporate Universities: Innovative Approaches for Developing People and Expanding Organizational Capabilities[J]. John Wiley & Sons International Rights, Inc. 2007.

[②] Gill Homan and Allen Macpherson. E-learning in the Corporate University[J]. Journal of European Industrial Training Vol. 29 No. 1. 2005:75—90.

[③] 笔者对于这句话的理解是"木桶原理",最短的木桶板加长了,使得木桶水量增加。由于基层员工也具有了以前所没有的学习机会,使得企业的最低绩效刻度线上升,而基层员工数量在企业中是最多的。

企业大学的特征,技术将使得培训与学习的范围更加宽广,E-learning可以作为企业的战略工具。

许多企业大学成立,同时又有许多企业大学消失,一些企业大学之所以比另外一些企业大学成功,其原因主要是两个方面。其一,企业大学的管理者与企业的最高层之间建立有直接的联系。这样就有来自企业高层的许多直接支持,给企业大学带来了特殊的空间地位。其二,企业战略与企业大学的活动之间有直接的关联。具有一个合适的可见的愿景、使命和战略,会使得企业大学与企业需求更加匹配。企业大学需要周期性地思考其目标、业务模型、组织系统。成功的企业大学知道如何去进行知识转化、交换和创造,并通过关键的机制将分散的知识进行组织协作。

三、企业大学测量与评估研究

与高等教育评估不一样,企业大学是为企业战略服务的,不同的企业,其战略定位及价值观不同,因此不能用评估高等教育的体系方法来评价企业大学。企业大学的研究与实践都处于探索过程中,企业大学到底实现哪些功能,核心理念是什么,也是一个不断摸索的过程,因此对于企业大学评估目前也处于研究与探索过程之中。国外不少专家学者提出了企业大学测量与评估的一些维度与研究,值得学习与借鉴。

穆雷(Murray)对于评价企业大学的价值提出了以下几条标准:(1)一致性,企业大学的学习与企业的商业战略保持一致。(2)联盟性,和企业的外部提供者一起发展企业大学的战略联盟。(3)数字化学习(E-learning),通过技术创造新的学习环境。(4)开拓市场,发展及完善创新市场并且发展企业大学的品牌。

理查德·迪积(Richard Dealtry)[1]采用 14 个指标对企业大学进行量化分析,分别是:管理、资金、战略方向与政策、学习技术、智力合

---

[1] Richard Dealtry. Case Research into Corporate University Developments[J]. Journal of Workplace Learning, volume 12, number 6. 2000: 252—257.

作伙伴、内外部市场功能、行政、知识生产过程、人才管理、学习设施支持、标准、开发项目管理、质量保证系统与过程、数据保护。理查德·迪积对一定数量的企业进行调查，调查结果显示：目前企业大学在战略方向与政策、内外部市场功能两个方面得分5，在管理、智力合作伙伴、行政、开发项目管理四个方面得分4，在学习技术、质量保证系统与过程两个方面得分3，在知识生产过程、人才管理、学习设施支持、标准四个方面得分2，在资金、数据保护两个方面得分1。理查德·迪积刻画了不同阶段的企业大学的特征：在第一阶段，是对培训中心的重新贴标签的行为。在第二阶段，将培训与发展业务与组织的目标结合起来。在第三阶段，技术的使用与驱动使得虚拟大学的概念出现。在第四阶段，进入人力资本管理阶段，重视结果导向、重视学习公平性。

艾米·雷·阿贝尔(Amy Lui Abel)[①]在文献综述的基础上，基于四个方面的职能划分对企业大学的维度进行了分类描述。第一是基于组织的职能。相应的维度有：战略与愿景、管理与领导、架构、发展阶段。第二是基于学习传递的职能。相应的维度有：课程体系提供、学习者的普及率、测量与评估。第三是基于操作层面的职能。相应的维度有：资金来源、技术应用与完善。第四是基于合作伙伴的职能。相应的维度有：业务合作关系、与人力资源管理关系、与学术机构的关系、与供应商等外部合作伙伴关系。

马可·古尔茨(Marco Guerci)[②]基于利益相关者框架对企业大学的培训进行评估研究。他选择了6个企业进行比较分析，其中：2个企业来自能源行业，1个信息通讯技术行业，1个食品行业，1个自动化行业，1个银行业。首先马可·古尔苏建立了基于行为绩效的企业大学的培训评估体系，分别包含10个方面，分别是：有效性[③]、创新、战

[①] Amy Lui Abel. Exploring the Corporate University Phenomenon: Development and Implementation of a Comprehensive Survey[J]. Human Resource Development Quarterly, vol 23, no 1, spring 2012.

[②] Marco Guerci. Training Evaluation in Italian Corporate Universities: a Stakeholder-based Analysis[J]. International Journal of Training and Development 14:4.

[③] 有效性是测量企业大学资源的使用效率，也就是资源的使用成本。

略取向、便利性、个人绩效的影响、行为的影响、组织的影响、专业发展、满意度、学习。他认为利益相关者由四个方面组成,(1) 企业本身,它创造了企业大学并且提供企业大学的战略方向指南,对应的行为绩效项目是有效性、创新、战略取向;(2) 内外部关系,包括企业的客户、供应商、合作伙伴,他们是企业大学产品的购买者,对应的行为绩效项目是满意度、行为的影响、个人绩效的影响、组织的影响、专业发展、便利性;(3) 参与者,也就是组织和参与设计企业培训项目的人,对应的行为绩效项目是学习;(4) 企业大学层面,也就是企业大学的管理。

针对企业大学中学习项目的评估也有不少基础性的探索。克里斯多弗·鲍勃(Christopher E. Bober)[1]认为培训项目的评估主要出现在下面领域:新员工入职;新员工技术技能培训与工作技能培训;在职员工软技能培训,如客户服务、沟通技巧、问题解决、计划、项目管理;在职员工及时技能培训与工作技能培训。对评估比较关心的通常是以下六类人:评估专员;教学设计与教学发展专员;教师或者培训师;企业大学主管;更高一级的主管,譬如企业学习委员会成员;助教或者助学者。他认为,影响评估数据应用的有效性主要因素按照重要程度排序有:沟通质量、无时间期限、对于评估的接受度、评估质量、可信度、相关度、调查结果。

菲利普斯(Phillips)发展了柯氏四级评估模型,建立六层级评估体系:0级——投入和指标,包括:测量投入,如容量和效率。1级——反应层,测量对项目的参与满意度。2级——学习层,用于测量知识、技能和态度的变化。3级——应用层,用于测量在职行为或行动的变化。4级——影响与结果层,用于测量业务影响变量的变化。5级——投资回报率,用于测量项目投入相对于成本的收益。

拉瑞·基利(Laree Kiely)在《企业大学手册》里提出了一个针对教学的有效性和持续性进行测量的新的模型,这个模型有八层,分别是:第一层,参与者满意度。第二层,认知有关的习得知识。第三层,

---

[1] Christopher E. Bober. The Utilization of Training Program Evaluation in Corporate Universities[J]. Human Resource Development Quarterly, vol. 15, no. 4, Winter 2004.

技术性技能的获得。第四层,态度和观念的改变。第五层,个人行为的改变。第六层,应用新知识后的个人行为改变。第七层,关键模块的改变。第八层,文化改变。

不过,从整体来看,企业最为关注的还是对企业绩效的影响和作用,而且也会依据企业大学的效能追加投资。Phillips[①]调查发现,组织普遍在增加对测量和评估的投资,其中最佳实践组织将学习与发展预算中的3%~5%花在测量与评估上。70%~80%的企业认为评估ROI很重要,希望去着手这件事情。并且信息技术的成熟逐渐使得大量数据是可以被收集、处理、分析和跨项目整合的,这给推动评估带来了可行性。评估的益处主要有以下八个方面:能满足客户需求、证明预算的合理性、能改进项目的设计和过程、加强学习迁移、决定是否要削减或扩张项目、增强企业大学员工的尊重和信任感、增加来自于管理者的支持、赋予学习与发展以优先权。但是评估也存在有巨大的困难与挑战,主要有:不恰当地将评估作为项目后的活动、缺乏来自关键利益者的支持、缺乏高级经理人需要的数据、对评估数据的不恰当使用、缺乏标准、缺乏可持续性、缺乏将学习与业务联系起来的必要证据。

四、企业大学实证研究

实证研究因为立足现实,在数据基础上进行论证,因此可信度更高。特别是,企业大学是一个研究与实证相互促进的领域,因此实证研究非常必要。实证研究既是对于理论研究的检验,也是对于理论研究的丰富。目前的企业大学实证研究主要关注点有:企业大学与企业绩效之间的关系、企业大学在发展过程中呈现的问题、关注教学、关注学习者。

---

① Phillips,J. J. Return on Investment in Training and Performance Improvement Programs (2nded)[M]. Woburn,Mass.:Butterworth-Heinemann,2003.

露西·莫林(Lucie Morin)[①]分析了企业大学中的培训与个体工作绩效之间的关系。这个研究选择了加拿大一家金融机构的1484名员工作为研究对象。这些数据的基本情况是：平均年龄41.46岁，工作年限16.31年，平均教育水平1.74(相当于社区学院毕业)，平均工作时间每周33.40小时。在这段时间里，员工平均完成的课程数量是3.68门。研究表明，在企业大学参加培训的员工与他的工作绩效之间有正向相关影响，但是这个影响相对比较小。学员学习的课程越多，他的工作绩效就越高。研究还显示，经历过就业前培训的员工其绩效要比没有经历过的好。

艾米(Amy Lui Abel)[②]于2007年对于北美的企业大学展开调查，经过有效性筛选，最终获得210份有效问卷。研究结果显示[③]：(1)企业大学里工作的员工职业经历。1～5年的占46.2%，6～10年的占24.8%，11～20年的占10%，20年以上的占6.7%。(2)企业大学员工数量。1～25位员工的占50%，26～50位员工的占12.4%，51～100位员工的占7.6%，101～200位员工的占4.8%，201～500位员工的占6.2%，500～2000位员工的占4.8%。(3)企业大学结构。集中式的(Centralized)占35.2%，正式协作式(Formal Coordination)的占27.1%，非正式协作(Informal Coordination)的占21.5%，去集中化(DeCentralized)的占10%，联合式(Federated)占3.8%。(4)发展层级。刚刚开始的占21.4%，开展工作的占32.4%，运行良好的占31.9%，非常专业的占13.3%。(5)资金来源。企业预算制的占62%，非企业预算制(自负盈亏)的占30%。

---

① Lucie Morin & Stephane Renaud. Participation in Corporate University Training: Its Effect on Individual Job Performance[J]. Canadian Journal of Administrative Sciences, 2004(4): 295—306.

② Amy Lui Abel. Exploring the Corporate University Phenomenon: Development and Implementation of a Comprehensive Survey[J]. Human Resource Development Quarterly, vol 23, no 1, spring 2012.

③ 有部分数据遗失，因为有的问卷填写并不完整，N<210。

另外，艾米①还计算出下面这些维度的均值分别是②：战略与愿景：3.50；管理与领导力：3.61；课程体系提供：3.37；学习普及：3.16；技术应用：3.72；测量与评估：2.82；业务单元合作：3.70；人力资源管理部门合作：3.03；供应商合作：2.82；学术机构合作：1.96。可见在企业大学，技术应用是进行得最广泛与最完备的；而与学术机构的合作进行得最少。

乔学军(June Xuejun Qiao)③在2006—2007年期间对11所中国的企业大学进行了调查研究。调查结果证实中国企业成立企业大学的主要原因与动力和珍妮·梅斯特(Jeanne Meister)调查的美国企业成立企业大学动机是一致的，那就是：将学习开发与企业的业务目标联结、创造学习发展的系统方法、传播企业文化与价值观、发展员工的可雇佣能力、为企业人才发展、更大广度地整合企业资源、提升企业知名度。另外，这11所企业大学具有一个明显的特征就是来自企业高层团队的强有力的支持，这也和珍妮·梅斯特(Jeanne Meister)的观点是一致的。还有一个明显的特征就是，企业的CEO兼任企业大学的校长在这11所企业大学中相当普遍，企业大学负责人甚至企业高层都参与教学活动。在这11所企业大学中，4所企业大学具有独立的校园，包括教室及生活便利设施。3所是虚拟的企业大学，其余的4所处于两者之间。调研发现，企业大学最大的挑战来自于课程体系设计，比较外资企业大学与国内企业大学的区别，外资企业大学更擅长于将成功的商务模型与最佳实践传递转移给客户与供应商，而中国本土企业大学更倾向于重视培训项目的实践性及可操作性。

---

① Amy Lui Abel. Exploring the Corporate University Phenomenon: Development and Implementation of a Comprehensive Survey[J]. Human Resource Development Quarterly, vol 23, no 1, spring 2012.

② 描述的刻度是1—5,5是最高值，代表最佳。

③ June Xuejun Qiao. Corporate Universities in China: Processes, Issues and Challenges [J]. Journal of Workplace Learning vol. 21 No. 2, 2009: 166—174.

林恩·斯莱温斯基(Lynn Slavenski)[1]对于企业大学中的学习方法进行研究,他针对一个具有4600人的企业进行导师制调研。实证调查发现,77%的学徒在三年之内职位得到了提升,学徒认为导师制非常有价值的比例是94%,这两个数字的比例都相当高。导师制项目可以很好地把组织的文化传达给员工,使得组织能更好地吸引员工。同时,导师制可以帮助留住那些有很大潜力的员工,导师制在潜在人才的发展中也非常重要。导师可以帮助员工发展并融入组织当中,并且导师还把商业相关的技巧和工作中的常识传递给员工。因此,一个好的导师制项目可以吸引和保留优秀的员工,改善工作的表现,减少学习时间,支持知识分享,提供企业的社会网络。导师制最终不仅仅帮助员工个人和导师本身,也帮助了整个组织。

露西·莫林(Lucie Morin)和斯蒂芬·雷纳多(Stephane Renaud)[2]选取加拿大一大型金融公司的1484名员工进行了相关研究。这些员工中有317名在1996—1998年至少完成了一门企业大学的相关课程。通过回归分析得出:员工工作绩效的提高有19.4%源自他们在企业大学的学习。

克莱尔·山姆(Clare Sham)[3]对中国的企业大学进行了实证研究。随着中国经济的迅速发展及生活水平的持续改善,中国企业拥有巨大的市场机会。企业大学的角色越来越重要。她对30所企业大学进行了问卷调查,并且对泰康、摩托罗拉中国大学等进行了案例研究。结果显示,中国的企业大学建立原因主要是两个:员工发展及业务发展的需要。中国的企业大学需要意识到它承担的驱动组织增长的有效性和责任,因为它被建立的动机就是为了迎合企业的目标需求。企

---

[1] Lynn Slavenski. The Next Generation of Corporate Universities: Innovative Approaches for Developing People and Expanding Organizational Capabilities[J]. John Wiley & Sons International Rights, Inc. 2007.

[2] Lucie Morin & Stephane Renaud. Participation in Corporate University Training: Its Effect on Individual Job Performance[J]. Canadian Journal of Administrative Sciences, 2004(4): 295—306.

[3] Clare Sham. Professional Practice, An Exploratory Study of Corporate Universities in China[J]. Journal of Workplace Learning, vol. 19 No 4, 2007: 257—264.

业大学被当做一个战略工具和一个支持商业目标的投资渠道,与它的功能相比,企业大学相对比较昂贵的支出不算什么。中国企业大学的影响因素更多,例如企业环境、政治因素、经济因素、文化生态、还有中国人所特有的"关系"与"面子"。

苏·肖恩(Sue Shaw)[①]以摩托罗拉中国大学[②]为例,研究了企业大学的边界、企业大学的角色、企业大学的功能,并且试图去分析在亚太区域内的人力资源管理整合或者分歧的这场争论。研究发现,摩托罗拉中国大学展现了世界一流企业大学的特征,具有良好的品牌效应。当然,它的发展也与中国快速发展的经济、政治及文化是分不开的。

第二节 国内相关文献综述

相对于国外企业大学的研究,国内企业大学研究单薄一些,这与国内企业大学的起步较晚有关。由于数量相对较少,在这里对于国内企业大学研究整体进行梳理,不再进行分类。

一些研究者对企业大学的研究立足于对国外企业大学分析的基础之上。刘松博[③]分析了美国企业大学的演变历程,将其分成三个阶段,每一阶段的侧重点有所不同。第一阶段的主要任务是将企业大学与传统培训中心区分开来;第二阶段的主要任务是进一步拓展培训内容,引入企业文化及战略目标的培训,将培训对象拓展到与价值链相关的成员上;第三阶段主要是引入数字化学习等现代化教学手段与工具,推动企业文化。刘松博认为数字化学习的引入与推广是未来企业大学的主要特征之一。根据美国 Corporate University Xchange 对100所企业大学的年度调研,89%的企业高层管理者表示未来计划引

---

① Sue Shaw. The Corporate University Global or Local Phenomenon? [J]. Journal of European Industrial Training; 2005;29,1; ERIC p.21.
② 笔者注,摩托罗拉中国大学因为公司总体业务分拆而导致在2011年被分拆。
③ 刘松博,魏丽丽. 论中国企业大学的发展策略——以美国经验为背景的分析[J]. 财经问题研究,2008(4).

入并推广数字化学习。

袁锐锷[①]文章《美国企业大学现象透视》也是针对美国的企业大学发展进行分析,是一篇被引用比较多的文章。他认为,造成美国企业大学迅猛发展的主要原因有五点:(1)扁平、灵活组织的出现,即企业选择了以分散决策为特征的扁平、灵活的组织,企业管理从基于效率与规模经济的成功到基于知识工人的多元文化工作能力。(2)步入知识经济时代。(3)新雇佣模式的出现,新雇佣模式就是雇主给每一个员工提供一个发展胜任能力的机会来获得更好的生产力。(4)美国教育市场从政府垄断逐渐转向市场机制。(5)企业学习的任务范围和性质在变化,企业认为员工是人力资本,同时也认为,顾客与供应商同样需要学习与发展。袁锐锷认为,企业大学就是为满足高等教育新需求的一种新形式,它强调组织与个人的共同发展;为不同年龄的人群提供形式多样的、及时、方便的教育机会,特别使工作中的成人对学习机会的把握和资源的利用更具有弹性,在时间、地点、进度、结果和方式方面更适应个人的实际情况,不断激励个人的自我发展。传统的高等教育及其观念已经发生了根本性的变化,现代的大教育体系和大教育观念已开始并将在新世纪居于主导地位。袁锐锷赞同Meister的观点,认为是过程而不是一个术语体系定义了企业大学。袁锐锷认为企业大学主要通过为员工提供高等教育性质的教育与发展机会而影响人们的社会分层与流动,但笔者不支持这个观点,企业大学并不是提供学历性质的高等教育内容。

袁锐锷[②]认为企业大学的名称之所以受到非议是因为传统大学是可以有学位学分权利的机构,而企业大学不是,企业大学这个名称的使用会混淆这个差异。袁锐锷认为,大学的冠名权没有必要那么严谨,如空中大学、老年大学等用词目前也在大量使用中。企业大学是

---

① 袁锐锷,文金桃. 美国企业大学现象透视[J]. 华南师范大学学报(社会科学版),2002(8).

② 袁锐锷,文金桃. 试析美国企业大学的现代高等教育性征[J]. 比较教育研究,2002(12).

一种适应性强的教育,企业大学虽然从主要目的上讲是促进企业的成长,但是其功能也基本上对应着现代大学的创造知识、传播知识及社会服务三大功能。

乐传永[①]认为企业大学并不具有某些学者所坚持的大学性,也不是单纯的专门行业教育组织。认为崛起于传统大学教育之外的企业大学,是企业人力资源、学习型组织和学习系统更新的集合和象征。乐传永分析国外关于企业大学的研究,除了关注企业内部的资源轮转与更新之外,还把视线扩展到企业内部环境之外的利益相关者群体,扩大了企业大学的研究范围。另外,教育与市场的关系也是国外企业大学研究的重要领域之一,国外学者对待企业大学的态度更加多元化,也更加辩证地看待企业大学。

梁林梅、桑新民[②]认为,企业大学是企业在追求自我发展过程中所创造的一种新的学习体制和战略平台,以服务于企业的战略为根本。企业大学具有企业性、战略性、隐喻性、学习性、文化性特征。其中对于隐喻性的解释为,期望企业大学成为一种象征——向参与者承诺,企业大学可为他们的当前工作和未来职业生涯上的成功做准备。企业大学,表达了组织对于学习的重视与渴望,而不是试图去模仿传统大学的实践与模式。企业大学发展的动因是因为对于传统大学教育及培训现状不满,企业生存和发展的现实需求,创建学习型组织的需要,终身学习的推动,信息化和全球的挑战。

对于企业大学的产生,周江林[③]从高校、社会、企业、员工四个角度进行了分析。从高校角度,传统大学的三大职能逐步弱化;高等教育选择范围扩大化,从全日制到多样化;高等教育提供者发生质变,企业也可以充当教育者。从社会角度,知识经济时代的到来缩短了知识的保质期;终身教育理念得到全社会的认同;组织结构发生重大变革,从等级制到扁平化。从企业角度,企业需要自身转型以实现企业文化融

---

① 乐传永,王清强. 企业大学研究综述[J]. 职业技术教育,2011(1).
② 梁林梅,桑新民. 当代企业大学兴起的解读与启示[J]. 教育研究,2012(9).
③ 周江林. 企业大学创建与发展的战略思考[J]. 中国高等教育评估,2005(11).

合的需要;企业需要依靠人力资本来获取核心竞争力;企业的价值理念从相互竞争转向合作共赢。从员工角度,最直接的因素是企业员工的终身任职能力的提升。雇主与员工之间形成新的契约关系,这个契约关系就是,雇主为个体员工提供增强其任职能力的机会,以换取员工在企业工作期间更高生产力和对公司使命的承诺。

摩托罗拉大学人力资源总监刘辉[①]认为从培训中心升级为企业大学之后,一是企业的学习资源更加集中,学习更加经济与有效,降低了企业培训成本,增加了企业投资人才资本的回报率。二是全球统一的企业大学可以强化企业的战略目标,使得企业文化能呈现一致性与连贯性,消除地域差异带来的负面影响。三是企业大学更加有效地满足员工个性化学习需求。摩托罗拉大学强调能力导向的课程体系设计、企业化的运营管理体系、实效的行动学习方法。

对此,笔者[②]认为企业大学虽然来源于初期的企业培训部门,但在职能、定位与内涵上对企业而言更具有战略意义。企业大学的出现和发展与人力资本理论、学习理论以员工自我发展和管理等联系紧密。企业大学力求营造学习型组织,与企业文化联系紧密,变被动学习为主动学习,促进员工绩效和整个企业价值的提升。与传统大学相比,企业大学填补了高校理论知识与实践相脱节的空白,同时企业大学也与高校合作,满足客户对于自身职业发展的需要。教育与培训的概念进一步模糊,终身学习的概念在企业大学中得到体现和发展。企业大学自出现开始一直在完善自身的发展,并发展出一些形式稳定的运营模式,这些模式可以从服务对象、办学主体(形式)和企业大学历史发展过程中各阶段的特点看出。未来的企业大学将在运行上做到自力更生,同时为母体企业和其他客户提供培训以外的更具创新形式的服务。

---

① 刘辉,潘娜. 企业大学的运营模式及发展趋势——摩托罗拉大学的管理实践启示[J]. 人力资源,2007(6).

② 吴峰,白银. 企业大学发展及趋势研究[J]. 高等工程教育研究,2012(7).

同时，笔者[①]还认为企业大学是以为企业战略服务为宗旨，以员工、客户、供应商、合作伙伴等为服务对象，以学习为主要内容，以提升学习者知识能力及提高企业绩效为目的的新型大学。企业大学不同于一般意义上的培训中心，具有更深层次的理念与内涵。目前关于企业大学的理论与模型都处于探索的过程中。场论作为人力资源开发的一种基础理论，关注人在周围环境中的行为，对于以学习为核心内容、注重为员工创建学习环境的企业大学来说具有适用性。基于场论的企业大学模型由静态学习场和系统动态场构成，描述了企业学习、工作场所、绩效之间的关系。

任之光[②]提出企业大学是基于操作、策略、战略三个层面的观点。基于操作层面的企业大学主要是整合培训资源、提升培训效果；基于策略层面的企业大学把企业发展与个人发展结合起来，也就是与员工的职业生涯规划结合起来；基于战略层面的企业大学，能自己创造获取竞争优势的知识，知识被合并、交换与创造，企业大学成为知识工厂。任之光认为企业大学应该尽快实现从操作层面到策略层面再到战略层面的过渡与发展。笔者认为对于企业大学应该既重视战略也需要重视策略。

李雪松[③]从战略变革、文化建设、人力资源开发、社会责任四个角度阐述企业大学与企业的关系。企业大学成为企业进行战略资源整合的工具，它与市场策略、品牌和文化等结合紧密，能为所有的客户、供应商和合作伙伴提供完整的解决方案，增强客户忠诚度。他认为，企业大学除了针对知识技能的培训之外，一个重要的方面就是进行企业文化的建设与传播。从人力资源开发角度，企业大学来源于人力资源管理中的培训职能，但是高于培训管理的职能。企业大学追求企业目标与承担社会责任相结合，使员工个人的价值实现与企业的价值体现相一致，使员工视实现企业目标为承担社会责任的行为。

---

① 吴峰.基于场论的企业大学模型[J].现代远程教育研究，2012(5).
② 任之光，张彦通.企业大学的发展与思考[J].高等工程教育研究，2009(1).
③ 李雪松，从四个不同角度看企业大学[J]，今日工程机械，2009(12).

朱国玮[①]从知识的角度对于企业大学进行定义研究,认为企业大学是这样的一类组织,在组织战略的引导下,完成知识转移、交换、创造的过程,充分实现组织的目标,维持和创造竞争力。朱国玮将知识螺旋模型应用到企业大学,分析其知识转移,认为企业大学的主要职能就是管理组织的内容螺旋和经验螺旋,使两者在交互过程中加速并完成知识螺旋的每一个环节,从而推动知识在个人、团队、群体甚至是组织间的共享和传播。董伟丽[②]认为与企业大学及企业 E-learning 相关的理论有：知识管理理论、终身教育理念、成人学习理论、学习型组织理论。

王祎[③]翻译了印度斯里尼瓦桑(T. R. Srinivasan)的一篇文章《借助远程教学机构(Distance Teaching Institution,简称 DTI)促进企业大学员工发展》,文中认为企业大学最佳选择是要借助 DTI,其主要原因有：促使企业大学专注于针对符合其目标员工的培训项目;帮助希望接受教育但由于没有学业基础而无法进入企业大学培训项目的雇员;确保员工在工作同时学习技术。也就是,希望将企业中的通识教育交给 DTI,并且 DTI 能确保员工学习机会更加公平。

王根顺、马莉[④]认为,企业大学具有良好的人力资本收益,具体表现在个人、企业以及社会三个不同的层面。个人层面主要体现在员工个人收入的增加,终身任职能力的提升,实现个人价值。企业层面主要体现在促进新技术的应用提高了企业的生产力,优化人力资源增强了企业竞争力,传播企业文化,强化组织凝聚力。社会层面主要体现在,企业大学可以一定程度上缓解结构性失业,企业大学有利于消除员工先天的学习机会不平衡问题,企业大学促进人力资源向人力资本转化。

---

① 朱国玮,左阿琼.基于企业大学视角的知识转移研究[J].中国软科学,2010(5).
② 董伟丽,侯凤梅,任锐.企业 E-Learning 培训的出路——企业大学[J].中国现代教育装备,2007(3).
③ T. R. Srinivasan, M. S. Parthasarathy, J. S. Dorothy, 王祎. 借助远程教学机构(DTI)促进企业大学员工发展[J].天津电大学报,2009(6).
④ 王根顺,马莉.从人力资本投资理论看现代企业大学[J].职业技术教育,2008(12).

罗建河[①]认为,在构建终身教育的学习化社会中,成人高等教育本身的内涵和外延需要拓展,成人教育机构不仅是大学学院,企业大学的出现,为多元化的成人高等教育增添了一种新的形式。企业大学学员一般具有中等教育以上的能力;企业大学侧重于培养现在的高级专门人才,大学或者学院更侧重于培养未来社会需要的高级专门人才;企业大学不像研究型大学,不针对"是什么"、"为什么",而是针对"怎么做""谁能做",不关注认知范畴的问题,而更加关注技术、方法等。罗建河建议,企业大学应该成为一个独立的实体部门,企业高层应该积极参与;企业大学应该主动寻求传统大学的支持和合作。

宋西玲[②]从成人教育视角对企业大学的定义进行了研究,认为企业大学是职工进行再教育的主要场所,它主要是企业出资创办,由企业内部的高级管理人员或者外聘的商学院教授以及专业培训师作为师资,通过课堂讲授、实战模拟、角色扮演、网上教学等一系列教学手段,来提升员工的工作技能,满足员工实现终身学习的一种教育培训机构。宋西玲认为,企业大学是成人教育中最活跃的部分,是员工自主学习、充实知识的最佳场所,是培养高质量、高素质的成人教育教师的摇篮。企业大学将更加趋向于专业化和个性化发展。

随着国内企业大学的不断发展,也有一些研究队伍开展了系统的实证研究。笔者[③]对企业大学的现状进行了调研与分析,认为国内企业大学的现状特征有:企业大学基本实现全员学习,企业的学习意识得到加强;企业大学成为研究问题与解决问题的场所;企业大学是企业人才发展与选拔的理想场所;企业大学成为企业拓展资源的最佳工具;企业总裁担任企业大学负责人。笔者认为未来企业大学的趋势将体现以下几个特点:重视基于绩效的学习与学习设计,学习更加体系化与规范化,重视工作场所的学习,知识管理成为企业大学的核心组

---

① 罗建河.国外企业大学的发展与启示[J].高教探索,2011(1).
② 宋西玲.基于成人教育视角的企业大学发展研究[J].湖北大学成人教育学院学报,2012(10).
③ 吴峰.终身学习在行业中的发展趋势——企业大学与企业 E-learning[J].中国远程教育,2012(3).

成部分,企业大学成为企业文化与道德的建设者。

刘春雷、吴峰[①]选择中国电信学院作为典型的案例进行调研。分析了中国电信学院的变革实质上是顺应了企业科技进步、业务拓展、市场竞争三方面的挑战,学院成为企业应对变革的工具。该篇论文论证了企业大学的核心能力在于知识创造及知识服务能力,其中知识服务的特点是:(1)个性化、专业化的知识服务;(2)持续性、系统性的知识服务;(3)泛在性的知识服务;(4)高效能的知识服务。

分析国内企业大学的研究,大致可以看到这些研究处于如下范畴:与国外做对比研究、与高等教育做对比研究、企业大学的概念与性质,这三个方面文献稍微多一些,而关于企业大学理论架构、企业大学的评价、企业大学实证研究相对少得多,这说明我国的企业大学还处于探索研究的初级阶段。

---

① 刘春雷,吴峰. 企业大学的发展定位与价值实现——以中国电信学院为例[J]. 现代远程教育研究,2011(9).

第三章 企业大学发展分析

第一节 企业大学宏观发展路径[①]

对于企业大学的出现,目前的研究普遍认为企业大学诞生于20世纪20年代,是现代经济与技术发展的产物。然而,在这之前,一些类似企业大学的企业培训机构早就已经萌芽,为后来企业大学的出现和发展奠定了基础。

在英国,18世纪60年代的工业革命对于工人的技能提出了巨大的挑战。各种新型机械的突然涌现和大规模使用使得工人们一时手足无措,他们所拥有的技能不足以应对工业革命后的工厂工作需求。工厂需要更加具有专业技能的工人来操纵机械。因此,一些工厂主迫于无奈开始为工人提供专门的技术培训,提高他们的技能。于是,最早期的一些工厂、企业附属的类似学校的机构也应运而生,但此时这些机构还是极小规模且不正规的。19世纪以后,在英国各地,对于机械工人的培训、教育活动开始由早期零星的、企业自主的、非正式行为逐步向正规化迈进。1820年,英国伦敦的机械工人克拉克·斯顿创办了机械工人讲习所,这标志着以机械工人为主要对象的正式培训活动的兴起。[②] 机械工人讲习所很快在英国蓬勃发展起来。到1850年,职业工人讲习所已发展到600多所,拥有10万名以上的会员和70多万册图书。[③] 职业工人讲习所在当时对英国工人的技术教育方面起到了

[①] 本小节是在"人力资源开发"课程上辛云娜等几位研究生同学提交的课程作业基础上完成的,笔者为本课程主讲教师。

[②] 张竞. 企业大学研究[M]. 北京:经济科学出版社,2011:63.

[③] 日本世界教育史研究会. 六国技术教育史[M]. 李永连,赵秀琴,李秀英译. 北京:教育科学出版社,1984:94.

一些类似现代企业大学的重要作用。

在美国,工业革命的爆发要晚于英国,发生在19世纪末。美国工业革命时期大量的工厂涌现,而这些工厂的主人很多是来自英国的移民。这些英国的移民将在英国已经蓬勃发展的机械工人讲习所引入到美国,并在美国继续发展、扩大。到1825年,纽约、波士顿、费城、巴尔迪纳摩等地先后成立了工人讲习所或机械学校。19世纪50年代末60年代初,当美国工业革命基本完成时,机械工人讲习所也开始向更广泛的范围发展。除去独立于工厂、企业存在的机械工人讲习所外,同时期,美国很多厂办学校也开始出现,工厂通过厂办学校自己培养工人,提高工人的技能,并且一些厂办学校也开始着力培养工人的综合素质。例如,1875年纽约的印书出版公司设立了工人补习班,一周两个晚上,为工人提供英语、数学、机械制图等课程。[①] 这些课程与公司的业务息息相关,提高员工的技能有助于更好地服务于企业,同时员工的综合素质也得到了提升。这时的厂办学校具备了企业大学的雏形。

一、第一所企业大学的诞生

经过了工业革命,在以后很长一段时间,企业对员工技能培训和素质培养的重视程度不断加强,对于将这种培训、教育更加正规化、扩大化的需求也越来越强烈,企业大学便应运而生。企业大学最早诞生于美国是被认可的事实,然而对于第一所企业大学目前还存在一些争议,主要的观点有四种:

1. 通用电气公司创办通用汽车设计和管理学院(General Motor Institution,GMI)

以尼克松(Nixon)和赫尔姆斯(Helms)为代表的学者认为,1927年出现于美国的通用汽车技术和管理学院,是历史上第一所企业大

---

① 张竞. 企业大学研究[M]. 北京:经济科学出版社,2011:64.

学。① 早在1914年,美国通用电气公司的查尔斯·斯坦梅茨博士(Dr. Charles Steinmetz)就提倡建立企业学校。1919年,阿尔波特(Albert)在密歇根州的Flint工业伙伴联盟的赞助下,创立了一个企业教育方案,后来该方案被通用公司所用,并于1927年创建了通用汽车设计和管理学院。② 从功能和意义上来说,通用汽车设计和管理学院已经具备了企业大学的基本特征和目的:它由企业出资设立,既是一个独立的部门,又与整个企业有机地结合在一起;希望通过对员工进行培训,提升总体人力资本存量,进而提高劳动生产率;强调将学习融入工作,使绩效与培训相结合。虽然通用汽车设计与管理学院在当时并没有被冠以"企业大学"的称谓,但从其特征和目的来看,具备了企业大学要素。因此,很多研究中,将其作为历史上第一所企业大学看待。

2. 迪斯尼公司创办迪斯尼大学(Disney University)

以安德森(Anderson)和里希滕伯格(Lichtenberger)为代表的学者认为,1955年迪斯尼公司创办的迪斯尼大学是历史上第一所企业大学。③ 迪斯尼大学是在第一个迪斯尼乐园开业后建立的,它的主要任务对迪斯尼王国中的近5万名员工进行各种技能的培训,从计算机到烹饪技术,培训项目五花八门。迪斯尼大学会被认为是第一所企业大学也是顺理成章,因为迪斯尼公司首次使用了"企业大学"(University)的概念。

3. 通用公司建立克劳顿培训中心(Crotonville,或克劳顿村、克劳顿维尔管理学院等,2001年更名为韦尔奇领导力发展中心)

以梅斯特(Meister)为代表的学者认为,1956年通用公司正式建立的克劳顿培训中心是历史上第一所企业大学。④ 之所以认为克劳顿

---

① Judy C. Nixon, Marilyn M. Helms. Corporate Universities vs. Higher Education Institutions[J]. Industrial and Commercial Training, 2002(4): 144—150.

② 闫芬. 企业大学在中国的发展、问题与对策——以奥康企业大学为例[D]. 上海交通大学, 2008.

③ Maike Andresen, Bianka Lichtenberger. The Corporate University Landscape in Germany[J]. Journal of Work Place Learning, 2007(2): 109—123.

④ 珍妮·梅斯特. 企业大学——为企业培养世界一流员工[M]. 徐健,朱敬译. 北京: 人民邮电出版社, 2005: 1.

培训中心是第一所企业大学,是因为它无论是名称或实质上都符合企业大学的要求,而且在它建立及演变的近 60 年间成就辉煌,是优秀企业大学的典范。在克劳顿培训中心成立的这些年间,世界 500 强中的 170 多位 CEO 来自通用电气公司,这与克劳顿村出色的管理培训不无关系。① 而《财富》杂志甚至将其称之为"美国企业界的哈佛"。将克劳顿培训中心作为第一所企业大学看待的学者一般都将通用汽车设计和管理学院看做是其前身,也就是说,克劳顿培训中心具备了企业大学的实质,而当其被冠以企业大学之名时,历史上第一所实至名归的企业大学就此诞生。

4. 美国摩托罗拉(Motorola)公司创办摩托罗拉大学

一般来说,1974 年成立的摩托罗拉大学被看做是企业大学的一次突破和转型,自其成立之后,企业大学有了全新的功能和形式。摩托罗拉大学的成功运作,使得全世界范围内掀起了一次建立企业大学的高潮。摩托罗拉大学是近三四十年来企业大学蓬勃发展的源头,直至今日,它的功能和模式依旧对新兴的企业大学有着影响。因此,摩托罗拉大学会被一些学者认为是第一所现代企业大学也是可以理解的。但是现在,由于摩托罗拉中国公司的业务分拆,摩托罗拉中国大学也出现了分拆。

二、企业大学发展阶段的划分

对于企业大学的发展阶段,众多学者也有着不同的划分和定义的方式。

尼克松(Nixon)和赫尔姆斯(Helms)将企业大学的发展阶段归结为两个:起步阶段和蓬勃发展阶段。他们认为企业大学的发展起步于 20 世纪 50 年代末,而蓬勃发展则开始于 20 世纪 90 年代。② 瑞梅克斯(Rademakers)将企业大学的发展归结为三个阶段:注重培训阶

---

① 任之光,张彦通. 企业大学的发展与思考[J]. 高等工程教育研究,2009(1).
② Judy C. Nixon, Marilyn M. Helms. Corporate Universities vs. Higher Education Institutions [J]. Industrial and Commercial Training,2002(4):144—150.

段、注重知识传播阶段、注重创建相关知识从而赢得战略优势的阶段。① 沃顿(Walton)也将企业大学归结为三个阶段,但他与瑞梅克斯(Rademakers)不同,他是从企业大学在不同阶段的特点而非目的来对企业大学发展过程进行划分的。他将企业大学的发展分为:(1)以迪斯尼大学为代表的第一代,这一阶段的企业大学将更多的精力放在了课堂活动上;(2)以摩托罗拉大学为代表的第二代,这一阶段的企业大学开展更加广泛的学习活动,而非仅仅限于课堂,它们更注重于其他组织机构、社会团体的合作学习;(3)第三代的企业大学,也就是当今社会中的企业大学,沃顿(Walton)认为这些企业大学有别于前两代的特色在于对信息技术、网络技术的应用,这些新型高科技技术和手段不但突破了课堂的限制,还提高了学习的效率,更使得虚拟性成为这一代企业大学的突出特色。②

在国内,笔者③在总结国外企业大学发展规律时,也将其划分为三个阶段:第一阶段:(1)20世纪20年代早中期的萌芽阶段,该阶段的企业大学特征是,试图将培训和学习带到工作当中,关注企业的核心价值竞争力,对象包括全体组织和成员,注重内部集中培训,很少与外部合作,也很少关注文凭和学分;(2)20世纪20年代后期至80年代中期的发展阶段,在这一阶段企业大学寄希望于传统大学,希望能够与其联结起来,一起教育员工,同时为了满足员工对学位的需求还竭力与教育部门合作,争取得到授予学分和学位的权利;(3)20世纪80年代中后期至今的成熟阶段,在该阶段企业大学以创建学习型组织为理念,将培训和发展与企业绩效结合,教育对象包含了整个价值链的成员。

三、20世纪80年代后企业大学的发展特点

根据以往学者对企业大学发展阶段的划分不难看出,虽然各个学

---

① Martijn Rademakers. Corporate Universities Driving Force of Knowledge Innovation [J]. Journal of Workplace Learning,2005 (17):130—136.
② 李楠. 外国企业大学发展研究[D]. 华东师范大学,2010.
③ 吴峰,白银. 企业大学发展及趋势研究[J]. 高等工程教育研究,2012(7).

者的划分标准和对各发展阶段的定义不同,但对于企业大学由 20 世纪 80 年代中后期开始就已经进入到一个崭新发展阶段的观点基本上是一致的。在这一阶段,企业大学的理念已经被广泛认可和接受,企业和员工都已经不能满足于企业大学仅仅是以培训为主要目的的功能。企业大学的概念在这段时间加速发展和创新,传统的培训概念越来越淡化。企业大学真正成为企业员工终身学习的学校。①

1. 企业大学逐步与企业战略、企业绩效结合更加紧密

企业大学通过学习项目与业务部门建立绩效伙伴关系并使之更加有效地发挥作用。企业大学与业务部门之间的这种关系,使得企业大学能为业务部门提供更加优质的服务,帮助业务部门做出绩效提升和组织发展的决策,并帮助他们明确自己面临的要求和应该作出的相应反应。另外,企业大学与主管建立伙伴关系,在这种关系的支持下,管理者和主管才会对培训工作负责。通过建立伙伴关系,企业大学与企业战略更加紧密,促进企业绩效的提升。

2. 企业大学成为资源整合机构,教育培训向企业外部发展

正如中国电信学院负责人②所言:电信学院成为资源的操盘手,通过培训或者学习项目的方式整合企业所需要的资源。20 世纪 80 年代之后,随着企业大学逐渐被认可和接受,一些杰出的企业大学已经不能满足于仅仅是将服务对象局限于公司内部。它们在满足企业内部员工的学习需求、提供给他们优秀充足的教学资源后,开始向企业外部扩展,为企业外部人员提供教育和培训。目前,企业大学除了向内部员工提供教育、培训外,主要的服务对象就是价值链的上下游企业和其他一些利益相关者。以 Eaton 零售学院为例的零售学位课程为例,Eaton 公司先对内部员工开设,然后拓展到供应商、批发商,最后把课程放到了网上,让零售业的所有员工都可以学习到相关的专业知

---

① Akram A. El-Tannir. The Corporate University Model for Continuous Learning, Training and Development. Education+Training[J],2002(2):76—81.
② 资料来源于对中国电信学院常务副院长童羚的访谈。

识和技能,从中获益。①

3. 与传统大学的合作,并且开始发展学位教育

从 20 世纪 80 年代中后期开始,企业为了能提供给员工更优质、全面的培养,而非单纯的技术培训,开始广泛地与传统的大学和学院合作,真正开始"教育"自己的员工。根据 Corporate University Xchange 公司在 2001 年的一项调查显示,在样本中,有 92% 的公司将教育和培训项目外包给了传统的大学,而 60% 企业将部分课程设计外包了出去。② 企业大学与传统大学合作的典型案例有很多。譬如美国最大的一家汽车零部件制造企业德纳公司,它于 1969 年创建了属于自己的企业大学——德纳大学(Dana University)。这所企业大学共有三个学院:商学院、技术学院、客户和工学院,而这三所学院都与多家教育机构合作,提供学位教育和课程教育,满足企业员工对于企业大学的各种学习需求。而世界上最杰出的企业大学之一——摩托罗拉大学也外包了部分的课程,它与美国伊利诺伊理工大学合作推出了多种训练班,为公司内部相关人员和外部客户提供最新的电信技术教育。③

另外,有些企业大学在发展学位教育。虽然企业大学的目的在于提高员工的知识和技能,开发公司的人力资源,进而提高劳动生产率,而不是提供学位,但 20 世纪 80 年代中后期开始,一些企业大学向有关教育部门申请了授予学位的权利。企业大学的这种发展方向也是为了满足员工多样化的需求,尽可能地为员工提供更多的选择和机会。以美国为例,虽然,由于办学目的的不同,提供学位教育的企业大学并不多,但由 1970 年以前的 5 所可以授予硕士以上学位的企业大学发展到 1987 年的 21 所④,还是可以看出企业大学多元化发展的趋势。而且,一些企业大学所开展的学位教育水平很高,甚至可以与正

---

① 张竞. 企业大学研究[M]. 北京:经济科学出版社,2011:73.
② Jeanne Meister. The Brave New World of Corporate Education[J]. Chronicle of Higher Education, 2001(22).
③ 张竞. 企业大学研究[M]. 北京:经济科学出版社,2011:72.
④ 俞文. 世界高等教育学位制度新的发展趋势[J]. 高等理科教育,1993(3).

规学校教育媲美。

4. 发展网上学习

20世纪90年代之后信息技术迅猛发展,企业大学也开始利用不断发展的网络技术、通讯技术拓展自己的范围和影响。特别是对于大型跨国公司而言,网上学习随着信息技术的发展而迅速展开,使全世界遍布的子公司员工都可以同时获得参与最优质、最充实的企业大学课程的机会,并且还能够与专家、培训人员进行及时与有效的沟通、交流。企业大学网上学习的发展极其迅猛,以摩托罗拉大学为例,就可见在那个时候网上学习的发展。2001年有30%的员工是通过它来进行学习的,到2003年这个数字就上升到了50%;而企业花费在为员工提供网络教学上的费用也是惊人的飞速增长,2003年,摩托罗拉公司在网上学习上的投资是2700万美元,而2004年,这一数字飙升到了145亿美元。①

四、国内外企业大学发展情况

企业大学被广泛接受和认可后在世界范围内的发展十分迅猛,特别是近二三十年间,各个国家的企业大学数量都在高速增长。

1. 美国企业大学的发展情况

作为企业大学的发源地,美国的企业大学发展状况在全世界范围内特别突出。根据一些学者的调查报告,1988年,美国有400多所企业大学;1997年,达到了1000多所;而仅两年之后,该数字就超过了1600所;2001年的数据显示,企业大学在美国已经超过了2000所。而2001年,梅斯特(Meister)根据当时企业大学的增长速度大胆推测,美国企业大学的数量将可能很快超过传统的大学。② 2001年之后直到现在,在美国不仅大公司会建立企业大学,中等规模的企业也会建立企业大学。美国企业大学评论杂志社和美国几所传统大学在1998

---

① 张竞. 企业大学研究[M]. 北京:经济科学出版社,2011:72.

② Jeanne Meister. The Brave New World of Corporate Education[J]. Chronicle of Higher Education,2001(22).

年的联合调查显示,在美国拥有企业大学的企业中,雇员人数少于5000人的公司占34%,少于10000人的占50%,多于10000人的仅占8%。①

2. 欧洲企业大学的发展情况

在欧洲,作为企业大学发展的萌芽地,英国也是企业大学发展的佼佼者。截至2000年,英国已有两百多个组织建立了属于自己的企业大学。在德国,1989—1998年间,有12间公司先后建立了企业大学,它们当中有一半是跨国公司,包括汉莎航空公司(Lufthansa Group)、戴勒姆—克莱斯勒公司(Daimler Chrysler)、德意志银行(Deutsche Bank)和贝塔斯曼公司(Bertelsmann)。② 而其他著名的企业,如飞利浦公司(Philips)、沃尔沃公司(Volvo)也都已经成立了自己的企业大学。随着20世纪90年代人力资源开发在德国战略意义增强,德国的公司开始用战略导向型的企业大学这一概念代替或重新命名现有的传统的职业培训项目。德国企业大学很多都与国际高等教育机构有合作关系,因此德国的企业大学包括高等教育继续职业培训的部分领域。

3. 亚洲地区企业大学的发展情况

在亚洲,日本、印度、中国企业大学发展非常迅速。在日本,由于对于企业教育投入方面的传统保守思想,日本公司开设企业大学的数量并不多,但一些著名的大型企业也都先后建立了属于自己的企业大学。1998年,丰田汽车公司率先创建了丰田大学;2002年,富士通公司成立了以虚拟教育为特色的富士通大学;日立公司也成立了日立技术学院。作为与中国类似的发展中国家,印度高科技行业的企业大学在世界上占有一席之地。著名的印度IT公司萨蒂扬电脑公司(Satyam Computer Services)设立了萨蒂扬领导力发展学院,该学院以其独

---

① 王世英.企业大学做什么——企业大学功能及其对组织学习能力的影响研究[M].北京:经济科学出版社,2011:2.

② Maike Andresen, Annett Irmer. Corporate Universities in Germany. Corporate University Review, 1999(7):24—25.

特的理念"人人都有领导力,人人都是领导者"也在世界众多企业大学之中占据了一席之地。①

1993年,摩托罗拉公司在中国正式成立了中国区大学,将企业大学新的理念和培训模式引入了中国。同年,春兰集团投资建立了春兰学院。1999年,海尔大学的建立开启了我国企业争相建立企业大学的浪潮。目前,我国的企业大学遍布电器制造行业(如海尔大学、TCL领导力学院等)、通信与通信设备行业(如中国电信学院、华为大学等)、食品饮料行业(如忠良书院等)、金融保险行业(如招银大学、泰康大学等)、IT行业(如用友大学等)、互联网(如腾讯学院、阿里学院等),还有其他的多个行业的企业大学。

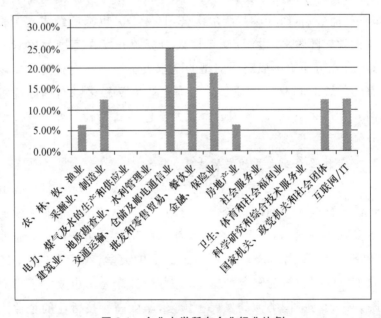

图3-1 企业大学所在企业行业比例

如图3-1所示可以看出在我国建立企业大学的主要行业。尽管这个统计结果来自2011年的小样本调查,但仍能从中看到目前企业

---

① 王世英. 企业大学做什么——企业大学功能及其对组织学习能力的影响研究[M]. 北京:经济科学出版社,2011:3.

大学的主要发展趋势。排在前面几位的是：交通运输、仓储及邮电通信业；金融、保险业；批发和零售贸易、餐饮业；采掘业、制造业；国家机关、政党机关和社会团体；互联网/IT。可以看出，人数多、分支机构比较多的大型企业，建立企业大学具备规模优势。另外，餐饮业、保险行业具有大量的员工，培训需求也比较大，因此在这些硬性培训的基础上建立企业大学成为一种合适的选择。制造业由于市场竞争的需要，需要经常迅速地对于产品进行更新换代，由此而产生的对于销售员、技术员的大量培训。互联网/IT行业通过E-learning信息化学习方式更经济与更方便，成为选择的可能。所以在我国这几个行业建立的企业大学数量相对较多。建有企业大学的企业性质比例如图3-2所示。

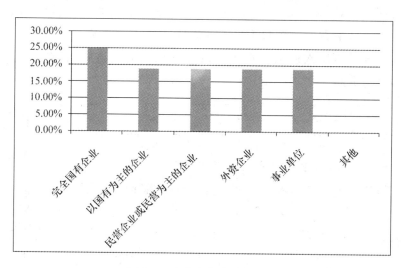

图 3-2　建有企业大学的企业性质比例①

如图3-2所示，我国企业大学所属母公司的性质呈多元化，公司的股份性质对于建立企业大学的影响并不显著，建立企业大学的动机与母公司的性质关联性也不明显。这也反映了企业大学是为企业战略及绩效进行服务的，而不是为哪一种类型的资本服务。

回顾企业大学发展的历史进程，可以看到，企业大学的产生和起

---

① 数据来源：中国企业大学文集。样本数量40。

源都有着历史的必然性。企业大学的发展一直都顺应着时代的变化，工业的进步、技术的发展、网络的发达都成为企业大学发展的助力，企业大学与商业、教育、社会、经济、技术都有着千丝万缕的联系。随着企业大学百年的发展，它从萌芽，到为世人接受、快速发展，再到顺应时代、不断创新、变化，规模不断扩张，地位在商业领域、教育领域不断提升，影响范围也不断扩大。

第二节 企业大学成立动机分析

企业大学成立的原因有许多种，有企业战略变革的需要、人才发展的需要、国际化发展的需要、信息技术变革带来的学习转型驱动等等。本节选取我国几个典型的企业大学进行案例研究，从中探索企业大学成立的深层次原因。本节将按照下面的阶段流程对每一个企业大学进行分析。

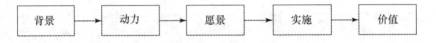

一、战略变革推动企业大学成立[①]

宝钢是我国特大型国有企业，2007年宝钢成立了自己的企业大学——宝钢人才开发院。宝钢于1977年成立了工程指挥部的教育培训处，1980年建成了员工的教育培训基地"宝钢教培中心"，是宝钢人才开发院的前身。顺应企业战略变革的需要是宝钢企业大学成立的根本原因。

1. 背景

2007年8月宝钢提出了新形势下的发展战略，其内涵是发展模式转型，以跨地区的战略管控为主导，共享协同服务为平台，把精品生产、规模发展、环境经营作为提升宝钢软实力的具体要件，围绕这个发展战略进行人才开发体系能力建设。2007年8月，宝钢提出了

---

① 资料来源于笔者对宝钢人才开发院的问卷及调研。

2007—2012年战略目标：钢铁主业综合竞争力进入全球前三强，世界500强进入200名以内。为支撑公司战略目标的实现，宝钢人才开发院将实现在培训地域、产业、层次、内容和动力机制上的"五个跨越"，即支撑战略、服务发展，实现培训地域的跨越；立足主业、支撑多元，实现培训对象产业的跨越；全面推进、重点突破，实现培训层次的跨越；聚焦战略、创建特色，实现培训内容的跨越；营造氛围、建立机制，实现培训运作机制的跨越。

2. 动力

人力资源作为公司战略的重要支撑，其目标就是造就一支专业而又忠诚度高的职工队伍。在公司酝酿新一轮发展战略的同时，教育培训的改革也在紧锣密鼓地进行之中。教育培训中心正式更名为宝钢集团有限公司人才开发院之后有了更明确的定位，人才开发院被定位为员工教育培训基地、公司管理研究基地和员工创新活动基地，致力于构建基于学习、绩效和变革的战略人才开发体系，聚焦宝钢二次创业，科学开发人才。其中，员工教育培训基地目标是传授价值理念，作为共享知识经验的讲坛；员工创新活动基地目标是传承创新成果，作为激发创新活力的平台；公司管理研究基地目标是传播最佳实践，作为助推管理变革的智库。

3. 愿景

作为宝钢的员工教育培训基地、公司管理研究基地、员工创新活动基地，宝钢人才开发院的发展目标是用十年左右的时间，建设成为与宝钢发展战略目标相匹配、具有宝钢特色、世界一流的企业大学，以组织的学习力支撑公司的软实力，支撑公司管理变革推进和发展战略实施。对照国内外优秀成功经验，宝钢提出了人才开发体系建设的"两步走"战略。第一步目标是：培训扩展到整个价值链，公司高层高度参与，培训资源集中管理，培训与HR其他模块无缝连接，培训与开发基于人才战略与规划，成为熔炼企业文化的熔炉，培训与职业发展通道直接相关，培训与企业绩效直接相关。

第一步目标实现后，将继续用六年左右的时间，把宝钢人才开发院建设成为与宝钢发展战略目标相匹配、具有宝钢特色、世界一流的企业大学,具体体现在:成为组织变革的推动力量,设计基于企业战略目标的工具,开发基于能力模型的培训项目,确定领导力课程首席开发专家,搭建企业知识管理的平台,构建匹配企业战略的课程体系。

4. 实施

2007年9月,宝钢人才开发院揭牌。2008年8月宝钢人才开发院现有培训基地改造启动,并于2010年9月全面竣工。2008年12月,宝钢人才开发院成立管理研究所。该研究所与人才开发院下属的管理研修中心实行"两块牌子,一支队伍"运作,定位于总结提炼和传播宝钢内部最佳管理实践、诊断分析宝钢管理焦点问题和薄弱环节、跟踪全球管理理论的最新发展,为战略决策的实施服务。2009年12月,占地近23万平方米的宝钢领导力发展中心在江苏常熟动工兴建。建成之后立即组织开发工作,计划设计成员工教育培训基地。

宝钢人才开发院的发展受到了公司高层的高度重视,并得到了大量的政策支持。2007年8月,宝钢发布了《关于明确人才开发院下设机构名称及职责的通知》、《关于宝钢培训工作的指导意见》、《关于加强宝钢管理人员培训的实施意见》、《关于加强宝钢员工教育培训经费使用管理的指导意见》、《关于人才开发院成立管理研究所的通知》、《关于进一步深入开展职工经济技术创新活动的指导意见》等多项制度与政策,为宝钢人才开发院的发展提供了有力保障,为企业培训的顺利实施提供了大力支持。

5. 价值

宝钢人才开发院的价值主要体现在三个方面。

第一,帮助企业解决生产经营中的复杂问题,为企业贡献直接、间接经济价值。通过引入行动学习法,员工以团队形式直接参与到公司的管理短板诊断、技术难题攻关中来,在质疑与反思中提高员工的问题解决能力和业务素质,提升领导力,同时解决公司生产经营中的复杂问题。借助"决策人研修"平台,邀请国际国内的学术界、企业界、政府界的专家为高层管理者培训,讲授国际最新理念与方法,前瞻国际国内形势,为宝钢战略的制定与选择提供启发与借鉴。管理研究所定位于总结提炼和传播宝钢内部最佳管理实践、诊断分析宝钢管理焦点问题和薄弱环节、跟踪全球管理理论的最新发展,为宝钢管理变革提供智力支持。人才开发院通过面授、远程培训、送教上门等形式,为下属公司及分支机构开展管理、技术、技能人员培训,促进了集团公司内的协同。

第二,推广企业文化,帮助员工文化养成。宝钢人才开发院对宝钢企业文化的养成起到了巨大作用,通过培训研讨对企业文化建设目标和现状差距达成共识;通过领导力培训和评估,改变企业中高层管理者行为;通过新制度宣讲,传递企业文化;通过在课件中渗透企业文化元素案例促进企业文化与员工工作的有效结合;通过企业大学对外宣传企业文化,建立企业的品牌形象。另外,宝钢人才开发院还作为研究与创新基地,每年组织开展各类管理研究 20 项。作为员工创新活动基地,宝钢人才开发院通过举办创新论坛、创新沙龙、成果发布、专题研究等各类员工创新活动,搭建员工创新平台,宣传员工创新活动成果,激发员工创新潜能。

第三,制定相应标准,推动企业大学品牌养成。宝钢人才开发院针对工作场所出现的新工种,先后完成国家新职业标准的开发与制定,2008 年 5 月由人力资源和社会保障部正式颁布实施。根据国家相关部委要求,宝钢人才开发院负责修订炼铁专业 18 个工种的职业标准。这些都是宝钢企业大学品牌体系的一部分。

二、人才需求推动企业大学成立[①]

招商银行企业大学是在 2008 年成立的,是在培训部门基础上成立企业大学。在全球化、行业竞争激烈、信息化时代特征等多重挑战下,企业面临高端人才需求压力,招商银行企业大学(简称招银大学)

---

① 资料来源于笔者对招银大学的问卷及调研。

是在承担企业这一使命与责任的背景下成立的。

1. 背景

招银大学成立时有如下背景：国际化要求和趋势、竞争日益激烈和多变的外部形势，对教育培训提出了更高的要求；银行学习型组织建设的要求，需要寻找更适合自身创建学习型组织的发展模式和机制；招商银行组织架构的变化、培训中心职能的深化，要求培训管理部门应围绕企业战略开展培训工作；招商银行二次转型战略发展要求，需要进一步提升管理水平、员工效能和工作质量效益；员工职业发展建设需要建立与之配套的培训体系；信息技术在培训教育中的运用和不断发展，让网络培训和管理成为可能和必须；知识快速更新需要一个强有力的载体来迅速传播知识。

2. 动力

基于以上原因，2008年12月，招商银行成立自己的招银大学。招银大学希望建设成拥有一流学习体系，对外呈现大学形象、对内真正引导组织学习，为企业发展服务的企业大学。

招银大学的发展经历了培育期、初创期、发展期不同阶段的成长。培育期主要特征是孕育和储备资源。以培训中心为载体，通过建立较为完善的组织管理体系，引进和自主开发课程，开发较有影响力的培训项目，使得师资队伍不断壮大，培训形式不断多样化等。初创期主要特征是蜕变和起步。在培训中心基础上，就组织结构、教材、课程、师资、远程设备和硬件设备上进行系统整合、改进和推动，培训对象以企业员工为主。发展期主要特征是体系化和专业化。教材开发、课程设计、师资建设得以体系化，远程设备和硬件设备建设逐渐完善，组织管理架构得以改进，培训对象由员工延伸至企业的供应商和潜在战略客户。

3. 愿景

招银大学的目标是，建成一所一流的银行内部大学，实现教育培训的专业化、系统化、国际化。招银大学致力于建成一个教育体系完善，有较强的内外部培训教育能力、教育研发能力和领导力与工商管理研究能力的一流的企业大学。招银大学要实现四大功能，分别是内部培训、外部培训、工商管理教学与金融研究。首先，将通过完善组织管理、教师、课程、远程培训等四大体系来重点加强企业在内部培训方面的能力。其次，在基础牢固后将内部培训平台资源与企业合作伙伴、大客户共享，实现培训的全价值链输出。以博士后工作站为基础，建设招银大学金融研究队伍。最后，成立商学院面向社会开展工商管理及高级经理人发展课程（The Executive Development Programs）教学。

4. 实施

招银大学发展过程中有以下里程碑事件：2008年12月招商银行行长为"招银大学"揭牌，招行正式对外推出"招银大学"教育品牌；2009年初重新装修改造后的招银培训大楼正式启用，为招银大学的发展提供了良好的硬件设施；2009年年初招银大学建成模拟银行培训体系；2009年确定和启动"一三三"教学体系建设方案——即"100门核心教材、300门核心课程、3000名兼职教师"，以此进一步促进和完善招行教育培训体系；2009年策划实施的"金狮计划"、"金鹰计划"培训项目获得成功，得到进一步普及实施和深化，印证了大学项目研发实力；2009年进行E-Learning学习平台升级改造，2010年7月启动招商银行知识管理系统、招银大学门户网站、数字图书馆的建设。创建招行完整的、多方位功能型网络培训体系。

为了支持招银大学的发展，招商银行出台了一系列相关政策，如2003年出台的《招商银行教育培训管理规程》、2005年出台的《招商银行一级培训管理办法》、2007年出台的《招商银行新员工入行培训指引》、2008年出台的《招商银行兼职教师管理办法》、2009年出台的《招商银行培训中心（深圳培训基地）服务管理办法》和《招商银行培训中心经费核算与管理办法》（第二版）。这些政策为招银大学开展工作创造了良好的条件。

5. 价值

招银大学对招行经济发展做出诸多贡献。首先，招银大学成立后对招商银行品牌建设具有积极的推动作用,譬如"金鹰计划"等项目获得全国性大奖,对提升招行知名度有明显作用,招商银行被多家机构先后评为最佳雇主、中国人力资源100强等荣誉称号。其次,招银大学开展全行教材开发工作,成功编写了几百门业务类和基础素质类教材,并利用教材在全行开展培训学习。同时,将教学手段和教学方式不断体系化、规范化,为在全行范围内快速提升干部员工的管理水平和工作技能提供了有力保障,在一定程度上提高了工作效率,降低了人工成本,促进了企业的业绩提升。最后,开展全价值链培训以来,极大地促进了招行与战略客户的合作关系,以培训为桥梁,不断加强业务合作。另外,针对企业外部的一些有偿收费培训也带来了直接的经济回报。

对招行组织变革和企业文化的贡献。在招商银行"二次转型"的大背景下,招银大学秉承"十年树木,百年树人,管理变革,教育先行"的理念,积极开展组织变革时期的人才发展工作。招银大学认为"二次转型"首先是管理理念的转变,其次是具体行为的转变。教育培训工作正是将这场管理变革从理念转化成行为、从总行推广到分支行的强有力的推进器。为此,招银大学从核心管理人才培养出发,设计了"金狮计划"、"金鹰计划"等一系列领导力提升培训项目。招银大学采用行动学习等多种培训方法,通过创新的人才培养模式,以提升核心管理人员的管理能力为第一目标,以解决实际工作中存在的具体问题为辅助目标,铸就招行的"人才引擎",力推"二次转型"。据统计,在参加过"金狮计划"和"金鹰计划"的学员中,超过50%的人员获得不同程度的提拔任用,学员普遍反映,学习培训对他们拓宽管理视野、提升管理水平有明显作用,为积极适应和推动组织变革作出了重大贡献。远程学习系统、在线考试、视频培训、知识管理系统等先进的学习网络建设大幅提高了学习的覆盖率,降低了学习成本,为招行组织变革作出了积极贡献。对招行企业文化的贡献有如下几点:(1)强化了"以人为本"的管理理念。招银大学规划了核心人才的职业发展通道,设计了其学习路径,强化了"以人为本"的核心人才理念,为保留核心人才起到积极贡献。(2)积极引导科学管理。管理理念和技能的提升直接影响到招行的企业文化,引导全体管理者逐步重视管理、学习管理,使企业管理水平逐步走向规范化、国际化。管理水平的整体提升对企业文化的影响至关重要。

对行业发展的积极推动。招银大学已成为金融行业招银大学的标杆,招银大学研发的"金鹰计划"培训项目是标准化、系统化的领导力提升品牌项目。在招银大学的示范作用下,中国金融同业尤其是股份制行业银行和中小银行纷纷开始重视培训工作,在体系建立、师资培养、教材开发、远程教育等各方面都起到了促进作用,整个行业的教学水平都有不同程度的提高。

三、信息技术促进学习变革[①]

腾讯公司是信息技术行业的典型代表企业。腾讯公司充分利用了企业优势,以网络学习作为主要学习方式之一,应时代的挑战与发展成立了企业大学。

1. 背景

从员工人数和业务发展规模来看,处于成长期及盈利期的腾讯,已具备建立企业大学的可行性,并且公司具备足够的资金和能力支撑企业大学的发展。腾讯公司一直视员工为企业的第一财富,重视员工的兴趣和专长,以良好的工作条件、完善的员工培训计划、职业生涯通道设计促进员工个人职业发展。这也为腾讯学院的成立奠定良好的企业文化基石。特别当大量的新人加入这个组织,管理干部的培养亟待加强,腾讯公司迫切需要根据企业战略需求全方位发展员工。面对互联网行业人才的激烈竞争,为保持公司持久的竞争优势,人才战略逐步成为腾讯公司发展的战略重点。

2. 动力

第一,是企业战略和战略性人力资源管理的要求。互联网行业日

---

① 资料来源于笔者对腾讯学院的问卷及调研。

益面临更激烈的市场竞争,但随时也可能遇到各种千载难逢的良机。而是否能抓住机遇,或是在竞争中取胜,就聚焦到了人才的竞争。如何加强分享而造就适应腾讯发展的经营管理型、产品策划型、技术专业型复合人才,成为腾讯目前发展面临的急迫任务,更是腾讯能否夺取"网络制空权",形成战略性竞争优势的关键。

第二,当时培训部门的运作面临着挑战,具有缺陷和局限性。如缺乏健全的培训运营体系及制度;70%讲师主要靠外请,缺乏对内部讲师的甄选、培养及激励体系;有一定的内部课程和培训项目,但实施性效果不好,且没有成体系的运作;人员分工及职责不明晰,多头会议严重;培训管理者素质及能力跟不上企业发展要求。

第三,由于每年大量新员工的加入,腾讯的文化被强制稀释,由于不希望这些同事带着以前的各种各样的做事方式,而把原有的很好的文化冲淡,这些新来的同事能不能很快融入公司里,能不能认同公司的文化和价值观,就需要用企业大学的模式强化和传承腾讯的企业文化和价值观。基于如上原因,企业大学的成立就显得非常有必要,2007年8月,腾讯成立了自己的企业大学——腾讯学院。

3. 愿景

腾讯学院的培训哲学,第一点是要跟公司的战略结合;第二点是要跟文化结合,具体就是培训的方式、内容、风格,一定要跟企业风格符合;第三点是培训要跟组织绩效与员工能力进行转换。腾讯学院的愿景是成为互联网行业最受尊敬的企业大学,使命是通过提供多样的学习与发展方式,成为员工3A[①]学习的知识银行,成为经理人培养团队的黄埔军校,成为公司知识管理的最佳平台。

4. 实施

腾讯学院于2007年8月在原人力资源部培训发展组的基础上成立,成立仪式与腾讯教师节一起举办。2007年12月,网络学习系统Q-Learning上线,培训内容的基础建设和常规运营,工作的持续优化

---

① 3A:Anytime, Anywhere, Anyway,任何时间、任何地点、任何方式。

和完善,一直是腾讯学院的重点。2008年8月,腾讯HR进行了矩阵式组织架构调整;2009年3月,腾讯学院再一次优化了组织结构,成立了领导力培养中心和职业培训中心,并大量引入国内知名企业大学的精英,并对原有的六个培训中心人员重新定位包括人员重组。

5. 价值

腾讯学院帮助企业吸引和留住优秀人才。腾讯员工一直是同业竞争对手猎取的对象,有的业务经常面临"人才短板"的困扰。而好的培养体系,让员工感受到自我的成长,更愿意和公司一起长远发展。品牌化的企业大学,更能吸引外部优秀人才的加入。另外,腾讯学院帮助新技术、新想法落地,转化为实际的产品并成功运营。腾讯公司中大约65%的岗位是从事技术开发,并且大部分产品线都引领了整个行业的趋势,每一项业务都需要持续创新。面对海量的用户群,各种技术的运用都时刻面临着全新的挑战。企业大学成立,让腾讯公司在知识的传承及新方法和新技术的持续学习能力方面得到较大发展,最终转化为企业核心竞争力的提升。

四、国际化因素促进企业大学成立[①]

林恩·梅兹(Lyn C. Maize)[②]调查发现,国际化因素是成立企业大学的主要动力之一,国际化企业在跨文化交流、语言及产品宣传上对于培训与学习的需求很大。中兴通讯学院(ZTE)正是这种类型的一个典型案例。它是中兴通讯股份有限公司创办的企业大学,中兴通讯公司是通讯行业的一家国际化大企业,2003年在原来的培训部基础上成立了中兴通讯学院。

1. 背景

1985年中兴通讯公司成立之后,1993年中兴通讯股份有限公司在深圳市大梅沙建立了培训中心,这个培训中心基本上是对外部培

---

① 资料来源于笔者对中兴通讯学院的问卷及调研。
② Lyn C. Maize and Joseph Daniel McCool, The New Corporate University: Global Impact on Learning and Development[J], Chief Learning Officer, 2007(8).

训,员工培训还没有成为体系。1997年成立了员工培训组,在1998年培训组就进一步扩大规模,成为员工培训部。在2002年成立了新的培训中心,培训部融合客户培训和员工培训,促进其核心能力的不断发展。2003年硬件条件具备后,就正式挂牌成为中兴通讯学院。

2. 动力

中兴通讯成立企业大学的动机在于三个方面：第一,国际化问题。公司面对全球的竞争,如何建设国际化的人才队伍。第二,岗位胜任问题。随着整个技术的变革,中兴的人员也快速扩张,公司的管理干部、员工岗位胜任力能够达到什么样的程度,能够胜任什么工作,从而保证中兴为客户创造的价值。第三,人才竞争力问题。一个企业的竞争,归根到底是人才的竞争,如何提升中兴人才竞争力。

3. 愿景

中兴通讯学院的愿景是成为国际一流企业大学,目标是向中兴通讯设备公司及其合作伙伴提供专业的培训、文档和咨询服务。中兴通讯学院的定位为整个企业内外部客户培养人才,提升人力资源的能力。在学院培训的对象上面是三大目标对象：第一,员工。提升员工的竞争力,并且通过培训推动公司的战略。第二,客户。通过对客户提供专业的知识服务提升公司的品牌,同时,知识服务本身在电信市场上面是有价值的,可以通过对客户的培训获得比较高的盈利。第三,社会和高校,这是中兴通讯学院服务的两个独特群体。中兴通讯学院主要基于两种考量：一方面,中兴的发展离不开社会的支持,中兴作为一个企业应该服务于社会；另一方面,中兴通讯学院也希望通过高校培训以及社会培训来建立人力资源库,为中兴人才培养建设后备军。以上三个目标群体的培训比例,如果按照培训人数和时间计算,排在第一的是客户培训,大约为60%～70%；排在第二的为员工培训,大约占30%；排在第三的为社会培训和高校培训,大约占10%。

4. 价值

中兴通讯学院依托中兴通讯强大的技术力量,凭借14年的专业培训经验,利用先进的培训设施、规范的培训管理和优秀的讲师队伍,为近 13 万名国内外客户提供了系统培训、维护专题培训和管理素质培训,其中包括来自海外 90 多个国家的 3 万多名外籍客户。中兴通讯学院致力于建设持续的学习环境,培养具有竞争优势的人才,推动实现组织的经营目标和战略。

五、解决问题导向的变革推动[①]

1. 背景

中粮集团企业大学全称是忠良书院,于 2008 年 5 月正式启用,忠良书院是在集团培训部和培训中心软硬件结合的基础上成立的。中粮集团人力资源部下属的培训部是中粮集团经理培养的基础部门,培训中心既是教学实施保障的部门,也是中粮的会议中心。2005 年后中粮集团进入快速发展期,中粮集团战略指引业务发展突飞猛进,对经理人提出了更高的要求。为了培养适合中粮集团人才发展的需求,集团要求经理人必须经过系统的培养,所以组建了由中粮培训部和培训中心组成的中粮企业大学——忠良书院。

2. 动力:培训成为企业变革引领者

2004 年年底,宁高宁董事长来到中粮。尽管当时中粮在外贸公司改革中走在了前列,但是与国际标杆企业相比,与全球化竞争的要求相比,中粮在各个方面还存在一定差距,他提出了要对中粮进行更为彻底的战略转型,推动中粮真正成为一家市场化的、有核心竞争力的、能够适应全球竞争的企业,使中粮的发展能够搭上中国经济发展的快车道,打造国有企业的百年老店。但是,如何推进和实施战略转型,是一个重大课题。集团领导们详细地分析了集团存在的问题,在这种情况下,企业的战略转型不是一个简单的业务调整问题,而是一项系统工程,任何单一方面的调整很难奏效。同时,企业变革需要全体员工特别是经理人的积极参与和共识,需要思维方式和心态的改变。在当时,最高层强调,在企业发展的每一个阶段,都会有一个部门或一项工作承担着引领者的作用,在那个时候就是培训工作,因为培训对企业

---

① 资料来源笔者对忠良书院的问卷及调研。

来说牵一发而动全身,能够满足战略转型的系统要求,是推动企业整体进步的有效方式。

3. 愿景

忠良书院定位是:中粮经理人学习、研讨和决策的中心,中粮管理思想的发源地,中粮经理人的摇篮。忠良书院是中粮经理人的精神家园,也是每位中粮人接受洗礼的地方。中粮集团计划把忠良书院打造成中粮集团一个优质品牌,全面提升中粮经理人的管理能力,为实现中粮集团的全产业链战略做好人才的培养,使忠良书院不仅能学习知识、训练技能,更要解决企业所遇到的实践问题。希望经过努力,使忠良书院成为中国企业大学的标杆企业,开创中国企业人才培养新模式。

4. 实施

在宁高宁董事长的直接指导下,2005年4月,集团领导、总部职能部门总监、各业务单元总经理等企业核心团队成员参加的第一期高层战略研讨会首次采用了"团队学习法"。宁董事长直接担当培训师的角色,利用各种机会进行引导和催化。在这次培训会上,完全通过集体研讨的方式,确立了集团的使命、愿景、企业精神、集团战略,研讨了集团的行业战略、地域战略、组织战略、财务战略、人力资源战略。这次培训,一方面,使核心团队成员在战略转型和企业发展的重大问题上达成了共识,为接下来推进战略转型奠定了基础;另一方面,中粮集团的培训理念、方法和工具也在这次培训中基本定型。大家切实体会到了培训的巨大威力,以培训推动战略转型的设想正式启动。

2006年忠良书院启动流程建设、财务战略、团队建设系统培训。2006年7月,设计组织了核心团队领导力、团队建设培训班,目的是促使中高层经理人从业务领导向团队领导转变,提升经理人带团队的能力。2006年10月,设计组织了核心团队财务培训班,目的是促进核心团队成员对企业形成整体财务概念,统一财务语言,提升他们制定、执行、反思战略的能力。2008年成立忠良书院,把过去几年的培训方式和培训内容以更为具体的形式固化下来,并在此基础上建立了分层级的领导力培训体系,之后组织了大规模的领导力轮训。在企业战略转型的每一关键阶段,中粮集团都适时组织相应的培训,确保中高层经理人能够跟上集团变革的步伐。

5. 价值

忠良书院很好地支持了集团的整体工作,推动了集团的战略转型,同时也得到了上级部门和其他兄弟公司的肯定。2008年9月,中粮的培训工作被中组部选定为全国干教会议的典型交流材料;中粮荣获2009年度中国人力资源新年报告会"最佳雇主领导力学院奖"。

六、跨国企业的企业大学[①]

爱立信公司是一家外企公司,许多国外企业在中国设立分公司,爱立信中国就是其中典型的一个。爱立信中国学院与以上的企业大学成立的背景与因素不一样,爱立信中国学院成立于1997年,是中国电信业起步最早的、同时服务于公司内外培训需求的企业大学之一。爱立信中国学院是爱立信全球五大区域培训机构之一,既是爱立信学院在中国的分支机构,也是爱立信全球年培训量最大的学习机构。

1. 背景

爱立信中国学院前身是爱立信中国培训中心,其面向行业内专业技术人员提供有关专业技术及产品的培训服务,是隶属于爱立信产品部的三级部门。爱立信公司重视知识的力量,认为知识的创造和流动是先进生产力的产生源泉,而人才的培养是企业发展的动力。在爱立信,人才的培养并不限于只是针对公司内部员工,同时还通过对产业价值链上相关企业的人才培养来促进产业的发展。特别是,跨国公司员工之间、企业与客户之间存在文化之间的差异性,跨文化学习成为跨国公司扩大业务必须应对的挑战。正是基于这一理念,爱立信公司于1997年11月在北京爱立信中国培训中心基础上成立了爱立信中国学院。爱立信学院成立是爱立信在中国实施知识转让的产物,也

---

① 资料来源于笔者对爱立信中国学院的问卷及调研。

是在信息技术、业务知识快速更新情势中为适应行业内外日益高涨的培训需求应运而生的新型学习型组织。其目标客户覆盖了通信行业高管及专业技术人员，提供管理及技术培训，成为集咨询、研发、教学和服务于一体的综合性企业大学。成立企业大学之后，爱立信中国学院的管理层级提升成为直接向爱立信中国公司总裁汇报的二级部门。

2. 动力

1997年爱立信中国学院成立时主要目的之一是使员工更注重能力的培养，并为员工提供更多的学习机会；另一个目的就是为其在中国的客户、合作伙伴以及相关政府部门做培训，使之更了解爱立信的技术和业务，为他们提供一些具有国际水准的学习机会和项目，满足中国信息产业迅速发展过程中对管理人才技术培训的特别需求。除了以上两个目的，成立爱立信中国学院还可更好地为技术转移提供支持，以便更好地进行技术的本地化。

3. 愿景

爱立信中国学院的目标是全方面营造一个培养中国未来信息通信产业领导人的国际学习环境，为爱立信在中国的员工、客户、供应商和相关团体提供长期的发展与学习机会，通过培训及教育提高电信业、信息业管理人员的整体素质，为中国信息产业的发展起积极的推动作用。爱立信中国学院致力于为爱立信的员工与合作伙伴提供终身教育的机会，创造一个增强业务技能的学习环境，塑造并推广专业精神与业务风范，以提高员工与客户的知识和技能，促进公司业务发展。学院的愿景是："秉承积极、敏锐和不断创新的精神，塑造并保持爱立信中国学院的品牌形象，为信息产业界提供高质量、不断革新的学习环境，成为一流的企业大学。"

4. 实施

爱立信中国学院的发展历经了三个阶段：1997—2004年，爱立信中国学院的快速成长阶段。在管理培训方面，学院提供在通信业界颇受欢迎的管理硕士教育，培训了大量的行业高管；在技术培训方面，培训量和业务收入也屡创新高。2005—2008年，爱立信中国学院在原有业绩的基础上，拓展发展空间，尝试发展新的业务，包括能力管理咨询、高级管理课程、技术专家在职培训等。2009年至今，爱立信中国学院进入二次快速发展期，学院对其市场定位重新进行了深入认识，将定制学习服务方案及学习托管服务作为学院发展的重点，进一步加强了学院的品牌形象建设。

5. 价值

其一，能力管理使得爱立信中国公司具备领先的创新能力。企业迈向世界级水平需要卓越的战略方针及实施能力，挑战竞争格局需要领先的服务创新和技术更新能力，巩固领先地位要求优秀的组织变革和企业管理能力。这些能力来自有计划有针对性的培养，最终体现在训练有素的管理团队和员工队伍身上。爱立信中国学院基于广泛研究和深入实践，提供全面系统并有的放矢的能力管理方案，让教育培训指向企业发展急需的能力拓展领域，让个人能力形成企业竞争力，帮助中国电信企业从优秀走向卓越。

其二，传授和推广电信领域尖端的技术和知识。作为电信技术和产品行业标准全球领先的开发厂商，爱立信一直与全球数百家运营商和服务提供商保持密切合作，围绕技术发展和客户需求开发构建培训课程及系列，每个系列课程又分为多个子系列，分别针对企业中特定的技术和业务领域而设置。课程内容深入浅出，系列安排循序渐进，教学形式丰富多彩，培训课程由电信技术行家执笔执教，从入门知识、到实际操作，内容不断推陈出新。

其三，提供和分享电信产业优秀的管理思想和实践。基于对电信行业的深入了解，爱立信不断收集提炼电信业先进的管理理念和实践，结合前沿的管理理论和学术思想，引入构建培训课程及系列。特色领域包括电信营销、技术管理及领导力，分别针对企业中特定的业务及管理群体而设置，从专业岗位、综合商务和人际与组织能力等方面整体提升综合能力。每个系列都力求面向应用，结合电信业特点，传播经典的理论工具并探索优秀的实践经验。

爱立信中国学院提供的培训服务不仅覆盖国内各省市自治区，还向亚太、欧、美等海外市场提供了大量的培训服务,课程内容涵盖管理培训、技术培训等。围绕技术发展和客户需求,爱立信中国学院每年向电信运营企业和爱立信内部员工提供五万余学员人次的各类培训。爱立信中国学院在把爱立信公司百余年成功管理经验带到中国的同时,还与国内外知名院校、全球电信运营商及行业著名专家学者密切协作,针对中国目前由于信息产业高速发展而产生的对特殊管理人才的需求,开发设置了一系列专业技能、管理技能和领导技能培训课程和教育项目。

第三节 基于组织变革视角的微观分析①

从培训中心到企业大学,本身就是一次组织的变革。本节从组织变革视角研究企业中出现的这种学习变革。组织变革是组织发展的重要手段,对维系组织生存和促进组织发展具有重要的意义。具体而言,当组织成长缓慢、无法适应生存环境的变化时,组织必须做出改变,如在组织结构、内部层级、工作流程、沟通方式及组织文化方面做出调整和改善,最终促使组织顺利转型,这一过程即为组织变革的过程。组织变革的目的是为了确保组织快速而有效地面对新的内外部环境,包括战略变革、技术变革、流程再造、组织文化变革等方面。马作宽(2009)认为,组织变革是指运用行为科学和相关管理方法,对组织的权力结构、组织规模、沟通渠道、角色设定、组织与其他组织之间的关系以及对组织成员的观念、态度和行为,成员之间的合作精神等进行有目的的、系统的调整和革新,以适应组织所处的内外环境、技术特征和组织任务等方面的变化,从而提高组织效能。

一、学习变革的必要性分析

从企业大学的创设来看,绝大部分企业大学都是由原来的培训中

---

① 李玮. 从培训中心到企业大学——基于组织变革的研究[D]. 北京大学,2012.

心演化而来。不同企业创建企业大学的缘由不尽相同,但总体看这种变化的趋势相近。

第一,将培训中心升级为企业大学,是企业转变人力资源管理战略的必然要求。传统的人力管理理论经历了从人事安排、人力资源到人力资本的发展过程。按照人力资源理论的要求,必须对人力——企业的员工和知识——这一核心资源进行合理地整合和配置,培训也就应运而生,它着眼于提高培训对象完成某项工作所需的能力和技能。而按照人力资本理论的要求,企业的员工本身就是企业价值创造的根本动力和源泉,企业必须通过对员工进行继续教育,通过知识管理凝结全企业的知识和智慧,通过人力资源开发来提高员工这一资本的内在价值。因此仅仅对员工进行应急的、技能的培训是远远不够的,企业应直接建立由高层领导的企业大学,通过全方位的学习提高员工的学习能力,通过渗透企业精神和企业文化,积极推动和促进变革,最终形成企业个性化的、不可替代的人力资本,正是与人力资本理论相适切的结果。

第二,将培训中心升级为企业大学,是企业建构和实施自身战略的客观需要。企业战略理论经历了从传统战略理论到资源基础理论到动态能力理论再到学习型组织理论的发展过程。传统战略理论主要研究企业成长方式和结构变革之间的关系,侧重于研究企业如何通过对内外因素进行平衡、寻求匹配,来实现自己的利润最大化。这一时期,SWOT理论和基于SCP(Structure-Conduct-Performance)范式的产业组织竞争优势理论都强调依托外部环境,寻找企业的最佳战略。资源基础理论强调企业的竞争优势来源与其所拥有的独特的能力和资源,企业的核心能力就是一系列资源的组合,是它让企业在竞争中立于不败之地。动态能力理论和资源基础理论一脉相承,它强调了当面对剧烈的市场形势变化时,企业必须相应地做出调整,提升自己的胜任能力(也就是整合、重构内外部组织技能和资源),这一理论重新强调了对于外部环境的重视。学习型组织理论则从组织的角度对企业战略管理理论进行了阐释,企业战略管理是要实现企业内外部动态的平衡,而组织学习就是适应环境变化的有效方法。彼得·圣吉指出可以通过五项修炼来构建学习型组织:激活企业员工的自我超越、改善团队的心智模式、建立共同愿景、团队学习、系统思考。

回顾了企业战略理论的发展,可以看出制度和文化的创新、组织学习、知识管理、战略联盟都是企业战略的关注点,毫无疑问这些战略关注点都是和企业大学密切相关的,培养卓越的人力资源、构建企业的制度和文化是企业大学的目标,组织学习是企业大学推广的学习模式,知识管理是企业大学的运作过程,企业大学可以通过对全部产业链提供的教育咨询服务为企业搭建有价值的战略联盟。

第一,企业大学所倡导的终身学习理念,企业大学对于企业文化和精神的弘扬,本身都是对构建企业战略很有意义的,有些企业大学,如忠良书院,已经成为企业发展的智囊团。相比之下,企业培训中心短视的、技能的培训是无法对企业战略产生如此巨大的影响的。

第二,从微观角度来看,小到企业某一个具体战略的实施,企业大学都可以通过开发课程、组织培训来进行完美的支持。很多企业大学正是为了服务于企业战略的转型而成立,它们拥有一流的师资力量、完善的课程设置体系、独特的教育培训方法,相较于企业培训中心,企业大学的层级更高,受到企业领导者支持和重视的力度更大,它们往往可以更好地服务于企业战略。

第三,从培训中心升级到企业大学,符合时代发展的要求和员工的根本利益。当今时代是飞速变化的时代,世界日新月异,知识也比以往更多时候容易过时。员工进入企业之后,获得的培训本身就是对其学校学习的一种补充和提升。新时代教育的主体显然已经发生了变化,不再是被动地接受教育和培训,而是强调个人积极、主动的学习,这正是企业大学所倡导的理念。例如,通过引入行动学习方法,更多员工参与到学习当中,分享和交流自己的知识;通过使用信息技术构建学习平台,推广 E-learning,员工可以主动发现自己的知识漏洞,满足自己个性化的学习需求。从员工的角度来看,如果仅仅是被动地接受企业安排的培训,可能会在一定时间内提升自己的某方面知识或者某项技能,但是这种提升往往是片面的、短时的。从个人职业生涯发展的角度看,这种培训和自己的需求往往是不匹配的,而企业大学的教育模式则不同,它不仅提供了多样性的学习选择,可以满足员工的学习需要,更创造了一种人人学习的文化氛围,这种氛围有助于员工保持进取心,主动去学习、去提升自己。

第四,将培训中心升级到企业大学,有助于让企业文化深入人心,有助于为企业发展创造良好的外部环境。吉姆·柯林斯[①]通过研究摩托罗拉、IBM、波音公司等成功企业,指出企业能够基业长青的秘诀在于"保持核心"加上"刺激进取",所谓保持核心,就是指企业一定要有自己的核心文化和核心价值观,这种价值观不仅体现在企业书面的章程、文件里,更要深入到员工的思想、日常的行为中。在企业大学发展的过程中,很多大学大大扩展了自己的培训范围,不只局限于自己的员工,而是扩展到企业的合作伙伴、供应链。甚至有些企业大学,如惠普商学院,已经完全用于对外提供咨询和教育服务。这种服务不仅为企业创造了不菲的利润,满足了企业大学自身的经费需求,而且有效宣传和推广了企业形象和企业文化。

二、企业大学的组织变革

从培训中心到企业大学的组织变革,是绝大多数企业建立企业大学的路径,企业大学组织变革作为企业组织变革的一种特殊形式,具有自己的特征。根据马作宽的定义,组织包含五项相互联系的内容,即组织的愿景、组织的使命、组织的目标、组织的战略和战略的实施和控制。而企业大学的组织变革,主要在于将自己的工作与企业的战略牢牢地结合起来,根据企业的战略确定自己的人才培养计划,培养企业所需要的人才。以中国电信学院为例,原来的培训中心只是被动地承接培训任务,无法从企业战略的高度进行人才培养。成立企业大学之后,中国电信学院立刻着手企业战略发展转型最核心的重要能力培

---

① 《基业长青》的作者。

养,并构建了相关的能力素质模型,开发相关的课程体系,在立项管理、教学、项目策划等方面都以企业发展战略方向为重点进行优先考虑。如领导力教研中心的管理类课程体系,对于企业转型、战略宣贯等的重视都是事关企业发展战略的。

在组织战略变革理论基础之上,从培训中心到企业大学这一过程的组织变革步骤如下。

1. 变革的预备阶段——企业环境挑战

在企业大学组织变革框架中有一个重要的元素:企业环境。之所以认为企业环境是变革的预备阶段,是因为这些企业环境中的要素在一直不断推动与酝酿组织变革的发生,实际的变革准备工作也正是在这个酝酿阶段已经开始展开。环境包含五个要素:成本、市场竞争和市场份额、不可控制的外在因素、日趋下降的收入、落后的技术。

(1) 成本。从宏观角度而言,随着企业的成长发展,企业规模越来越大,组织结构越来越复杂,员工素质越来越良莠不齐,企业面对的外部交易成本和内部沟通、协商成本都在扩大。(2) 市场竞争和市场份额。以中国电信为例,中国电信在通信市场上受到这个行业其他几家同质企业的强大竞争压力。面对如此激烈的市场竞争,原本的培训中心只是以应急、被动承接培训为主,显然不能取得满意的效果。(3) 不可控制的外在因素。企业所处的整个行业环境、宏观经济条件改变也可能促成企业大学的建立,如在用友大学的案例中,用友大学在成立之初面临着结构和规模的双升级,管理软件行业的飞速发展催生了用友规模的不断扩张,同时也对用友员工的能力结构提出了新的要求。(4) 日趋下降的收入。企业为了实现基业长青、回馈股东、实现社会价值,必须以获得收入为目标,收入的下降必然要求企业做出相应的组织变革。在用友大学的案例中,用友集团初始是以卖产品获取收入,在可以预期的将来,这种简单的模式是无法带来稳定的、可持续的收益的,因而必须以客户为中心提供服务。这一战略思想的转变就需要通过企业大学的教学实践来进行落实和深化。(5) 落后的技术。技术是影响组织变革的主要因素之一,技术的快速发展,已经深刻地改变了我们认识世界和改造世界的方式,技术是当今企业快速发展的至关重要所在。在中国电信的案例中,中国电信集团正是面临着激烈的技术竞争:计算机技术发展迅速;三网融合大势所趋;中国电信和其他运营商相比,技术相仿、业务雷同、功能实现相同;电信 CDMA 技术仍需改善,运营基础差。技术的差距要求中国电信必须通过企业大学建立学习平台,实现和其他优秀大学的强强合作,提高员工的信息技术素养,紧随时代和科技发展的脚步。

2. 变革的第一阶段——企业大学的组织设计

根据企业战略理论,企业在发展过程中面对内外形势的挑战,必须在动态的分析中确定自己的企业战略,统筹自己的独特的人力资本——这也正是企业大学在企业中日益重要的原因。企业大学的组织设计,首先,要明确自己的组织战略,确定自己的宗旨和定位,以此形成员工拥有的共同愿景。如在中国电信的案例中,中国电信学院分析后认为,电信集团省级以上领导人年龄结构偏大、学历结构偏低,领导力培养比较缺失,所以电信学院将自己工作的重点定义为领导力培训,并将自己定性为"一个基地,四个平台",即成为面向集团全体员工,传播企业文化,宣传企业战略,统一员工理念,推动企业转型变革的平台;汇聚和传递企业最佳实践,助力成功经验快速复制和知识管理的平台;根据中国电信战略需要,发展员工关键能力的平台;面向企业内外客户,以知识共享创造价值的平台。又如安利培训学院的案例,安利集团已有专门的员工培训机构,但是面对规模巨大、层次参差不齐的市场队伍,安利培训学院将自己定位为直销人员的培训基地,并确定了自己"全程相伴、全员覆盖、全面规范"的培训理念。其次,是对企业大学的机构进行合理设计和分工,这一变革的目标是为了建立一个扁平化、柔性化、虚拟化、网络化的组织结构,方便信息在各个部门之间的快速传递以及帮助各部门相互协作完成工作任务。大部分企业大学由于人员比较精简,都采用了职能式的结构,如中国电信学院和用友学院,同时它们也都注重不同教学部之间的合作,共同完成课程开发和培训教学任务。最后,企业大学的组织设计也要致力于形成一种组织文化,按照柯特尔(Kotter,J. R)的定义,文化就是一群人的行为规范和共同价值观,它形成并存在于群体中,为群体中的所有成员所认可,并通过群体之间的共享得以传承。

3. 变革的第二阶段——组织学习和知识管理

组织学习是组织基于经验来维持或改进绩效的一种能力(或过程),具体包括知识获得、知识共享和知识利用。组织学习具有三个主要的特点:首先,组织学习有赖于共同的见解、知识和组织成员的心智模式。其次,组织学习是建立在组织以往的知识和经验基础之上的,并依赖于组织的机构、机制、文化、战略、价值等方面。最后,组织学习过程是一个学习价值链的传递过程。组织成员个体通过对话和参与性学习,分享彼此的经验、价值观、信念和知识时,就产生了团队学习;而当多个个体和团队在组织中通过探索而传播知识的时候,就产生了组织学习。

企业大学通过开发课程、开展多种形式的培训以及鼓励非正式学习等方式推动组织学习,进而建立学习型组织。而知识管理则是对组织学习和实践中的关键知识进行有效地管理,包括对知识的定义、创造、存储和共享利用。企业进行知识管理的有效途径之一是建立学习论坛,如中国电信网上大学,通过鼓励学员分享学习经验,学习先进案例,以实现隐性知识的显性化。企业大学作为企业的知识管理平台,还可以通过与其他部门合作,承担起企业内部知识"蓄水池"的作用,成为复制传播和推广知识的平台。

4. 变革的第三阶段——企业大学组织变革的实施

企业大学的组织设计、组织学习和知识管理,为企业大学从培训中心的蜕变、为企业大学组织变革的实施和产出打好了基础,同时,它们自身也是这一组织变革不可或缺的一部分。通过组织设计,企业大学形成了富有效率的组织结构,建立了人人信守的共同愿景;通过组织学习和知识管理,企业形成了积极的学习环境和氛围,从根本上改变了员工的认知模式和思维方式。企业在战略、文化、人才培养等层面展开变革,并产生了意义深远的结果。

从培训中心到企业大学的变革实施有如下四个方面,第一,教学培养的变革。企业大学不能被动地承接培训任务、被动地外购课程,而是应该结合企业战略需要,实施项目管理、开发精品课程。通过开展多样内容、多种形式的教学活动如 E-learning、行动学习,鼓励员工激发自身潜能,实现自我超越。企业大学充分整合内外部资源,如上下游产业链的战略合作伙伴、客座大学机构、具备一定资质的培训机构、服务商等。第二,企业大学充分发挥自己知识管理和分享的职能。企业大学真正转变成为企业变革转型的助推器,成为变革理念宣传、企业文化熏陶、高层推动变革的阵地,通过企业大学平台和网络、面授、宣讲等多种形式有效形成思想意志到具体行动的统一。第三,企业大学创建一种对外开放的组织机制。过去的企业培训中心主要面向内部员工,与外部的联系相对较少。而如今伴随着企业大学的蓬勃发展,培训行业联系日趋紧密,交流更多。开放的企业大学可以广泛地吸收行业的先进理念和研究成果,对于提升自身的教学能力、构筑知识管理平台等都是非常有益处的。第四,建立学习型组织的促进和激励机制也很关键。企业大学应充分重视调动员工的主动性和积极性,促进和激励开展学习。相关机制可以在物质和精神两个层面展开,物质层面上,给予足够的薪酬和福利待遇,如用友大学直接给予讲师优先的经费支配权,精神层面上,应该注重为员工构筑共同的愿景,赋予员工强烈的责任感和使命感。

文化变革是组织变革的重要组成部分。吉雷和梅楚尼奇(2002)给出了实施文化变革的七个步骤:领导变革、创建共需、形成愿景、激发承诺、改变系统和结构、监控进程、将变革持续到底。文化存在于组织当中,决定了组织中每一个人的存在方式。依据企业战略的需要,企业大学承担着为企业培养人力资本的重任,这一任务的完成需要企业大学创造一种学习型的组织文化。

5. 变革的第四阶段——组织变革的产出

将培训中心升级为企业大学,是企业发展的趋势,企业大学创造了全新的培训教学方式,营造了积极学习的组织氛围,建立知识共享的学习平台。虽然在企业绩效的提升、品牌的扩张等方面，企业大学发挥的作用较难量化，但是总体概括，企业大学的产出主要有以下三个方面。

首先，从企业大学自身来看，由于更积极地投入到课程开发、教学研究当中，企业大学产出了一批专业讲师、精品课程，以及方法论。其次，对于企业而言，企业大学在战略实施、绩效提升、人才培养、品牌宣传等方面都做出了巨大的贡献。企业大学是为企业战略服务的，所进行的项目管理、课程开发无一不是紧密与企业战略相结合的。企业大学创造了学习型的组织文化，员工的学习积极性大大提高，同时由于受到企业大学针对性的培训，员工的知识技能结构也得到了提升，这些都会直接对企业绩效产生影响。企业大学通过精品课程的影响力和辐射力，通过对上下游战略合作伙伴、重要客户的培训，提升了企业在行业内的影响力，宣传了企业的品牌。最后，对于整个社会而言，从社会发展的角度，企业大学教育是对学历教育的一个很好补充，它不仅关注对员工的知识和技能培训，也提供诸如社会交际技巧、领导力、团队合作等方面的培训，而这些正是学校教育所缺失的部分。

实施战略变革的关键在于企业大学的战略必须符合企业的组织愿景，为了实现这一目标：首先，应该鼓励企业大学的员工结合企业战略和愿景，设置个人的愿景。只有当个人意识到自己在组织变革中所处的位置和意义，员工才能全身心地投入到变革实践中。其次，变革领导者需要与员工进行深入交流，达成共识，变革领导者在沟通过程中应该注意互相尊重、平等待人，一旦通过深度沟通达成共识，组织便凝聚为一体，就能克服变革中的困难与挑战。最后，要用愿景指导变革，如果在形成愿景之后，员工一直没有看到事实的改变，这样会挫伤他们的积极性，并令他们对目标产生怀疑。变革领导者需要将变革持续到底。

第四章 企业大学理念创新

企业大学是企业教育的理念创新,是传统企业培训部门的变革。企业大学具有许多新的理念,这些理念已经逐步出现在企业大学实践中。

学习契约[①]。在中粮,有一个人人皆知的"学习契约"——人人平等,积极参与;开放心态,质疑反思;明确目标,解决问题,作为每个参与者应该遵守的基本准则。根据"学习契约",中粮要求领导者在集体研讨时不先发言,避免"一言堂";研讨要从问题出发,直面问题,不能回避问题;在每次重要会议前对组长进行催化技能的培训,要求组长引导大家不断把问题引向深入,在深入的基础上才更容易达成一致。同时,在每次"团队学习"之前和过程中,组织各种拓展活动和团队游戏,促成参与者心理上的破冰,加快团队的融入,使参与者以更开放、更积极的心态参与到"团队学习"之中。

坎贝尔和迪积(Campbell & Dealtry)[②]于2003年提出企业大学的有机战略模型(Organic Strategic Model),他们认为,企业大学是由战略发展、个体发展、组织发展组成,三者之间交叉。关系图示如下:

---

① 资料来源于笔者对忠良书院的问卷及调研。
② Campbell & Dealtry. The New Generation of Corporate Universities[J]. Journal of Workplace Learning,2003(15):7—8.

本章分别从这三个维度研究分析企业大学的理念创新,分四部分。第一部分研究分析企业大学战略性理念创新,企业大学战略性要求企业大学与企业的战略保持一致;第二部分基于个体发展的视角研究分析企业大学的新理念,主要包括终身学习理念、胜任能力理念、职业生涯发展观点;第三部分基于组织发展的视角研究分析企业大学的新理念,主要包括组织学习能力;第四部分在以上研究的基础,笔者提出了企业大学模型。

第一节 企业大学的战略性

一、战略性释义

艾米·雷·阿贝尔(Amy Lui Abel)[①]认为,企业大学的战略性主要是指企业大学的目标、项目实施、学习与开发的过程等都必须与企业的战略相配匹。只有如此,企业大学才能为组织创造价值,组织才能为企业大学提供良好的环境。艾米认为,企业的战略主要体现在以下几个方面:教育目标与组织的战略需求一致;将员工的所得与学习活动、学习目标紧密结合起来;设计出来的课程体系中强调企业公民、商业框架、核心能力;将学习对象拓展到关键客户及供应商;像运营商

---

① Amy Lui Abel. Exploring the Corporate University Phenomenon: Development and Implementation of a Comprehensive Survey[J]. Human Resource Development Quarterly, vol 23, no 1, Spring 2012.

业业务一样经营企业大学,允许企业大学的经济追求;发展企业大学的创新联盟,特别是与高等教育机构一起;能体现企业大学的价值,对企业大学的价值进行评估。

国外很多研究者非常关注企业大学的战略地位。在学习与发展的演进及其与战略的连接所产生的影响中,也许没有比企业大学的产生所带来的影响更显著的了[1]。企业大学的设计更倾向于一种战略性的学习方式,而不仅仅是传统的学习与开发。

国内也有研究者对企业大学的战略角色进行研究。岑明媛[2]认为,企业大学战略角色主要体现在以下几个方面:企业大学成为企业率先推动的新途径;企业大学是企业变革管理的催化剂;企业大学是发展领导能力的工具;企业大学是发展商机的手段;企业大学是客户及供应商关系的管理工具;企业大学是整合及传播企业文化的工具。

杰里·吉雷(Jerry W. Gilley)[3]认为企业大学的职能之一便是战略人力资源开发,其开发水平的标志是项目能否使得组织绩效最大化、创建持续学习的组织文化、实施和管理组织范围的变革倡议活动以提高组织的有效性、增强其竞争力和提高其更新能力。杰里·吉雷(Jerry W. Gilley)认为,人力资源开发专业人员需要通过成为组织营运单元的一部分而不是在集中式部门里面,这样才保证学习与战略的一致性。

招银大学战略角色转变

2008年12月,招商银行宣布成立自己的招银大学。相对于原来的招商银行培训中心,招银大学未来主要体现以下差异:(1)职能角色差异。由单一的培训事务专家向变革推动者、业务伙伴、员

---

[1] 〔美〕埃尔克莱斯,菲利普斯. 首席学习官——在组织变革中通过学习与发展驱动价值[M]. 吴峰译. 北京:教育科学出版社,2010:28.
[2] 岑明媛. 企业大学:21世纪企业的关键战略[M]. 北京:清华大学出版社,2006.
[3] 吉雷,梅楚尼奇. 组织学习、绩效与变革:战略人力资源开发导论[M]. 康青译. 北京:中国人民大学出版社,2005.

> 工发展顾问和培训事务专家四位一体的角色演变。(2)培训对象差异。由企业内部员工向企业的供应商和潜在或战略客户延伸，培训向企业价值链发展。(3)培训方式差异。由课堂讲授和师徒制，转变为混合行动式学习方式。(4)培训资源管理差异。培训资源管理由分散到集中，由零碎到整合，资源效能提高。(5)培训绩效差异。培训绩效与企业绩效的非直接相关到直接相关。(6)培训需求回应差异。由被动式回应培训需求，到积极主动地探索学习需求。招银大学目标是建立成一流的、体系化的组织，对外呈现大学形象，对内真正地组织学习，最终促进企业绩效的提升。

从上面招银大学的描述可以看出，属于战略层面的内容有(1)(2)(5)，属于战术层面的内容有(3)(4)(6)。结合笔者实地调研的第一手资料和文献，笔者认为企业大学的战略性正是体现在以下几个方面：

(1)直接绩效导向。培训项目与学习项目从间接绩效导向向直接绩效导向转变，这是企业大学战略性的主要体现。这一理念要求培训项目的设计不能是为培训而培训，而必须是紧紧依靠企业战略，培训项目能直接导向绩效结果。

(2)企业大学成为业务部门的伙伴。企业大学不应是一个孤立的部门，而是融入到业务部门之中，为业务部门的发展与变革服务。企业大学工作人员应成为绩效技术专家、绩效咨询专家，了解业务部门流程，以服务于业务部门从而最终服务于企业战略为依归。

(3)促进员工发展。员工发展与企业战略是相辅相成的两个方面，只有员工发展好，才会有好的企业绩效。因此，在促使员工学习主动性方面，需要考虑员工发展，特别是员工职业生涯，最终做到从企业层面促进绩效，从员工个人层面促进个体发展。

(4)推动组织变革。企业大学工作者作为企业变革的推动者与帮手，协助企业高层制订企业变革方案，并以培训或者咨询方式变革员工心理准备，最终将组织推向一个新的台阶。

（5）服务对象拓展到产业链。许多企业大学将服务对象拓展到整个产业链,特别是战略合作伙伴、投资商、客户等,通过学习的方式扩大对这些与企业核心利益相关的单位之间的黏性,实现与合作者之间的共赢,扩大企业大学在同行之间的价值,创造企业大学品牌,这些都是企业大学围绕企业战略的表现。

二、战略性发展阶段[①]

在企业大学真正成为组织的战略伙伴之前,通常会经历几个发展阶段。图4-1中所示的四个象限,定义了这些阶段,同时显示了从战术到战略及从个人目标到组织目标的进化。这四个象限是按战略(在战术之上)的综合程度排列的,并强调组织发展(而不是停留在个体发展上)。

横坐标——从战术到战略建立;纵坐标——从个体到组织维度

图 4-1 企业大学战略发展阶段

第一象限强调将培训视为战术,将员工视为个体。受众关注于建

---

① 〔美〕马克·艾伦. 下一代企业大学——发展个人与组织能力的新理念[M]. 吴峰译. 北京:世界图书出版公司,2010.

构员工能力,往往针对于组织的直接员工。组织中存在着多种培训功能,它们通常与能力模型或具体工作角色中的具体知识技能关联。这一象限通常被描述为培训活动网络,而这些活动与技能要求、能力相关。

第二象限更加战略化,但仍关注发展个体。内部职员依然是目标受众,但目标从简单的能力构建转移到对绩效的改进,多种培训单元依然存在;但是它们现在连接到绩效管理,而不仅仅是能力。绩效管理的建立与组织绩效系统联结在一起,它是这一象限的驱动力,也正是它使得这一象限更具有战略性。绩效差距,而不仅仅是技能需求,确定了所提供的培训的种类。

第三象限的焦点是通过学习建立组织效能,关注培训战术和组织战略。企业大学的出现,是组织内所有开发活动的唯一的、整合的方法。传输的方式更为综合,提供行动学习和混合机会,这些会模糊学习和工作的界限。教学设计实践和推动措施的标准成为组织的一部分。第三象限能够突现组织内部的最佳组织,但战略性还不是非常突出。因为该象限并没有整合其他活动,如职业发展、绩效管理和人才管理等。同时,其业务范围也没有整合学习功能。

最期望的整合发生在第四象限,其中学习真正成为战略组成。在这一象限中,联盟建立起来了,评估不是简单地通过后测来完成。学习出现在企业的计分卡上,在组织绩效中承担重要角色。学习发生在组织中,而不仅仅是在课堂里。智囊团、实践社区及体验性学习和行动学习等各种学习方式都非常流行并且丰富多样。这种整合营造的一种氛围是:学习和工作是不能互换的。在这一象限中看到的进步是:学习指向组织绩效,并与业务发生了战略性连接。随着企业大学将其焦点扩大到组织发展,而不仅仅是个人发展,并从战术型培训转移到战略型培训。

三、战略性案例分析

(一) IBM 学习战略模型

为了帮助企业转型为一个学习型的组织,IBM 全球企业咨询服务部开发了一套五维度的学习变革模型,强调按照"对焦"、"设计"、"计划"、"文化"、"监督"五个维度使建设学习型企业成为一系列能够为企业创造当前和未来价值的流程(如图 4-2 所示)。

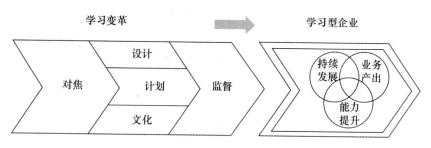

(资料来源:IBM 全球企业咨询部分析)

图 4-2　IBM 五维度学习变革模型

1. "对焦"维度

根据战略目标的优先次序,建立配套的学习战略,有效利用学习投资实现预期目标。"对焦"维度要求企业设计一个能够直接支持企业业务和绩效目标的学习战略。这个过程通常起始于一些简单的问题:你的企业需要什么技能的员工来支持你的商业战略?根据战略需求你的员工应该学习什么?如何学?等等。只有根据这些问题确定清晰的目标以后,企业才有可能制定支持该目标实现的最有效的学习战略规划。有效的企业学习要围绕员工的核心能力,而此核心能力必须与员工工作岗位职责匹配,才能使学习为企业创造最大的效益。

2. "设计"维度

根据学习战略,设计适合企业的学习方式和学习内容,从而更快地说明企业弥补内部知识技能组合与预期绩效要求之间的差距。学习真正的意义在于帮助员工在关键的时间和地点获得期望的成功,而恰当的学习设计是实现这个目的的核心。简单而言,有效的设计应根据学员特性、学习内容和学习环境,选择不同的学习方式。

3. "技术"维度

根据学习战略要求,评估企业内部技术设备和应用的实际情况,通过提供先进的技术,确保知识与信息的易得性、成员之间更顺畅的沟通及工作与学习的融合。当企业确定了结果导向的学习战略后,使用先进的技术能够使学习者更快速地通过学习体验获得知识,并确保获得正确且统一的信息。"技术"维度的目的是应用新技术使人们之间的互相联系更为紧密,将学习嵌入日常工作,并借助有效的知识管理,使知识有形化和系统化,以建立通向知识和信息更便捷的途径。

4. "文化"维度

通过对文化的调整,建立支持性、开放性和协作式的内部学习环境,支持和促进学习的深度和广度。改变一个企业的文化是学习变革中最具挑战性的一个维度。文化具有较高的复杂性,能够潜在地影响并引导企业行为的价值观和运作规则。建立一个乐于学习的企业文化对于实现学习变革、取得竞争优势具有关键性意义。

5. "监督"维度

建立学习监督机制,监控并保证学习战略及具体措施与企业目标之间的持续匹配。"监督"维度变革的目的在于监控企业学习战略的实施,它要求企业建立相应的监督机制,并且要求该机制可确保企业的学习战略和企业目标之间的持续性匹配。低层次的监督机制在于学习人数的统计、进度的完成,一年之中提供的学员学习课程。而高层次的监督机制会根据企业目标的优先级,分配学习资源,管理资金流向,并利用获得普遍认可的方法对学习实践、学习技术等方面的投资进行监督,评估和协调企业的各项学习活动,从而支持学习变革的实现。

(二)忠良书院学习战略流程

1. 架构设计

中粮集团董事长宁高宁是中粮首席培训师。在推动"团队学习"的初期,宁高宁与培训部门一起,亲自设计培训内容、流程和制度,并担任培训师。由企业一把手直接设计培训项目,不仅显示了对培训的重视,更重要的是能够抓住关键,切实解决企业的实际问题。对于集团层面举办的培训,宁高宁都亲自担任培训师。同时,他也要求集团下属各单位的一把手担任各自单位的第一培训师。

由此可见,有了高层领导的参与和坚持,培训的效果就会逐步显现出来,就能逐步获得大多数员工的支持,培训的作用也远远超出人们的预期。

2. 培训与战略一致

杰里·吉雷(Jerry W. Gilley)[①]认为企业大学的战略性首先体现的是培训项目的战略性。培训项目的设计包含以下四项原则:(1)培训事项和结果与企业的需求和战略目标清晰而明确地联系起来;(2)所有培训活动的设计、开发和实施都应关注客户的需求;(3)运用组织绩效的系统观点管理培训;(4)评价培训进程以达到持续提高的目的。忠良学院的培训模式和实践就体现了这种战略性理念(如图4-3所示)。

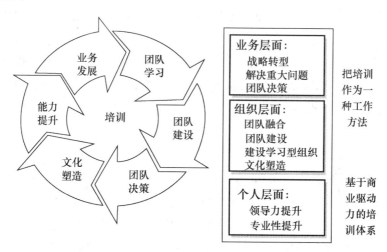

图 4-3 中粮的培训理念

中粮的培训理念首先强调组织的学习、团队的学习。其次注重培训过程,团队建设过程以及加强组织融合的过程。通过团队形成一定

---

① 吉雷,梅楚尼奇. 组织学习、绩效与变革:战略人力资源开发导论[M]. 康青译. 北京:中国人民大学出版社,2005:31.

的结论以及决策。通过这样学习形成了一个阳光透明的企业文化,开放的教育平台。培训所起到的作用,包括组织方面和个人方面。从业务的角度而言,培训是一种工作方法;从组织的角度而言,培训是塑造文化与塑造团队的工具;对于个人方面,培训是提高领导力的一个手段。在战略转型过程中,中粮越来越意识到培训对于一个组织的重要性。培训不仅是学习,更重要的是一种工作方法,是一种团队决策的方法,是一种团队建设的方法,是推动人才发展和企业进步的方法。培训已经成为中粮管理工作的一部分,作为中粮领导力开发中心的忠良书院已经成为中粮集团的精神家园。

中粮培训工作的基本特点有:培训针对业务发展中的关键问题,直接服务于集团的战略。集团各级经理人都把培训作为一种普遍的工作方法,作为推进战略执行的重要管理工具。各类工作会议和工作研讨都是集团培训工作的组成部分,体现集团的培训理念,使用集团的培训工具。培训是经理人工作的重要组成部分,是经理人领导力的重要体现。经理人是各单位培训工作的第一责任人,是第一培训师。培训重在激发团队智慧,通过组织的改变和组织能力的提升来提升个人能力。培训注重改善团队氛围,体现集团企业文化。培训倡导质疑反思的精神,强调系统思考。

四、战略联盟

珍妮·梅斯特(Jeanne Meister)[①]认为,企业大学建立战略联盟的主要原因有:(1)企业与产业链建立战略伙伴关系以寻求质量和生产力改进;(2)让整个员工——顾客——供应链一起熟悉企业的质量目标以及价值链上的所有环节,了解完成工作所必须掌握的技能、知识和能力。(3)为企业大学提供新的收入来源。企业大学为企业战略服务,企业产业链上的合作伙伴、供应商、客户等,都是企业最宝贵的资源,因此企业大学用学习与培训的方式对这些产业链上的宝贵资源

---

① 珍妮·梅斯特. 企业大学——为企业培养世界一流员工[M]. 徐健,朱敬译. 北京:人民邮电出版社,2005:166.

进行支撑,是企业大学战略一致性的体现。同时,企业大学本身的资源有限,通过提供学习服务,获取一定的收入,实现企业大学从完全成本中心向利润中心转变的升级。

企业大学的战略联盟不仅仅是产业链上的伙伴,还包括与学习服务提供伙伴,如大学、培训机构进行合作。这样整合优质的学习资源,为企业提供更合适的学习服务。

爱立信学院的战略联盟

爱立信中国学院成立于1997年,学院与企业产业价值链上下游的合作伙伴投资商、供应商、客户、代理商等建立战略合作关系,长期为通信行业的专业人士销售和提供多达两百门技术及管理培训,每年的营业额高达数亿人民币。学院还与国外的电信运营商合作为中国的同行们提供许多先进经验。通过对产业价值链上相关企业的人才的培养来促进产业的发展并有效支持企业自身的业务发展。培训成为协助开拓市场,在中国建立和推动长期战略合作伙伴关系的重要手段。

爱立信中国学院通过与挪威管理学院及复旦大学的合作,创办了中国第一届电信专业的管理硕士研究生班。此后,爱立信中国学院还与澳大利亚国立大学合作开设了国际管理硕士课程,进一步加速了与国际化接轨的进程。目前,学院已与国内外著名大学建立了战略合作伙伴关系,提高了办学层次,拓展了服务领域。爱立信中国学院还积极与信息产业部合作,为通信产业不同工作岗位、不同专业的技术人员提供了50万人日的培训,为电信领域高级技术人才提供了先进、实用的短期培训。为近千名中国电信精英提供了学位教育,成为国内企业在学历及高管教育提供领域的先行者。

> 在与学界密切联系的同时,爱立信中国学院更是成为通信业内企业大学的标杆,成为行业内的领跑者。学院是国内通信行业企业大学协会的重要会员、美国培训与发展协会(ASTD)会员。学院举办的面向国内外通信行业高管的年度论坛在业内颇具影响力。通过十多年的积累,爱立信中国学院已与国内外的培训公司、大学以及一些咨询公司等众多优质培训机构建立了长期合作关系,爱立信学院凭借其专业水平,成为连接和整合客户培训需求与培训资源的专业平台。

从爱立信中国学院的案例可以总结出,企业大学的战略联盟分三个方面:

(1)与本企业上下游的产业链合作。很多企业大学被证明是建立与供应商、顾客、经销商和批发商之间伙伴关系的自然和有效的场所。建立伙伴关系也可以促进企业更有效地管理供应商。

(2)与高等院校合作。企业大学自身的教学资源是有限的,这就为企业大学与高等院校之间的合作提供了空间与机会。大学有严密的课程体系设计以及有众多的师资,企业大学与高等院校之间合作,可以缓解部分自身师资不足的压力,可以实现快速地进行人才培养。在我国当前的教育体制中,学历主要产生于高等院校。如果企业员工希望获得学习认证,则需要选择某一高等院校合作。目前,企业大学与传统高等院校的合作也非常普遍。

(3)与培训机构合作、协会及政府合作。在市场上有众多的培训机构或者咨询机构,它们能提供某一方面的专业优质学习服务。企业大学本身员工数量有限,如果能将某些业务外包,将非核心的工具化的需求委托外面培训机构进行,将提升企业大学工作的效率。另外,国内外相关协会、其他企业大学以及相关政府机构,也都是企业大学借力借取资源的对象。

第二节 个人发展视角的企业大学

企业大学发展的关键在"人",特别是来自于企业不同岗位、不同年龄层次、不同性格特点的学员,他们既是企业发展的中坚,也是企业大学发展的内核。在企业大学的舞台上,员工永远占据最重要的位置。企业大学是员工全面发展的平台。企业大学不仅仅是学习知识的地方,也是个体能力与素养得以全面提升与展示的地方。根据冰山模型理论,个人的行为与知识技能只是一种表象,而决定它的是潜藏在水面以下的价值观、角色认知、个性品质以及社会动机与内驱力等十分重要却并不显露的因素。然而一个人的能力与潜质终将会历经一段时间的磨砺,在种种事件中有所体现。

成人学习理论认为,最好的学习是基于经验和实践的学习,成年人极少愿意主动改变他们的自我认知,如果要在深层次发生改变,必须源于他们的认同、决心与意志。成人学习最突出的特点可以归纳为经验取向、学员中心、自我引导和问题牵引四个方面,他们只想学习他们想学的、想做的、对他们个人来说具有意义的,以及能够立竿见影产生效果的东西。因此,现代成人培训必须一改传统的由教师"兜售"思想的方式,机械式的教学只能是信息量上的堆积,无法帮助学员"转识成智",所以必须针对以上特点,在培训中为学员提供多元化的价值取向,建立明确的目标导向,构建参与性、支持性和挑战性的氛围,同时建立学习反馈,使培训真正适应成人培训的要求。

杰里·吉雷(Jerry W. Gilley)[①]的观点认为,人力资源开发的目的或集中于个体或注重于组织,其中个体主要是指个人成长、终身学习、能力发展。因此,根据Jerry这一观点,基于个人发展的企业大学主要体现在三个方面:(1)职业生涯发展,也就是个人成长方面,企业大学能提升员工在工作岗位上的成长;(2)能力发展,企业大学通过培训

---

① 吉雷,梅楚尼奇. 组织学习、绩效与变革:战略人力资源开发导论[M]. 康青译. 北京:中国人民大学出版社,2005.

及非正式学习等一系列手段能提升员工的能力,使得能力与岗位要求匹配;(3)体现了终身学习理念的落地。学习成为员工自发自觉的素养,推进整个企业成为学习型组织,学习成为一种企业生态。

一、终身学习理念

终身学习是指社会每个成员为适应社会发展和实现个体发展的需要,贯穿于人的一生的持续的学习过程。自20世纪60年代中期以来,在联合国教科文组织及其他有关国际机构的大力提倡、推广和普及下,1994年,"首届世界终身学习会议"在罗马隆重举行,终身学习在世界范围内达成共识,终身学习已经作为一个极其重要的教育概念在全世界广泛传播。目前在我国企业中,终身学习理念得到普遍认同,企业对员工的学习普遍重视。企业大学的大量兴起以及企业E-learning的大量应用,就是终身学习这一理念深化的具体体现。

"终身学习"的概念源于"终身教育"一词。1965年,法国著名成人教育学家、时任联合国科教文组织成人教育局局长的保罗·朗格朗(Paul Lengrand)在成人教育促进国际会议上首次正式提出"终身教育"的概念,并论述了其思想。他认为人格的发展是通过人的一生来完成的,教育不能停止在儿童期和青年期,只要人还活着,就应该是继续的。终身教育思想的提出使人们对教育的认识发生了根本性的变化。终身教育认为:教育应该贯穿于人的一生的每个阶段,并且其对象应涵盖社会的每个成员。1976年,联合国教科文组织在非洲的内罗毕召开第19届大会,通过《关于发展成人教育的劝告书》第一次正式提出"终身学习"的概念,使"终身学习"与"终身教育"成为联合国教科文组织正式推举的教育用语。1994年11月,在意大利罗马举行的"首届世界终身学习会议"提出"终身学习是21世纪的生存概念"。

目前对终身学习,最广泛地被人们所接受的定义是由欧洲终身学习促进会提出,并被1994年11月在意大利罗马举行的"首届世界终身学习会议"所采纳的概念:"终身学习是通过一个不断的支持过程来发挥人类的潜能,它激励并使人们有权利去获得他们终身所需要的全部知识、价值、技能与理解,并在任何任务、情况和环境中有信心、有创造性和愉快地应用它们。"从这个定义中可以看出,终身学习主张学习活动是个人终其一生的责任,个人有权利也有责任从事终身学习活动,学习者不再是被动地接受教育,而是主动地去学习。终身学习活动包括正规教育和非正规教育、正式教育和非正式教育,强调全面的、公平的教育学习机会;强调学习的多元性及开放性,使人们有足够的选择性,能自主决定通过何种途径学习;使得学习者可以在人生的各个阶段,选择最适合自己的时间、地点和方法,进行连续的学习活动。①

终身学习的特点有如下三点:

(1) 人是终身学习的活动主体。终身学习是"基于个人自发的意愿而进行的活动"。② 终身学习的思想和理念突出了学习者的中心位置,强调了学习与人的生命共始终。人是社会的主体,人也是学习活动的主体。在人一生的学习中,要充分发挥人的主体作用,才符合学习活动本身的规律。传统的学校教育是以教育者为主体的对被教育者进行社会道德、知识、能力和行为规范的传输。相比较而言,终身学习更强调了人的主动性和能动性,显示了人的主体地位,这样才能达到最佳的、持久的学习效果。

(2) 终身学习是个性化的学习。由于人们在社会中所处的环境和承担的社会角色不同,个体受教育程度和经验结构的差异,因此在践行终身学习活动中,学习目标、学习内容、学习方式需要具备多样性和多层次性。传统的课堂教育学习,往往忽视学习者的个性特征,抑制了学习者的创造性和创新性挖掘。终身学习对于传统教育的突破和革新是在各个层面上的,实现学习的个别化和个性化,是终身学习

---

① 胡秀英. 终身学习政策的比较研究及对我国的启示[J]. 职教论坛,2009(3).
② 高志敏. 关于终身教育、终身学习与学习化社会理念的思考[J]. 比较教育研究,2003(9).

从观念到实践跨越的一大步。

（3）终身学习亦是生存方式。终身学习不仅仅是一种学习方式，更是一种生存方式。① 信息社会，知识经济时代，新思想新理念不断提升人们的追求境界，人们更加关注自己的生存状态，受教育已经不仅仅是为了获得知识和技能，谋得一份养家糊口的工作，而是成为了和衣食住行不相上下的一种生存中必然的事情。欧洲终身学习促进会为"罗马会议"准备的报告提出："终身学习是21世纪的生存概念。"《学会生存》②中提到人的生存"是一个无止境的完善过程和学习过程"，终身学习成为人们生活的一部分（见表4-1）。

表4-1 我国企业终身学习状况

学习现状	符合比例	不符合比例
所有员工都把持续学习当做一项重要工作	71.43%	28.57%
企业鼓励员工规划自己的学习和自我发展	100.00%	0.00%
人与人之间能使用有效的沟通技巧和手段	92.86%	7.14%
企业员工提供如何进行学习的培训与指导	92.86%	7.14%
人们运用各种方法来促进学习	78.57%	21.43%
员工通过适应性的、参与性的以及创造性的学习方法来拓展个人的知识	92.86%	7.14%
团队与个人通过实践学习	92.86%	7.14%
企业鼓励团队、小组之间相互学习，并通过各种方式来激发学习	92.86%	7.14%
员工能用系统的方法来思考和行动	78.57%	21.43%
企业为团队成员提供如何在团队中工作，并通过团队来学习的培训	100.00%	0.00%

（资料来源：笔者进行的问卷调查统计结果，2011年）

---

① 高琼琼.终身学习的特点及原因探究——从终身教育到终身学习[J].当代教育论坛，2009(7).

② 欧洲终身学习促进会报告.首届世界终身学习会议，1994.11.

二、职业生涯发展

21世纪是企业人性化管理的时代,同时也是倡导个体终身学习的时代。在这样一个时代,公司的发展和其组织成员发展之间的关系要比以往任何一个时代都更为密切。职业生涯发展强调把企业的发展和个人的职业发展密切结合起来,其价值也就体现在企业发展和人的发展的高度统一以及效益最大化。职业生涯,是指员工通过一系列具有不同侧重点、主题和任务的阶段而取得进步的一个持续发展过程。[①]

> **爱立信员工职业生涯发展**
>
> 作为一家拥有百年历史的知名跨国公司,爱立信为员工提供了广阔的发展平台,员工有很多机会接触不同的工作,包括不同的产品、项目、业务、职位,甚至会到不同的国家工作。爱立信的员工有几条不同的职业发展途径:第一,员工到达一定级别以后,如果对管理感兴趣可以往经理的方向发展,就是管理类;第二,由于爱立信是一个技术型公司,有很多技术领域可以按产品或者研发的领域来细分,技术类员工可以往技术专家或产品专家的领域发展;第三,例如人力资源、财务、法律等专业领域也有各自的员工发展途径。专业和技术方面的一些骨干员工以及管理体系的骨干经理们被认为是公司的关键人员。
>
> 为使人尽其才发挥至最大限度,爱立信采取双轨制。所谓双轨制即专业职务晋升制与专业技术职称晋升制两条线。如果员工有管理能力并希望从事管理类的工作,可以通过专业职务晋升路线给予提升,如果有的员工选择专注于技术领域,希望成为一位技术专家,那么他可以通过专业技术职称晋升路线得到晋升。

---

① 〔美〕乔恩·M.沃纳,德西蒙.人力资源开发(第4版)[M].徐芳等译.北京:中国人民大学出版社,2009.

在爱立信公司研发部门的员工就是采取两种晋升制度,一种是管理类职业发展及晋升制度,一种是技术类职业发展及晋升制度。研发人员可以根据自己的目标选择不同的职业规划,可以朝着部门经理或者项目经理的发展方向努力,或根据自己的专业背景,立志成为行业内的资深技术专家。爱立信集团内部每年都会对来自全球各地研发中心提名的技术专家候选人进行资格评审。获得高级研发技术专家称号的员工不仅可以享受很高的待遇,而且在爱立信全球范围内都备受尊敬,很多研发人员都非常向往获得这种晋升。

每一名爱立信员工既有机会发展,同时也要对自我发展负责。爱立信个人绩效管理流程会清晰地表明公司对员工个人的要求。每一个职位都有事业发展途径,公司有自己的能力模型:核心是个人素质;三角形维度是专业技术能力、业务能力、人际关系能力,其目的是尽可能使员工在工作岗位上很好地匹配他的专长和技能。同时通过不断培训、顾问指导、锻炼,再进行工作调整、提升,尽量把能力与岗位匹配度做到最大。另外,爱立信公司还会提供一种全球化的多元性工作环境、创新空间,对员工能力发展提供较大投入,工作中给予特别的信任、授权和决策能力的施展机会;通过沟通,让员工对公司的整体目标有很清晰的理解。

调研发现,为了保持员工能够不断学习不断进步,每年爱立信的员工都会有一次与人力资源部门以及主管经理的个人面谈时间,围绕个人职业发展方向展开讨论,其主要目标之一也是个人能力如何才能跟得上公司业务发展甚至超越公司发展步伐。通过与直接主管的沟通,员工将和经理共同确认自己的优势和需要提升的地方,从而制定与工作岗位和职业发展方向相一致的个人能力发展规划。在爱立信,一个员工从普通职员走向管理岗位需要不断培训和学习。爱立信每年都有一个"接班人计划",从优秀员工中选拔具有经理能力和素质的人。这个接班人计划是分级的,全球最重要的岗位大概有几百个,各个不同级别的公司和组织通过评估来确定足够的人员能够输送到这些关键岗位上。因为爱立信对人才的需求量很大，所以员工在公司的提升速度较快。

从爱立信的案例可以看出，企业大学为员工职业发展提供丰富的学习机会和完整的职业发展架构，各个层级的员工都有职业发展机会，对于支持公司业务发展的关键岗位，职业发展框架结构更加完善和具体。企业大学为每一个员工确立了"理想模型"：建立一个目标导向系统，为每一个岗位的员工提供一个参照系，让员工自我开发，不断挖掘自我潜能，并促使员工深化理解自己工作的意义和价值，从而形成对企业的忠诚度、工作的责任心与进取心。企业大学还培养员工要有不断学习的紧迫感，提高自己的岗位技能和素质。企业大学为员工设计好一个完善的事业发展阶梯，协助员工做好自己的生涯规划，让员工体验到公司的发展是与自己的发展联系在一起的，没有公司的成长，个人的成长是要受到局限的，形成一种公司与员工的"心理契约"：组织承诺支持每位员工充分自我发展，而员工也承诺对组织的发展尽心尽力。

像爱立信这样的一些知识型企业，员工极为重视自己的职业生涯，这要求企业要能帮助员工做好职业生涯的规划，包括制订企业员工培训的整体计划安排，并公开实施的具体时间及标准要求，给予员工国内外不断学习的机会和扩大发展空间的机会，倡导公司内部形成竞争机制，鼓励员工以多种方式实现就业后的继续深造，强化终身教育的观念，在此基础上实现公司与个人的共同发展。

如图4-4所示是宝钢人才开发院的一个培训项目，名叫"青苹果计划"，目标是培养宝钢未来的高层管理者或技术领军人才。每年宝钢会招聘一千多名大学生，包括研究生和博士生，从中选出七十个人左右在"新进大学生培训"项目之后进入"青苹果计划"成为技术和管理后备队伍。从上图可以看出，企业为这些后备核心人才提供了明确的职业生涯发展规划及相应的培训课程支撑。

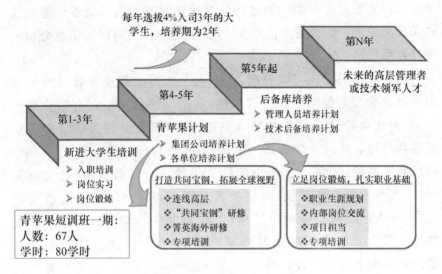

图 4-4 宝钢"青苹果计划"

三、胜任能力发展

（一）胜任能力

当今企业市场竞争异常激烈，每一个身处其中的企业都面临不同的竞争市场挑战。如何更好地适应技术、市场以及企业自身日新月异的变化成为企业能力建设的关注点。企业迈向世界级水平需要卓越的战略方针及实施能力，挑战竞争格局需要领先的服务创新和技术更新能力，巩固领先地位要求优秀的组织变革和企业管理能力。这些能力来自有计划、有针对性的培养，最终体现在训练有素的管理团队和员工队伍身上。

1973 年哈佛大学教授大卫—麦克兰德（David Mc-Clelland）提出"测试智商不如测试能力"（Testing for Competence rather than for Intelligence）的观点后，能力成为企业管理中一个十分重要的概念，很多企业在人力资源管理和开发领域都发展出了自己的能力模型，能力管理也正在被企业关注和接受。

（二）胜任能力模型案例分析

爱立信中国学院一直致力于为员工和客户定制能力提升和能力

管理方案,让教育培训指向企业发展急需的能力拓展领域,让个人能力形成企业竞争力。爱立信中国学院能力管理的目的是保证公司一直具备实现企业战略所必需的能力,并确保这些能力不断提高,其本质是弥补能力差距,全面提升企业和员工的能力水平,满足员工自身不断发展的需要,提高员工满意度,支持企业的核心战略,对企业的价值链产生积极影响,为企业直接创造价值。

能力管理的第一步,公司需要建立自己的能力模型,能力模型在建立时通常会根据公司的战略、行业和竞争环境,将完成岗位职责所需要的技能水平作出详细的界定,并以此作为人员招聘、发展以及考核的依据。爱立信公司的能力模型是所有人力资源配置的基础,公司对员工的综合能力要求较高。在有些公司,技术人员无须了解财务和企业运作方面的知识,而在爱立信,每个接受基本技能培训的员工都要学习这门课程。在企业看来,技术人员也得知道"企业的钱从哪里来","我们的客户当前最需要什么样的产品与服务"。企业要求员工知识的全面性,目的在于使员工对整体工作流程的了解和对他人工作的支持。爱立信公司的能力模型是一个三角形(如图4-5所示),能力模型的内核是个人内在素质,而三边则是专业能力、商务能力、人际关系能力。其中专业能力指一个人在他的专业领域的知识和技能,如技术人员和市场人员各自的专业知识与技能;商务能力指对市场及公司业务的全面系统理解,对所处行业竞争环境的掌握、商务谈判、商务礼仪等;人际能力主要指个人工作技巧方面,如沟通、演讲、时间的管理等。

能力模型对于员工的职业发展有着巨大的作用。在招聘的时候,根据这个能力模型,不同职位的人会对应不同的能力素质要求。接下来,员工在发展过程当中,会根据能力模型各项素质的检测确定自己需要培训和提升的技能,公司也可以通过员工的能力模型判断出员工应该调到什么样的岗位。所以,有了能力模型的帮助,员工对自己的职业发展也做到了"心中更加有数"。能力模型与公司运营和职员发展得到有机融合,得到公司制度的支撑、文化的认同,从而确保其能够完全深入地实施。爱立信将员工的能力发展与管理列为人力资源发

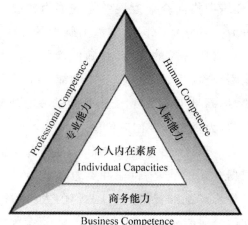

图 4-5　爱立信公司的员工能力模型

展战略,同时也是企业发展战略之一。公司内部还专门设有能力经理这个职务,其职能主要是帮助员工建立各种职业能力和学习能力。在爱立信公司的能力管理政策中明确规定,员工对自身的能力发展负责,员工经理有责任和员工一起确定其能力发展需求,并采取不同方式来确保需求得到满足。爱立信公司在每一个阶段目标确立之后,各层管理者就会根据当时的战略从部门到员工逐级进行这一战略下的能力设定,接下来员工所要做的就是通过寻找并填补能力差距来实现这一阶段的目标。这种方法科学地分解了目标战略,精细化管理后不仅容易操作,也方便事后的绩效考核。

在填补能力差距方面,爱立信公司设定了完善的内部培训体系,公司根据个人或群组的能力差距制订学习方案。对于员工个人来说,根据差距有的放矢地选择培训课程,能明确地实现充电,实现自己的职业提升。爱立信公司实施以能力管理体系为基础的培训需求分析,每年年初,经理会和每位员工进行"个人发展谈话",了解或指导员工找到未来发展方向,在此基础上,根据公司能力模型及能力词典,对员工的专业、商务和人际等三个方面进行能力评估,找出能力发展领域,并据此制订年度个人发展计划。爱立信中国学院还建立合理的课程体系,满足不同人员在不同发展阶段的不同需要,同时,员工可以随时进入全球或爱立信中国的"学习网站（Learning Portal）"，便利地找到各类培训信息，并根据自己的年度个人发展需要，选定适合自身发展的培训课程。爱立信能力管理的战略目标即是：在需要的时间和需要的领域，拥有所需要的能力。

爱立信也致力于将能力管理理念推介给它的合作伙伴并帮助他们进行能力管理。在爱立信，人才的培养并不限于只是针对公司的内部员工，同时还通过对产业价值链上相关企业的人才的培养来促进产业的发展。爱立信能力管理咨询服务是其中十分重要的一个部分，它包括需求分析、技术能力评测和技能管理咨询项目。在培训越来越成为现代企业运营的一种投资的趋势下，运营商很重视如何使培训得到预期的投资回报，而这依赖于是否能建立优秀的培训体系。爱立信的能力管理咨询服务正是针对这一需求，以为客户量身定做的方案，将培训目标与实现企业战略、业务目标相衔接。运营商在建立适合自己的能力管理模型时，容易遇到来自经验方面的、技术方面的以及人员编制方面的瓶颈，爱立信适时地为运营商提供咨询和服务。此外，爱立信的能力管理咨询和培训服务不仅仅是停留在建议层面上的，还包括进一步成为运营商某个项目实施团队的一部分。爱立信中国学院与其他企业自己就能力建设及能力管理方面进行合作。例如，国内某通信管理学院与爱立信结成战略合作伙伴，合作范围涵盖方案设计和实施、课程体系开发设计、培训中心规划及质量保证体系建立，也包括在内部建立能力管理体系并提供能力管理咨询和其他特殊项目。

第三节　组织发展视角的企业大学

从组织视角分析企业大学，最突出的特征是企业大学提升了组织学习能力。研究表明，企业学习能力与企业绩效之间存在着不可分割的密切联系，企业学习能力的提升能促进企业绩效。杨国安、大卫·欧瑞奇调查指出，提升能力与学习均对企业经营业绩有重大影响[1]。彼得·圣吉（Peter M. Senge）说："唯一持久的竞争优势，或许是具备

---

[1] 〔美〕杨国安,大卫·欧瑞奇. 学习力：创新、推广和执行[M]. 北京：华夏出版社,2005:89.

比你的竞争对手学习得更快的能力。"①没有学习力的企业就没有竞争力,因而注定不会长久,他们必然在激烈的竞争环境中败下阵来。只有那些建立起了学习型组织的企业才能长久发展,基业长青。杨国安和大卫·欧瑞奇还指出:只有在企业内部奠定扎实的基础——培养学习力及彼此共享高度适应性的文化——才能保证外部业务的成功②。

一、组织学习力

很多学者提出了自己对学习力内涵的认识。③ 例如,美国哈佛大学柯比教授把学习力界定为"包括学习动力、学习态度、学习方法、学习效率、创新思维和创造能力的一个综合体",并且把学习力形象地比喻为"人的生命之根"④。黄健认为学习力实际上指的是个体吸收知识和运用知识并改变工作和生活状态的能力,并建构了"学习力的三角形模型"(如图 4-6 所示),即学习力由学习能力和学习态度两个方面构成,并以每个人的生理因子为基础⑤,黄健还将此模型迁移到组织学习领域进行组织学习力的分析。史迪芬·迪夫(Stephen Deff)把学习力界定为"学习动力、学习毅力和学习能力之和,是人们获取知识、分享知识、使用知识和创造知识的能力"。

图4-6 学习力的三角形模型

---

① 〔美〕彼得·圣吉. 第五项修炼:学习型组织的艺术与实务[M]. 郭进隆译. 上海:上海三联书店,1994.
② 〔美〕杨国安,大卫·欧瑞奇. 学习力:创新、推广和执行[M]. 北京:华夏出版社,2005:9.
③ 童小平. 系统视角下的组织学习力研究[D]. 北京大学,2012.
④ 柯比. 学习力[M]. 金粒编译. 海口:南方出版社,2005.
⑤ 黄健. 造就组织学习力[M]. 上海:上海三联书店,2003.

此外,国内其他一些学者近年来也开始关注学习力的基础理论研究。他们从学习力的概念、结构、价值等多个维度进行了研究和阐释,如李德进认为学习力是学习动力、学习毅力、学习能力和学习创新力的总和;刘斌祥和邹亚建认为学习力是"指人们获取信息、改造自我、创新工作并改变自身生存状态的能力",由目标要素、经验要素和意志力要素构成;瞿静从操作性角度将学习力界定为"在有目的的学习过程中,以听说读写等交流渠道获得知识技能的学习为基础,通过实践、体验、反思、环境影响等途径进行的学习行为提升,达到产生新思维、新行为的学习效果为目的的动态能力系统"等。吴勇军以企业学习力的研究为基础对学习力与学习能力的关系进行了辨识。他认为,学习能力是指学习主体已经具备的各项与学习有关的素质条件,这些条件既包括学习主体在当前发展阶段上已具备的现实条件——现实能力,也包括学习主体在现有发展条件下努力而达到一个新水平的可能条件——潜能或能力倾向;而"学习力"则是从一个侧面反映出学习主体在当前发展阶段上已表现或显示出来的素质特征。陈满林、曹卫秋则从学习力的构成要素角度来阐述,他们认为,学习力包括了学习动力、学习毅力、学习能力、学习效率、学习转化力。学习能力是学习力的构成要素,指的是学习主体开展学习的主客观条件的总和,包括学习主体对知识的吸收、消化能力和正常开展学习所必需的物质条件。主体的学习能力大小只是评价其学习力的一个要素。

"学习力"原来是"学习型组织"中的核心概念之一,"是一种知识经济时代应运而生的管理理论"(史蒂芬·迪夫,2003)[①],其最初的构想源自麻省理工管理学院佛睿斯特(Jay Forrester)教授在1965年写的一篇文章《企业的新设计》,他和他的学生彼得·圣吉(Peter M. Senge)运用系统动力学(System Dynamics)原理研究未来企业理想的组织形态,指出一个具有学习力的组织像具有生命的机体,总能灵活适应,向前发展。彼得·圣吉将学习力定位于学后必有新行为产生的学习,是超越了传统学习获得知识、应用知识的层面,通过获得新思维、新行为重新创造自我

---

① 史蒂芬·迪夫.学习力[M].常桦译.延吉:延边人民出版社,2003.

的过程。自我超越、改善心智模式、建立共同愿景、团体学习、系统思考这五项技能试图给企业提供整体运作的"群体智力",提高企业组织的竞争力,更为处于群体危机中的人类"找出一条新路"。

杨国安与大卫·欧瑞奇(2004)认为,所谓一个组织的学习力,指的是组织能够通过一些特定的管理措施以创造新意,并能跨越多重组织边界,将具有实质影响的有用新意予以推广应用,以公式表示为"学习力＝创造新意的能力×推广有用新意的能力"。杨国安和大卫·欧瑞奇认为,组织的学习力取决于公司在以下三方面的能力:(1)新意的创造,共有实验学习、提升能力、标杆学习及不断改良四种新意创造方法;(2)有影响力的新意的推广及应用;(3)学习障碍的发现与克服。彭希林(2007)等学者认为:学习力包括组织学习活动的能力、获取知识的能力、运用知识的能力以及伴随学习过程而发生的一系列智力技能。

张琳认为中小企业组织学习力具有层级结构。她在文献回顾和理论演绎基础上,指出中小企业组织学习力有六个基本要素:实验学习、提升能力、标杆学习、持续改良、编码化共享和个性化共享;这六个要素之间的不同组合,形成了中小企业不同方向的组织学习能力(探索学习力和开发学习力)和不同来源的组织学习能力(内部学习力和外部学习力);这六个要素又可按知识管理过程进行划分,企业知识获取和利用能力包含标杆学习、实验学习、持续改良和提升能力四个因素,企业知识共享能力包含编码化共享和个性化共享两个因素。张琳认为中小企业组织学习力要素之间存在资源约束关系:不同来源的中小企业组织学习力要素之间存在显著的负相关,即存在资源竞争关系。中小企业对于不同来源的组织学习力采取替代策略以应付资源约束。当感受到外部环境变动威胁时,中小企业倾向于加强外部学习,反之,经营者则要求提升起内部学习能力。研究还认为,相对于外部环境,内部环境对中小企业组织学习力的影响更加深刻,而在内部环境中,管理者个人学习能力是中小企业组织学习力的重要解释变量。这一结论与其他学者观点相近。

从上面关于学习力的定义与概念可以看出,企业大学是提升企业组织学习能力的机构。企业大学一方面传递给员工知识与技能,另一方面传递给员工学习的方法与工具,并且创造企业的组织学习环境氛围,促使企业组织学习能力的提升。

用友企业大学组织学习能力

用友大学成立后对整个企业的培训工作进行了变革,对员工学习能力提升和组织学习能力提升作出了重要贡献,并在一定程度上促进了企业文化的凝聚和升华。用友企业大学负责人认为在这些方面造成的改变是很明显的,只是难用数字准确计量。他从行动学习的推广、战略课程的形成、专兼职讲师体系的打造和人才培养观念的升级等方面总结了用友企业大学成立以来对整个企业组织学习所产生的价值。

用友企业大学负责人:首先,我觉得改变最大的是行动学习的这种形式的推广。整个用友集团一万多人,他们已经习惯了行动学习,在业绩冲刺、年度计划制订等一些实际问题的解决上,员工都能用到这样一种方式。行动学习的方式最主要是通过这几年夏令营的方式推广到整个集团的。方法的传递比纯粹的知识传递更加有意义。其次,产生了一些迎合战略的课程。课程的开发并不是仅仅按能力素质模型做一个列表,然后往里面堆放。每年的课程都是以今年的战略为主题,列几个重点开发精品课程,培训与课程客观上发挥的职能就只有一点,即让集团的战略落地,实际上是为战略实施来设计这些课程的。也就是"上接战略,下接绩效",目的是为了让这个企业大学的工作更贴近业务,更贴近战略,让公司的战略通过培训进一步落地。再次,通过近几年夏令营的开展,用友大学深入地研讨并进一步提升了用友文化,尤其是用友文化在各地分公司落地上,根植到每一个员工内心。这个文化的贯彻跟行动学习是相辅相成的,一个是形式,一个是内容。所以通过行动学习方式很大程度上改变了用友的文化。用友大学作为整个企业的学习发动机,并不是靠十几个工作人员就能够完成的,它更重要的是我们对学习方法进行研究,然后把这些方法在成员企业推广,通过核心讲师到外围讲师,然后外围讲师再培养其他员工。

从上面的访谈可见两个关键词汇：行动学习与绩效。用友企业大学传递给员工的是一种重要的学习方法，这种方法解决问题时能发挥重要的作用。通过在培训过程中这种学习方法的传递，使得用友员工的组织学习能力得到提升。另外，用友企业大学的课程设计是围绕企业战略进行的，培训内容与课程内容并不是固定的，是一个动态的概念，这也说明培训的内容并不是一成不变的知识，而更多的是传递给学员如何与企业战略保持一致，是一种方法论，这种方法论本身提升了学员个体及组织的学习能力。另外，企业大学有效地提升与促进了和谐、良好的企业文化，而企业文化与学习环境是相辅相成的，这样促使学习环境的进步，造成的结果就是学习发生率提升、学习能力的进步。上述用友企业大学负责人的最后一句话核心关键词也是方法，通过方法的传递，使得用友企业大学成为企业的发动机。

二、组织学习能力与组织绩效关系研究

马奇(March)指出，组织学习与探究式学习相比，所获得的绩效反馈更快、更直接、更清晰。杰森·印(Jason Z. Yin)通过对124家公司的实证研究证明组织学习能力与技术整合型生产公司(工厂)的绩效相关，分层回归分析结果表明学习力整体上发挥了显著作用，而其中这些将学习力与技术整合型生产技术恰当融合的公司绩效更高。西班牙学者里卡得奇瓦(Ricardo Chiva)也测量了组织学习力对产品革新绩效的影响，他们从五个维度或机制描述组织学习力——实验学习、冒险、与外部环境的互动、对话和决策参与，并分析了每种机制对产品革新绩效的影响。方文长(Wenchang Fang)探讨了智力资本、组织学习力与新产品开发绩效之间的关系，结果显示人力资本及相关资本是通过组织学习力来提高新产品开发绩效的，即组织学习力充当了中间角色。

张琳研究表明，不同方向的中小企业组织学习力对企业绩效具有显著影响：(1)探索学习力(含实验学习和提升能力学习)有益于企业长期绩效的改善；(2)开发学习力有助于企业短期绩效的改善；(3)由于资源约束，探索学习力有碍于企业短期绩效的改善。不同来源的组

织学习力对中小企业绩效具有显著影响,外部学习力与内部学习力均对企业绩效改善有积极影响。

> **用友企业大学组织学习能力与绩效**
>
> 用友企业大学从2008年成立到现在,极大地提升了组织学习能力,由于组织学习能力提升而对用友集团创造的价值也比较显著。用友企业大学的工作甚至影响到一些公司跟用友集团的业务合作。
>
> 用友企业大学负责人:用友大学在外部的影响力也为用友业务的发展带来了相当大的带动作用。有很多客户都来参观用友大学,我们在这里能够看到一些实际的案例,2010年有个客户要跟用友集团签一个千万级的订单。他在签这个千万级的订单的时候比较慎重,就来用友集团考察。考察了较长时间,他还是不放心。直到他来到用友大学跟我谈,我告诉他用友是怎么培养人的,在我们把这个方法讲完了之后,他们终于放心了。他们说:当我看到你们用友大学这个培养方式,我就放心了,你们整个组织能力的基因都很出色,我相信你们这个组织。

通过用友的这个案例可以发现,企业大学正是在再造组织的基因,这个基因首先是学习的基因,有了学习的基因,其他的能力就会在此基础上源源不断地创造出来,使组织立于不败之地,客户最终选择用友集团,正是考察到用友大学这一个创造与传播企业基因的机构——用友企业大学,在详细了解基因创造与传播路径之后,确定了合作关系。这一绩效的生产——合作与不合作涉及千万元的价值,直接与用友大学的组织学习能力相关。

第四节 企业大学模型

国内外有些研究者都在对企业大学模型做出了有意义的探索。基于企业大学有机战略模型的企业大学理念的研究,为我们分析与构建企业大学模型提供了框架。本节就在前三节研究基础上,提出场论企业大学模型。

一、国外企业大学模型综述

普林斯(Prince)[①]于 2001 年提出企业大学的模型,认为企业大学模型的五种重要元素是:支持业务目标、网络与合作伙伴、知识系统和流程、人的流程、学习流程。这个模型谈到了企业大学的重要有机构成,但是对于企业大学的战略性及企业大学的目标等没有考虑到。卡特于 1994 年提出了企业大学的"持续变化模型",认为学习与发展的三个主要元素是:内容(专业知识)、学习流程和形式、学习环境。企业大学的管理发展是由两组螺旋主导的"内容螺旋"和"经验螺旋",并且"内容螺旋"和"经验螺旋"呈现交互流程。

雷迪(Ready)、维切雷(Vicere)和怀特(White)于 1994 年提出"整合管理发展系统结构"理论,他们认为,组织应该上下积极参与和配合整个学习流程,这个理论包含如下内容:认同培训目标、明确战略任务、把目标客户区分先后次序、选择合适的培训方法和途径、建立战略合作、结合发展流程和人力资源措施。这个模型虽然将企业大学放置到企业的战略层面,但是该模型的主要内容限于培训的视野,混淆了企业大学与培训中心的差异。

珍妮·梅斯特(Jeanne Meister)在《企业大学》一书中提出了轴承模型,其主要元素有:领导机构组成、愿景与使命的确立、财务规划和资金投入、执行部门组建和人员配置、运营管理制度建设、课程体系、师资体系、评估体系、持续沟通改善升级。该模型更多的是针对企业大学的建设步骤。

凯伦·巴利(Karen Barley)[②]指出传统培训部门与企业大学的差

[①] Christopher Prince & Jim Stewart. Corporate Universities——An Analytical Framework[J]. The Journal of Management Development. 2002(10):806.

[②] 〔美〕马克·艾伦. 下一代企业大学——发展个人与组织能力的新理念[M]. 吴峰译. 北京:世界图书出版公司,2010:39.

异点是战术性培训到战略性学习。在此理念基础上,凯伦·巴利(Karen Barley)认为,企业大学内容包含四个主要内容:(1)战略基础。指的是企业大学的目标与位置,它代表了对组织的学习战略的高层次概览。其中包括愿景和使命、管理、宏观目标、微观目标、业务模型、企业结构布局。(2)评估与分析。描述了可以在组织中展现企业大学的影响的绩效测量和整个评估规划。其中包括期待的产出、评估计划。(3)课程和服务。它代表了企业大学的传递,这些传递包括课程、教练、指导、核心学习项目、内部认证、外部认证、计算机学习技术等。具体来说有:内容模型、能力模型、教师资格标准、传递机制、学习目录与时间表、外部合作伙伴。(4)操作与逻辑。它描述了启动和维护企业大学相关的商业过程。具体来说有:员工计划、市场规划、工作流程图、预算和经费模型、设施和技术。

总的看来,以上这些模型及体系具有一定的借鉴意义,但是对于企业大学中的学习、工作、绩效之间的关系,企业大学的战略性如何体现,学习的本质与学习环境,个人学习、组织学习与组织变革之间的关系这几个方面还缺乏深度阐述。

二、基于场论的企业大学模型[①]

(一)场论

场论是人力资源开发的一个基础概念,它是组织变革理论之父莱温在 1936 年提出的一个心理学理论。他用拓扑学和物理学的概念(场、力、区域、边界、向量等)描述人在周围环境中的行为。虽然场论是借用拓扑学和物理学的概念,但是赋予这些概念以新的心理学含义。

场论的基本假定是:行为是一个当其发生时已存在的场的函数。行为(B)是个人(P)和环境(E)的函数,用公式表达即:$B=f(P, E)$。场论的基本概念是空间,认为个人活动于其中的空间是一个心理场。这个场内的全部情况决定着某一时间内的个人行为。心理场并不必

[①] 吴峰. 基于场论的企业大学模型[J]. 现代远程教育研究,2012(5).

然是物理场,空间所包括的是个人和个人感知到的他人和客体。物理环境中那些未被觉察的或在个人理解情境上不起作用的东西不属于空间。空间可以分解为以边界划分的不同区域。个人和环境是两个主要成分,可以划分为不同的区域(如图 4-7 所示)。

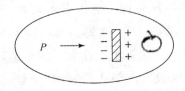

图 4-7　心理环境概念示意图

国际人力资源开发专家沃纳(Werner)教授对学习的定义是:学习是通过与环境相互作用而产生的,在行为、认知或者情感上的相对持久的变化。这个定义诠释了学习是学习者与场之间相互作用的行为与结果。企业大学的核心内容是学习,企业大学创建学习场提供给员工,场论用来解释及作为企业大学模型的理论基础是合适的。

(二) 企业大学场论模型

笔者在针对中国几十家企业大学实证研究的基础上,提出企业大学场论模型,该模型主要观点如下:(1) 静态学习场 F。该静态场由企业学习部门建立,包含四个元素:组织学习、学习体系、学习技术、合作联盟。静态场的作用范围在学习场所。(2) 依据莱温的场论观点,学习 L 是静态场 F 的函数。(3) 大量的学习者的学习行为,会产生两个结果。其一,对于学习者个人本身的知识、技能、态度等的提升,其二,大量的学习行为作用于静态场 F,会产生更高级形式的场,即系统动态场 DF。系统动态场的范围在整个组织或者整个企业。系统动态场有四个元素:领导力、人才发展、组织知识、品牌影响力。(4) 依据莱温场论观点,工作 W 是动态场 DF 的函数。

静态学习场 F 与系统动态场 DF 之间的差别在于:(1) 属性差异。静态场体现的是物理属性,也就是事物的客观性和一种事实存在,静态场的要素是可以独立被测量,不依赖于学习者而存在;而动态场体现的是社会属性,也就是与员工本身结合在一起的,是依附在员工个人以及团队之上的,不能独立被测量。(2)作用范围差异。系统动态场也就是和整个组织结合在一起的,而静态场作用在学习空间,动态场作用范围比静态场范围大。(3)直接性与间接性的差异。静态场各个要素不能直接产生组织的绩效,而动态场要素,通过职场工作,能直接产生绩效。(4)前因后果。静态场是因,动态场是果。如图4-8是该模型图示。

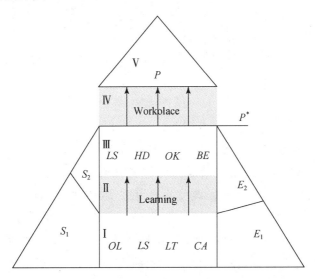

图 4-8 企业大学的场论模型图

上图图示中,阶段 Ⅰ 指静态场,阶段 Ⅱ 指学习,阶段 Ⅲ 指系统动态场,阶段 Ⅳ 指工作,阶段 Ⅴ 指绩效。其中,英文标识如下。OL:组织学习,Organize Learning;LS:学习体系,Learning System;LT:学习技术,Learning Technology;CA:合作联盟,Collaborate & Alliance;LS:领导力,Leadership;HD:人才发展,Human Development;OK:组织知识,Organize Knowledge;BE:品牌影响力,Brand & Effect;P:绩效,Performance;P^*:充分状态下的绩效;S:战略性,Strage;E:经济性,Economy。

(三)模型阶段分析

阶段Ⅰ:静态场 F 是对企业大学的静态描述,也是企业大学能提供的学习要素的组合,静态场作用于学习场所。这些要素分四个方面,分别是组织学习、学习体系、学习技术、联盟合作。对于静态场 Field 的描述:

$$F = \begin{bmatrix} OL_1 & \cdots & OL_j \\ LS_1 & \cdots & LS_j \\ LT_1 & \cdots & LT_j \\ CA_1 & \cdots & CA_j \end{bmatrix}$$

阶段Ⅱ:学习阶段,员工进行学习。学习是场Ⅰ的函数,学习阶段是员工与Ⅰ阶段要素之间的相互作用。学习算符 $\triangle L$ 的描述如下:

$$\triangle L = \begin{bmatrix} L_{11} & \cdots & L_{1i} \\ \vdots & \ddots & \vdots \\ L_{j1} & \cdots & L_{ji} \end{bmatrix}$$

阶段Ⅲ:系统动态场 DF。按照前述场论模型,动态场是大量的学习与静态场相互作用的结果。仿佛电磁理论,大量的电子束进入静态磁场,就不仅仅只是磁场改变电子束的运动轨迹,而且会激发产生复杂动态的电磁场。在此阶段,要素的测量与描述是系统性的,也就是基于整个组织的,离开了组织,这些动态矢量便不可测量。比如领导力要素,它就是针对一个组织的团队的领导力,品牌要素也是针对整个组织的品牌。

动态场的描述 DF 如下:

$$DF = \begin{bmatrix} LS_1 & \cdots & LS_i \\ HD_1 & \cdots & HD_i \\ OK_1 & \cdots & OK_i \\ BE_1 & \cdots & BE_i \end{bmatrix}$$

$\triangle L \cdot F = DF$

阶段Ⅳ:员工的职场工作。工作是动态场Ⅲ的函数,工作算符 $\triangle W$ 描述如下:

$$\triangle W = \begin{bmatrix} W_{11} & \cdots & W_{1k} \\ \vdots & \ddots & \vdots \\ W_{i1} & \cdots & W_{ik} \end{bmatrix}$$

阶段Ⅴ：绩效 P。学习提升员工的知识技能最终产生绩效,该阶段的描述如下：

$$\triangle W \cdot DF = P$$

从阶段Ⅰ到阶段Ⅴ,描述了从学习到工作场所再到绩效的关系,从学习场、工作场的角度解释了学习的本质及绩效产生的本质。

三、拓展的企业大学场论模型——S、E 和 P*

学习与绩效也是人力资源开发的最核心的内容,企业大学场论模型从学习与绩效角度描述了企业大学的本质。但是不仅仅如此,企业大学作为企业的一个有效工具,其战略性如何体现；作为企业的一个业务单元,其财务经济性又是如何保障,等等,这些都是企业大学重要的关注点。下面从战略性、经济性、充分状态下的绩效三个方面对于企业大学模型进行补充。

（一）战略性 S

S 是企业大学的战略性的缩写。企业大学战略性体现在多个方面,如企业大学目标与企业战略一致、学习项目与业务一致等,战略性是企业大学紧紧围绕企业展开工作的根本保证与方向,战略性也贯穿企业大学的所有业务工作之中。

企业战略有长期与短期之分。长期战略是比较稳定的,较宏观,经常性的学习项目设计往往服从于企业的长期战略；短期战略是不稳定的,是面向解决企业发展中出现的问题的,所以学习项目的设计往往带有临时性与突发性。一个企业的发展,特别是出于快速发展上升期的企业,面临的挑战变革与战略转型会相当多,因此对于学习项目设计要求会更具有变革性,这样才能顺应企业的短期战略需要。企业大学会设计许多非经常性的学习项目,实际上,这种非经常性学习项目在企业大学的学习项目中比例相当高。因为这种非经常性的学习项目的需求与存在,即使是在最理想的状态下,企业大学战略性与企业战略性也会出现偏差。教育与学习有它自身的规律,一个学习项目从设计到实施有周期性,从短期战略的制定、需求开发、项目设计、项目执行往往会有几个月或者更多的时间,而整个项目结束之后,企业可能处于新的战略环境下。这样,由于在前期战略条件下做出的学习项目设计被执行之后,而面临新的战略与环境,这样就出现偏差。这里所说的偏差是系统偏差,也就是绝对存在的偏差。

譬如,对于国美电器企业来说,董事会有"扩大单店盈利能力"和"扩大店铺数量"战略的选择。董事会在 t_1 时间做出"扩大单店盈利能力"的战略 S_1。学习部门会在 S_1 战略下展开学习项目设计 D_1;但是在不久之后,董事会在 t_2 时间点做出"扩大店铺数量"的战略选择 S_2,但是 D_1 已经被执行,很明显,D_1 和 S_2 存在战略偏差。许多企业需要面临瞬息万变的市场竞争,间隔性调整短期战略是正常的。

在 t_0 时间点,员工的状态用矢量 U 表征,$U=(U_1 \cdots U_i)$;企业战略用矢量 S_0 表征,$S_0 = \begin{pmatrix} S_{11} \\ \vdots \\ S_{1j} \end{pmatrix}$,学习项目设计 $D = \begin{pmatrix} D_{11} & \cdots & D_{1j} \\ \vdots & \ddots & \vdots \\ D_{i1} & \cdots & D_{ij} \end{pmatrix}$,

使得
$$U \cdot D \cdot S_0 = 1$$

即,
$$(U_1 \cdots U_i) \begin{pmatrix} D_{11} & \cdots & D_{1j} \\ \vdots & \ddots & \vdots \\ D_{i1} & \cdots & D_{ij} \end{pmatrix} \begin{pmatrix} S_{11} \\ \vdots \\ S_{1j} \end{pmatrix} = 1$$

因此,$U_1 \cdot D_1 = S_0^{-1}$

在时间 t 点,学习项目 D 已经被执行,但是企业战略环境发生新的变化,新的战略用矢量 S_t 表征 $S_t = \begin{pmatrix} S_{t1} \\ \vdots \\ S_{tj} \end{pmatrix}$

因此,学习实际的结果为:
$$R = U \cdot D \cdot S_t = S_0^{-1} \cdot S_t = \begin{pmatrix} S_{11} \\ \vdots \\ S_{1j} \end{pmatrix}^{-1} \begin{pmatrix} S_{t1} \\ \vdots \\ S_{tj} \end{pmatrix} < 1$$

对于上述例子,国美电器存在两种战略"扩大单店盈利能力"和"扩大店铺数量",如果这两种战略是完全不相关的,意味着员工进行的学习项目意义为 0。当然,这两种战略不可能完全不相关。从上式也可以看到,如果 $t=t_2-t_1\to 0$,也就是从企业战略到部门解读、基于战略的学习项目设计、学习项目执行时间极短的话,那么 $R\to 1$,也就是与企业战略保持完全一致。或者另外一个极端,如果企业战略变化周期 T 很长,$t\ll T$,则 $R\to 1$,也可以与企业战略保持完全一致。

上图中,$S=S_1+S_2$,S_2 的面积占整个 S 面积的比例是:

$$\begin{pmatrix} S_{11} \\ \vdots \\ S_{1j} \end{pmatrix}^{-1} \begin{pmatrix} S_{t1} \\ \vdots \\ S_{tj} \end{pmatrix}$$

另外还存在非系统偏差,譬如企业大学缺乏高层参与和指导,这样对于企业战略的理解便不到位,或者企业处于动荡期削减了企业大学的经费,从而限制了企业大学学习项目的有效开展,这些情况都会出现战略的非系统性偏差。我们假定企业大学处于理想的状态时非系统偏差为 0。

(二) 经济性 E

企业大学的经济性也体现了企业大学的相对独立性,它实质是企业大学抗风险能力的标志。经济性也体现了企业内部及高层对于企业大学价值的认同。如果一个企业大学很难去刻画其提供的价值,则它的存在往往是被动的,特别是在企业经营有所波动的情况下,企业大学的经费将受到很大影响,最终影响到企业大学的工作开展。因此,经济性也是刻画企业大学成熟度的主要标志之一。企业大学区别于培训中心的一个重要方面,就是企业大学提供主动的、系统的和战略紧密相关的学习服务。企业大学基于这些服务进行费用核算,无论这些学习服务是针对外部的还是企业内部的。

在企业大学的场论模型图中,$E=E_1+E_2$,其中,E_1 就是企业大学提供的学习服务收费,其中包括对内及对外的收费。E 是总支出,E_1/E 的比例越高,体现了企业大学的独立性越强。

(三)充分状态下的绩效 P^*

在前面的公式中,$\triangle W \cdot DF = P$

其中,

$$DF = \begin{pmatrix} LS_1 & \cdots & LS_i \\ HD_1 & \cdots & HD_i \\ OK_1 & \cdots & OK_i \\ BE_1 & \cdots & BE_i \end{pmatrix}$$

$$\triangle W = \begin{pmatrix} W_{11} & \cdots & W_{1k} \\ \vdots & \ddots & \vdots \\ W_{i1} & \cdots & W_{ik} \end{pmatrix}$$

每一个企业的 W 是不一样的,我们取 W^* 为同行业中最佳 W 状态,也就是最充分的工作状态,在此状态下,

$$\triangle W^* \cdot DF = P^*$$

也就是,P^* 是本企业在最充分状态下能产生的绩效。而实际上,P 的具体数字,与本企业的很多主客观因素有关系,如学习的迁移、市场的波动、企业的战略调整等因素。对于企业大学来说,P^* 的意义在于将它视为企业大学的工作终点。企业大学的价值是 P^*,也就是通过员工在企业大学的学习,有创造绩效 P^* 的潜力。而实际产生的绩效 P 往往是多因素的结果,实际绩效 P 是企业大学去努力追求的,但是不作为考核企业大学的依据与价值判断(如图 4-9 所示)。

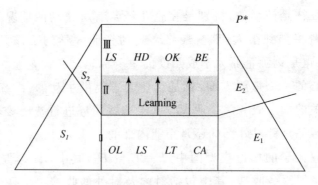

图 4-9 企业大学判断图

（四）企业大学临界点——企业大学判断标准

按照图4-9中的线所示，将企业大学的要素划分为基本部分与高级部分。线下为基本部分，线上为高级部分。本文作者按照惯例以60％、80％两个百分数标准，将企业大学成熟度划分为以下几个阶段（见表4-2）：

表 4-2　企业大学的成熟度

	非企业大学	企业大学初级	企业大学中级	企业大学高级
基本部分	$OL<60\%$ $LS<60\%$ $LT<60\%$ $CA<60\%$ $S_1<60\%$ $E_1<60\%$	$OL>60\%$ $LS>60\%$ $LT>60\%$ $CA>60\%$ $S_1>60\%$ $E_1>60\%$	$OL>80\%$ $LS>80\%$ $LT>80\%$ $CA>80\%$ $S_1>80\%$ $E_1>80\%$	
高级部分			$LS>60\%$ $HD>60\%$ $OK>60\%$ $BE>60\%$	$LS>80\%$ $HD>80\%$ $OK>80\%$ $BE>80\%$

按照此判断，"企业大学"的标准是：

$OL>60\%$；$LS>60\%$；$LT>60\%$；$CA>60\%$；$S_1>60\%$；$E_1>60\%$。

场论是人力资源开发的一个核心理论，基于场论的企业大学模型体现了企业大学的最新理念。特别是，拓展的企业大学模型，从战略性、经济性、充分状态下的绩效三个方面对企业大学的方向、保障与目标三个方面进行了阐释。这个模型既是对于企业大学逻辑结构的清晰划分，也是建设企业大学的指引。该模型对于建立企业大学评估体系提供了理论基础。

企业大学在我国的发展已经有十几年的历史，这些企业大学处于不同发展阶段,具有不同的成熟度,如何对这些企业大学进行评估是现实的需要。场论模型为理解企业大学提供了一个合理的维度,可以从这个维度出发建立评估体系。笔者在此模型基础上,进一步研究出关于企业大学评估指标体系,分十二个一级指标和四十八个二级指标,并且采用层次分析法,对国内的知名企业大学进行了实证案例评估。关于评估体系的进一步论述在本书第八章。

第五章　企业大学管理创新

企业大学具有许多先进的理念,如何将这些理念实施,就需要相应的管理架构配置。艾米·雷·阿贝尔(Amy Lui Abel)[①]认为企业大学的创新中管理职能的创新非常重要,他认为管理创新相应的维度有五个方面:战略与愿景、组织与领导、架构、发展阶段与内容体系。管理创新有许多方面的内容,主要表现在:(1)管理所指向的目标,也就是管理最终所实现的功能;(2)管理的组织架构,即什么样的结构、组织人员配置是适合于企业大学管理;(3)相应的专业流程体系,需要有合适的体系来保证管理过程的落地实施;(4)管理者本身的能力素质和角色的创新(如图5-1所示)。

本章将从这四个方面进行管理创新研究。

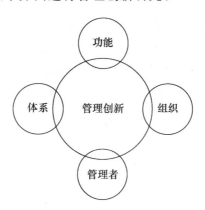

图 5-1　企业大学管理创新

---

① Amy Lui Abel. Exploring the Corporate University Phenomenon: Development and Implementation of a Comprehensive Survey[J]. Human Resource Development Quarterly, vol 23, no 1, Spring 2012.

第一节 功能创新

企业大学在管理创新方面最直接的体现就是功能创新,也就是企业大学实现什么样的职能。功能定位决定组织架构、体系架构及工作者的胜任能力要求。一些研究者也对这些功能进行了梳理。

马克·艾伦(Mark Allen)[1]列举了企业大学的功能,部分功能如下:传递在线学习或混合式学习项目、雇用供应商、管理供应商关系、评估企业大学、管理大学合作伙伴、行政教练、导师指导、职业计划、战略聘任、文化变革、战略变革、知识管理、智慧管理、图书馆和电子信息集、研究与开发。这种功能分析较全面,企业大学可以参照这种分析完善管理设置。王世英[2]在编码的基础上对企业大学的功能进行了类属研究,他认为企业大学主要功能如下:(1)人才培养,包括知识培训、技能培训、混合式学习方式运用。(2)企业文化塑造与传播,包括企业文化宣传和传播、新概念引进、对公司的认同和归宿。(3)知识管理,包括知识沉淀、知识分享、知识运用、知识创新。(4)学习交流平台,包括学习机会、交流机会、学习氛围、知识传播渠道。(5)内部培训资源整合,包括内部讲师队伍建设、课程体系建设、培训组织体系建设、培训设施整合。(6)企业生态环境建设,包括提升合作伙伴能力、提高合作伙伴对公司的认同度、塑造公司品牌形象。(7)外部培训资源整合,包括外部资源开发、外部资源利用、外部知识内化。(8)战略推动力,包括提升企业竞争力、支撑人才战略、支撑战略重点。罗开位[3]认为企业大学的使命有四点,第一,企业大学促进形成良好的企业学习生态系统;第二,企业大学培育企业创新基因;第三,企业大学构建强大的企业知识管理系统;第四,企

---

[1] 〔美〕马克·艾伦.下一代企业大学——发展个人与组织能力的新理念[M].吴峰译.北京:世界图书出版公司,2010.

[2] 王世英.企业大学做什么——企业大学功能及其对组织学习能力的影响研究[M].北京:经济科学出版社,2011.

[3] 招银大学总经理罗开位2012年10月在中国企业大学年会上的演讲,中国远程教育杂志社举办,地点北京.

大学促进学习与组织战略绩效结合。

本书选择几个具有行业代表性的企业大学的功能进行分析，试图归纳总结出企业大学功能的一般特征。选取的企业大学分别是：宝钢人才发展研究院、中国电信学院、招银大学、中航大学、爱立信中国学院。这五所企业大学都是目前在国内比较优秀的企业大学。宝钢是制造行业的特大型企业，中国电信是通信行业的大型企业，招商银行在银行业里面具有代表性，并且是非国有性质；中航大学是军工行业的特大型国有企业，爱立信中国学院是外资企业。这几家企业的特点，都是大型并且知名度高的企业，代表不同行业，既有中资也有外资企业，既有国有企业也有非国有企业。①

宝钢人才发展研究院功能

宝钢人才开发院作为服务集团战略的教学和研究部门，与人力资源部、送培单位等其他业务部门紧密合作，共同完成培训项目，努力发挥作为员工教育培训基地、公司管理研究基地和员工创新活动基地的功能，起到了解读企业战略、传播企业文化；为企业员工提供领导胜任力培训、实施培训活动；培养人才，最终提升员工及整个组织绩效的重要作用。宝钢计划在未来将人才开发院建设成为提升企业形象，提高企业竞争力，推动业务变革，管理企业知识，整合和培训产业链的重要职能的世界一流企业大学。

中国电信学院功能

服务和聚焦集团战略，推动企业转型，从原先简单承接领导力培训，到围绕企业战略策划实施融合多种培训形式的领导力学习项目，体系化开展领导力培养；围绕业务发展所需，自主策划设计学习培训项目，加强学习文化和培训品牌的建设；注重体系化建设，加大自主课程体系和内训师队伍建设力度；打造网上大学为国内领先的在线学习和知识管理平台；为中国电信大客户提供培训服务，开展文化营销。

---

① 资料来源于对这些企业大学的问卷及调研。

招银大学功能

招银大学要实现四大功能,分别是内部培训、外部培训、工商管理教学及金融研究。首先,将通过完善组织管理、教师、课程、远程培训等四大体系来重点加强企业在内部培训方面的能力。其次,在基础牢固后将内部培训平台资源与企业合作伙伴和大客户共享,实现培训的全价值链输出。同时以博士后工作站为基础,建设招银大学金融研究队伍。最终,成立商学院面向社会开展工商管理及EDP教学。

中航大学功能

功能是"三个中心"和"两个渠道"。"三个中心"是指要成为人力资本投资中心、创新思维推进中心和理念文化传承中心。"两个渠道"是指高级经营管理人才培训的主渠道和高级科技人才综合培训的主渠道。中航大学根据中航工业的人才规划和人力资源部下达的年度培训计划,开展各类人员的培训工作。主要的业务部门及各直属单位、成员单位是大学的客户。

爱立信学院功能

功能体现在三个方面:其一,支持企业的核心战略的发展,把培训机构作为一种机制和手段,去推动新的文化建设;鼓励和鞭策员工的学习和发展,探索和开发更有效的学习方案;作为一个有效的媒体去了解和引进其他公司更好的经验,并在公司内传播。其二,推广企业的核心能力,推广企业的经营理念、文化和价值观;介绍企业的相关经营环境;提高员工的核心能力。其三,对企业的价值链产生积极影响,企业大学通过对其客户和供应商的培训,增加与合作伙伴的共识;提高沟通效率;建立更深入的战略联盟关系。

从上面可以看出,宝钢企业大学的主要功能关键词体现在:战略服务、教育培训、管理研究、创新、企业文化、领导力、人才培养、绩效、品牌形象、竞争力、变革、知识管理、产业链整合。中国电信学院的主要功能关键词体现在：战略、变革、领导力、企业文化、品牌、网上学习（网上大学）、知识管理、客户服务。招银大学的主要功能关键词体现在：培训、研究、资源整合、客户服务。中航大学的主要功能关键词体现在：创新、文化、培训、管理人才、人才发展、客户服务。爱立信学院的主要功能关键词体现在：战略、文化、学习方案、能力发展、价值观、客户服务、业务合作伙伴、绩效、全球化、领导力、创新、培训、经济性、品牌。综合上面的五个企业大学的案例分析，企业大学的功能按照实现的比例从低到高排序为：整合产业链、独立创收（经济性）、提升企业形象、提升企业核心竞争力、推动业务变革、研发、企业知识管理、支撑企业战略、提升员工及组织绩效、传播企业文化、培养人才、领导力、培训，其实现的比例如图 5-2 所示。

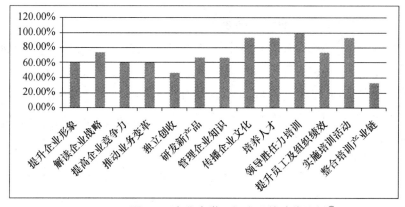

图 5-2　企业大学已经实现的功能比例①

按照上面的逻辑，将各项功能的实现难易程度用坐标轴的方式表示，最左端是培训，也就是传统意义上的培训中心的职能。从左到右，从易到难，坐标轴指向企业大学。坐标轴上的每一个功能节点，与最左端的距离，标志着这个功能与传统培训相比的创新程度（如图 5-3 所示）。

---

① 企业大学的样本数量为 40。

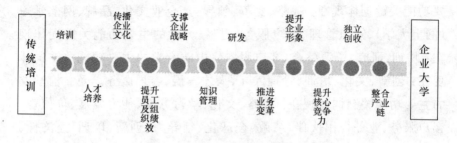

图 5-3 企业大学功能创新程度

第二节 组织创新

一、学习委员会及企业大学校长

企业大学组织架构上的两个重要特征是：第一，许多企业在决策层面成了企业学习委员会，学习委员会通常由总裁、副总裁及企业大学日常工作实际负责人共同组成。例如，中国电信集团、中粮集团都成立了由企业高层组成的学习委员会，学习委员会每年举办至少召开一次会议（如图 5-4 所示）。

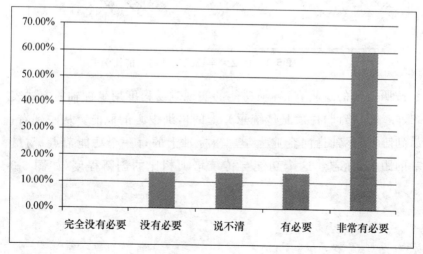

图 5-4 建立学习委员会的必要性

图 5-4 是针对企业是否有必要设立学习委员会的调查，60％的企业大学认为非常有必要。企业成立学习委员会在国际上也是常见的现象。一般来说，学习委员会的职责有以下几点：形成与学习相关的企业决策；制定企业学习方面的政策与意见；对企业大学的发展进行规划；对企业大学的现状及效果进行诊断与反馈；确定资金投入力度；高层达成企业学习与培训方面的共识。企业和企业大学通过学习委员会这种制度化的平台，使得企业学习紧紧与企业战略紧密相关，使得企业高层了解企业大学并且支持企业大学。学习委员会使得企业大学与企业总部之间联系更加紧密有效，因此，随着企业大学的发展，成立学习委员会的现象会越来越普遍。

从中航大学校委会构成方面可以看出集团公司对中航大学的重视。校委会成员都是集团公司的领导，集团一把手担任中航大学的校委会主任和校长，集团的党组副书记是中航大学的校委会副主任兼常务副校长，主管人力资源工作的副总是副校长，同时也是人文学院和马克思主义学院的院长。另外，主管航空产品的领导担任工程学院院长。主管科技创新的党组成员是经管学院院长。其他各位企业领导是校务委员会委员。

第二，企业大学校长由企业高层兼任的现象非常普遍。第一种情况是企业大学校长直接由企业一把手兼任，例如忠良书院院长就是由中粮集团董事长兼任、招银大学校长由招商银行行长兼任、腾讯学院院长由腾讯公司总裁兼任、中航大学校长由母公司中航工业集团公司总经理兼任。第二种情况是企业大学校长由企业主管副职兼任，例如中国电信学院院长由集团副总裁兼任。第三种情况就是企业大学校长由单独设立的中层正职，校长向集团副总裁汇报，例如宝钢人才开发院院长是单独设立的中层正职（如图 5-5 所示）。

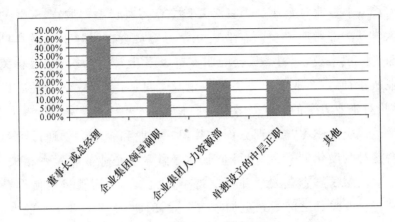

图 5-5　企业大学校长任职情况

企业大学校长由企业高层兼任的现象在国外不多见。在国内,绝大多数企业大学存在着这样的现象。这可能是我国企业大学的特色,也反映了我国企业大学面临的挑战。企业大学校长由企业高层兼任,最主要的目的有:(1)获得企业更多的资源建设企业大学;(2)提升企业大学在企业中的位置;(3)企业大学开展工作时候更加有利。根据摩托罗拉大学的一项数据,企业大学投入不菲,摩托罗拉大学的投入比例占职工工资收入的 3.6%①(摩托罗拉公司计算认为,每投入 1 美元的培训费在 3 年内就会产生 30 美元的产值)。如此高的投入,也是目前为什么仅仅大企业才有能力建立企业大学的原因。在我国,企业最高负责人拥有绝对的资源权力,无论是从企业大学筹建的前期阶段,还是企业大学相对投入较大的中期阶段,都离不开企业最高负责人的支持。因此从目前我国企业大学的现实状况来说,企业负责人是企业大学的第一推手。另外,企业大学一般是从企业培训中心基础上建立起来的,以前的培训部门往往是企业人力资源部下的一个部门或者一个处室,在企业的级别相对较低,但是未来企业大学需要承担更重要的角色,承担企业战略匹配及业务变革等职能,就需要更高级的

---

① 摩托罗拉大学. http://www.cjol.com/article/hrassistant/counsel/87971.htm[OB/EL]. 2012-09-12.

层级架构。所以企业大学负责人由企业负责人兼任,就非常有利于以后的工作推动,便于企业大学调动企业的资源,便于学习项目与业务部门的配合与落地。同时,企业大学的这种高规格,使得培训与学习在企业内部的位置有了显著的提升。但是,从目前掌握的国外企业大学资料来看,企业大学负责人一般是由单独设立的首席学习官出任,也有少量的是由企业学习与知识副总裁兼任。我国企业大学出现的这种现象是与我国国情及我国企业大学发展的实际状况相关,在未来,将会有越来越多的职业专家作为首席学习官出任企业大学的负责人。企业学习委员会的出现以及企业大学校长由企业负责人兼任这种现象体现了培训与学习行为在企业里地位的创新。

二、企业大学与人力资源部关系

企业大学体现了人力资源关系的创新。企业大学的出现体现了人力资源开发中的人力资本的理念。企业大学与人力资源管理部门之间的关系也反映了人力资源开发与人力资源管理之间的关系。

人力资源开发和人力资源管理覆盖了人力资源经济活动的总过程,两者既有区别又有联系。在人力资源开发的诸多定义中可以看出,人力资源开发的基本内容是提高人的素质,包括社会层面、组织层面、个人层面的正规教育、智力开发、职业开发以及社会性的启智服务。而人力资源管理则聚焦于组织人力资源的过程管理,帮助组织在招录周期的各个阶段——挑选前、挑选中和挑选后——有效地安排人员,如在挑选前进行人力资源规划和工作分析,组织必须明确存在何种工作空缺以及该空缺需要什么样的从业资格;在挑选中进行招聘、评估,并最终挑选出被认为最合格的人;在挑选后有效地管理那些已经进入组织的人员,为达到组织绩效目标,为他们创造激励、指导等条件或环境,从而使其工作绩效和满意度达到最佳水平。因此,从上述的概念中可以了解到,人力资源开发和人力资源管理都是组织战略性人力资源的重要组成部分,两者既有共同性,又有很大差异点。随着人力资源开发的不断发展,人力资源开发走向相对独立的领域。在一些组织中,人力资源开发已经脱离了人力资源部门,并以一个独立的部门存在,在组织中发挥着重要的影响。在这样的组织中,人力资源开发比人力资源管理更关注变革,更关注绩效改善。人力资源开发研究的视角,从传统的单纯地提供培训,转向更广泛地支持组织发展和提高组织绩效,以期望取得核心竞争优势。企业大学的出现有力地证实了这一点。①

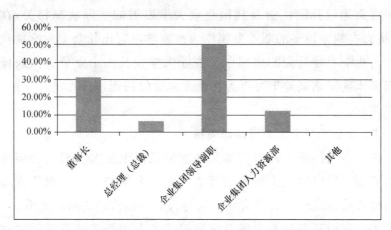

图 5-6　企业大学的工作汇报对象

从图 5-6 可以看出,大部分企业大学是独立于人力资源部门之外的,仅仅有 10% 左右比例的企业大学仍然隶属于人力资源部门。未来企业大学与人力资源管理部的关系更多是业务关系,企业大学的业务来源于人力资源管理部的计划,因为企业大学的一个重要职能是培训人才,企业大学为提升企业人力资源素质与能力服务。企业大学与人力资源管理部门是既相区别又紧密联系的两个部门,并且往往两个部门的汇报对象都是企业副总裁,即同一个上级领导,例如中国电信学院和中国电信集团人力资源部就是向同一位副总裁汇报,这样便于减少工作上的冲突以及便于宏观上的总体规划。

---

① 刘雨昕,李文超,郭燕飞. 组织与学习[M]. 北京:北京大学出版社,2011.

三、组织结构

张竞[①]提出了企业大学四层次组织结构模型。其中第一层次是企业大学的领导团队或者董事会,与企业大学负责人一起共同组成公司层面的学习战略委员会,确定企业大学的战略。这一层次主要目标是把握企业大学的方向与企业的整体方向具有一致性。第二层次是企业大学管理委员会,由企业大学负责人及下属各个部门负责人一起组成,主要任务是分析员工的能力素质与竞争优势及不足,分析公司的资源和员工的绩效,发展与公司战略密切联系的教育培训计划,如领导力计划等。第三层次是企业大学的功能团队,也就是项目的技术操作层面。通常是学习发展经理及学习技术专家一起,建立内外部专家网络。对于开展的项目选定合适的指导教师,跟踪最新的知识进展,建立评估标准体系。第四层次是咨询层面或者绩效改进专家层面,解决学习过程中出现的各种问题,与学习者建立多层面的直接联系,同时进行评估,提供咨询与服务。张竞的四层次组织结构模型从第一层次到第四层次是渐进的从宏观层面到微观层面的过程,但是对于第二层次、第三层次、第四层次的结构职能划分存在层次职能内容交叉的不足。

传统的培训中心模型的组织架构往往基于指令计划性职能,根据培训中心所服务的客户来设置组建部门。培训中心下设一些子部门,例如,部门1负责A的培训工作,部门2负责B的培训工作,这是传统培训中心中常见的部门架构模式,这种模式结构相对简单(如图5-7所示)。

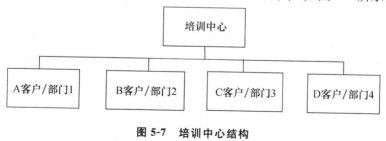

图5-7 培训中心结构

---

① 张竞. 企业大学研究[M]. 北京:经济科学出版社. 2011.

目前的企业大学模式与传统的培训中心模式架构上有些差异,根据调研结果,归纳起来有三种架构模式。

(一) 职能模式

职能模式是按照企业大学的核心理念及承担的企业战略职能而划分的部门设置。这种模式的特点是:组织学习活动或培训开发人员具有较高的专业性,通常是其所负责的学习领域内的专家;学习活动计划或培训计划以及相关后勤支持工作一般由专人统一负责,组织学习开发人员可以根据个人的专业水平及时间安排来决定学习项目的内容和进度。相对来说时间上的自由度较大,可以把更多的精力放在提高培训水平方面(如图5-8所示)。

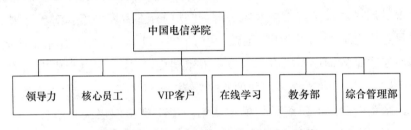

图5-8 中国电信学院职能模式的组织结构

中国电信学院组织架构是由六个部门组成,分别承担的职能如下。

领导力教研中心(领导力发展研究中心):承担着研究、发展以及培训中国电信中高级管理者的任务。领导力教研中心以领导力素质模型为基础,建立了领导力进阶培训和发展体系,培训内容着重突出企业战略的阐释与执行、转型时期的通用领导力、专业领导力在业务经营中的创新实践等方面。

核心员工教研中心:以打造中国电信核心员工队伍的"专业服务力"为中心任务,致力于营造中国电信核心员工学习进步动力圈,面向企业职场学习持续研发推出精品课程,注重员工和组织绩效共同提升,以大规模、大纵深、有效益的精准培训理念,服务支撑于中国电信的战略转型和全业务运营。

VIP客户教研中心：秉承"追求企业价值与客户价值的共同成长"的理念，对外聚焦VIP客户，以文化传递为目标，通过文化培训增值产品融入到高端政企客户，在文化认同中构建和巩固长期、稳定的价值联盟。对内聚焦中国电信政企营销服务渠道，以专业化的培训助力提升政企渠道营销服务能力，建设职业化的政企营销队伍。

在线学习教研中心：致力于在线学习组织实施、在线知识管理、在线人力资源测评、在线企业战略与文化宣传、在线内训师培养、在线学习工具应用拓展等领域的研究、实践与运营，在集团公司内履行网上大学管理职能。成为员工公认的学习园地、培训管理流程的实施载体。知识社区及移动学习平台，为广大员工提供无处不在的学习服务。

教务部：通过持续完善培训管理体系实现学院培训工作专业高效运作；加强教学研究，提升课程开发能力，推进学院核心课程体系建设；以"内外结合、以内为主、结构合理、素质优良"为目标，建设师资队伍；建立交流合作制度，促进学院对外交流合作工作的开展。

综合管理部：是中国电信学院的职能部门，建立学院的高效运营体系。在综合管理、财务管理、人力资源管理、党群管理等四个方面确保学院和园区运营部的高效有序运转。

另外，作为国有大型企业大学代表，中国电信学院培训体系的另一个特色是三级培训体系，也就是"集团公司—省级公司—地市级公司"培训体系。在三级培训管理体系中，中国电信学院作为集团公司一级的培训管理部门接受来自由集团各业务部门代表及集团高管等所组成的教学指导委员会以及集团的人力资源部的业务指导，并对省级、地市级公司的培训部门给予业务指导与合作。集团的人力资源部负责制订集团公司的培训计划并委托学院承担相应的培训项目。人力资源部与学院存在着密切的业务指导关系。

（二）矩阵模式

矩阵模式[①]是按照客户（或职能部门）和专业领域两个维度来组建组织学习部门的一种模式。在这种模式情况下，组织学习开发人员既要对组织学习部门的经理负责，又要对相关职能部门的经理负责。在这种双维度的组织结构中，要求组织学习开发人员具有组织学习专家和职能专家两方面的职责。也就是说，组织学习开发人员既要熟悉自己的专业领域，同时又要了解职能部门。一般情况下，专业维度是相对长期而稳定的，客户维度是相对短期和暂时的，通常会经常随着组织的变化而不断变化。

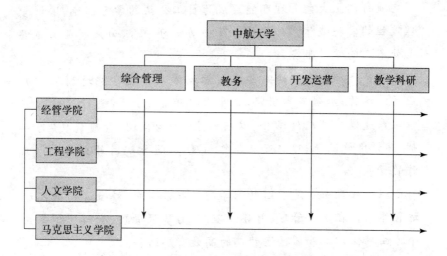

图 5-9 中航大学矩阵模式的组织架构图

中航大学职能部门由综合管理处、教学科研处、教务处和运行管理处组成。综合管理处主要负责财务、行政、人力资源等相关工作。教学科研处主要负责教学设计、课程研发、师资管理等相关工作。教务处主要负责培训项目的组织实施、培训评估等相关工作。运行管理处主要负责党校、境外培训等相关工作。教务长负责整个大学的教学、教务和运营管理。[②]

---

① 刘雨昕，李文超，郭燕飞. 组织与学习[M]. 北京：北京大学出版社，2011.
② 在国内企业大学叫教务长的不是很多，在国外这种角色更多地被称为首席学习官。

中航大学分为经管、工程、人文和马克思主义四个学院。每个学院有不同的常规性培训项目，每个项目都有自己的课程体系。从课程模块方面讲，经管学院课程体系包括：战略引领、组织变革、管理创新、国际视野、市场营销、人力资源、项目管理、财务管理等；工程学院课程体系包括：战略文化、技术与产品、技术创新、航空综合等；人文学院课程体系包括：历史解读、前沿科技、文化经典、诸子百家、文学艺术、思维碰撞等；马克思主义学院课程体系包括时政解读、马克思思想原理与中国化、综合拓展、党务等。

矩阵模式的特点是：（1）有助于将组织学习与实际业务联系起来，既考虑到了客户或职能部门的需求，又考虑到了学习领域的专业性；（2）能够充分利用学习资源，某个专业领域的组织学习开发人员可以向多个客户或职能部门提供服务；（3）较好地解决了组织学习部门组织结构相对稳定与培训开发任务复杂多变之间的矛盾，降低了一些临时性和跨部门组织学习项目开发任务的难度；（4）组织学习开发人员受多重领导，接受多方指令，他们需要向两个主管汇报——组织学习部门的主管和职能部门的主管，如果两个主管的指令有矛盾或差异，会让组织学习开发人员感到无所适从，容易产生矛盾或冲突；（5）组织学习开发人员可能不太容易获得组织归属感，很难清楚的界定自己到底属于哪个部门——学习部门还是职能部门。

（三）项目模式

项目式组织架构是以实现项目目标为导向组建起来的职能架构模式（如图5-10所示）。项目式组织架构特点是：（1）更加重视组织的战略目标，注重整体绩效和核心能力的提升，满足组织整体经营战略上的需求；（2）重视组织中重要的文化和价值观，协助组织统一组织文化和改革流程，推动组织创新和变革；（3）保证在组织中某一部门内部所开展的有价值的学习活动可以在整个组织进行复制或传播，通过推广最好的组织学习实践经验，促进组织内部的知识管理；

(4) 通过组织外人员在企业大学参加学习,可以起到营销组织品牌的作用,并向组织外部输出组织文化和价值观。①

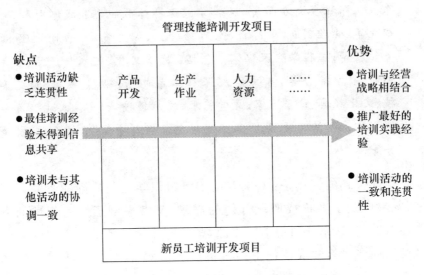

图 5-10 项目模式的组织结构

中兴通讯学院录取的是项目制企业大学组织架构。按照业务流程,中兴通讯学院从行政上划分为七个部门:市场部、方案规划部、测评部、技术服务部、管理服务部、英文支持部、客户部和泰酒店。业务上由项目经理统一调度管理,实现项目运作方式。学院设项目管理办公室(PMO),成员 27 名,由各部部长,大项目经理,平台财务总监、HR 总监、质量总监组成,由院长直接管理,各部门职责如下。

  市场部:学院服务产品的总体市场分析和推广策略的制定;产品的宣传包装;学院品牌建设策划和牵头实施;学院各项服务产品的技术支持;产品区域推广、项目投标;培训计划流程规范,负责实施学院服务产品的需求计划制订和实施;各区域中心的建设和管理,授权中心及关联子公司的监管;学院服务领域的客户关系管理(Customer Relationship Management)建

---

① 刘雨昕,李文超,郭燕飞. 组织与学习[M]. 北京:北京大学出版社,2011.

设和管理。

方案规划部：负责学院服务产品的技术融合，统一产品规划和技术平台规划；统一规划面向内外部客户的综合解决方案；输出产品整体解决方案，确定产品发展方向、制定产品研发路标规划和研发版本规划，驱动市场需求向产品研发的传递，与产品线对接；相关知识产品体系设计，拟制知识产品架构、大纲；组织实施知识产品的开发，包括培训课程开发、文档开发、试题开发；负责文档体系建设，拟制文档开发流程，引进文档开发工具，并推动实施；实施文档的信息管理，包括系统发布和管理；远程学习的整体规划；重点运营商高层、重点市场项目、跨国运营商交流支撑和配合。

测评部：学院国内外培训中心实验资源建设与管理；随机资料文档开发测试与归档管理；学院培训和公司内外部客户技能认证考试策划与组织实施；仿真教学实验软件的开发。

技术服务部：技术类培训教学实施；授权培训中心和外包培训资源的教学管理督察；技术类远程教学实施；培训讲师技能认证；技术类和管理类培训学员日常事务管理；培训后文档投递工作。

管理服务部：管理干部及后备管理干部培训课程开发及组织实施；新员工入职导向培训；员工管理培训；培训管理咨询。

英语支持部：公司办公环境英文化促进；公司各类文档英文质量提升促进；公司涉外员工英语技能提升促进。

客户部和泰酒店：总体负责中兴和泰酒店筹建、开业及管理工作；依据公司的战略要求，制定并实施和泰酒店发展战略、经营计划等政策方略，实现酒店经营管理目标及发展目标；组织与监督集团各项规划和计划的实施；对酒店整体的运作与职能部门进行管理，协助监督各项管理制度的制定及落实。

中兴通讯学院有三个平台：财务、人事、质量。这些平台是实体组织，分别有三个总监，财务总监、人事总监、质量总监。下面是一个矩阵式结构，负责各种培训项目，项目经理直属院长管理。学院专职从事绩效咨询的人员有三十多位，主要工作是通过量化需求、进行分析，得出一个绩效干预方案。

企业大学的组织架构类型概括来说有上述三种类型，每一种类型有它的特色、优势与劣势，对于不同的企业大学组织架构，需要找到最适合自身的架构模式。

第三节 学习体系创新

传统的培训体系包含三个主要要素，分别是师资体系、课程体系、运营体系，这也往往是企业培训中心最关心的三个方面。随着企业大学的专业化程度越来越高，员工与企业对于学习与培训提出的要求也越来越严格，企业大学出现了一些新的体系创新趋势。

（1）对绩效技术的重视。也就是从绩效差距中寻找学习解决方案，学术界对这个方面的研究成果较多，但是在实践上较少。近些年来，随着专业化的发展，许多企业大学对绩效技术引以重视。绩效技术使得学习部门与业务部门真正融合在一起。

（2）对教学设计的重视。教学设计是学习与培训科学化和精细化的体现。

（3）对评估的重视。评估是对学习效果的检验，并且可以作为反馈来修正学习方案。由于评估难度较大，传统的培训往往做到第一层级的评估就为止，而现在越来越多的企业大学做到了第二层级评估，有的甚至做到了第三、第四层级评估。

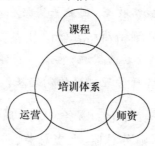

图 5-11 传统的培训体系要素

图 5-12　新的培训体系要素

培训要素的增加及培训体系的改进,源于企业培训呈现的三个特征,战略性、专业性、体系化。绩效技术是培训体系流程的最前段,是确定培训目标的来源。教学设计成为培训中最重要的一个环节,根据培训目标去开发课程,教学设计流程通常是 ADDIE(Analysis Design Development Implement Evaluation)模型。科学的教学设计能够帮助被培训对象达成预先期望的学习目标。学习与培训越来越专业化的特征与需求,推动绩效技术、教学设计、评估这个三个专业的关键的角色出现。这三部分内容,都是人力资源开发的重要组成部分。传统的企业培训在这三方面的重视程度不够,一方面因素是由于培训工作的重要性及其理念还没有在企业里面得到重视,另外一方面因素是以前在企业里从事培训工作的员工没有接受系统地专业知识训练[①]。培训的专业化程度在国外特别是在美国要比我国高出许多,这是因为一方面美国企业培训发展历程要比我们早,另外一方面美国大学里面开设人力资源开发方向的学校很多,根据保罗·罗伯特(Paul B. Roberts)[②]在 2011 年对美国 HRD(Human Resource Development)专业的调查显示,目前在美国开设本专业的高校有 281 个。企业大学与传

---

① 目前在国内开设人力资源开发专业的高校较少。
② Paul B. Roberts. Human Resource Development Directory of Academic Programs in the United States. Published and Distributed by Hunt University of Texas at Tyler College of Business and Technology,2012.

统培训中心相比较的一个鲜明的特征就是体系化,传统的培训中心的项目更加零散,缺乏整体规划,并且偏向于任务式与被动式,而企业大学为了更好地为企业发展及员工发展服务,课程设置上更加体系化,一个鲜明的特征就是课程体系设置基于胜任能力模型及员工职业生涯发展规划。

一、绩效技术

关于绩效技术的定义非常之多,譬如有名的哈罗德·斯多维奇(Harold D. Stolovich),艾丽卡·开普斯(Erica J. Keeps)这样定义:绩效改进是一种实现人类期望成就的工程学方法,它在分析绩效差距的基础上,设计最有效、最佳成本—效益的问题解决方案和策略[①]。美国培训与开发协会(ASTD)定义:绩效改进是发现和分析重大的绩效差距,规划绩效改进计划,设计和开发缩小(或消除)差距、符合成本—效益、并且遵循伦理道德规范的问题解决方案,实施方案,并对方案的经济及非经济效果进行评价的系统化过程[②]。国内学者张祖忻定义:绩效改进是运用分析、设计、开发、实施和评价的系统方法来提高个人和组织机构的工作业绩的研究领域[③]。

国际绩效改进协会(ISPI)在1992年正式提出了绩效改进的操作性过程模型,之后经过许多专业人员的不断应用、修改和完善,该协会形成了自己的绩效技术模型(如图5-13所示)。

绩效技术模型指出了绩效改进不可或缺的五个必经阶段:绩效分析(这里指需求评估)、原因分析、干预措施的选择、实施(变革管理)以及对整个绩效改进的评价。绩效如何改进,有哪些关键要素,刘美凤、方圆媛[④]通过研究,总结出绩效改进的三大关键要素:

[①] Harold D. Stolovich, Erica J. Keeps. Handbook of Human Performance Technology (2nd ed.) [M]. San Francisco: Jossey-Bass Pfeiffer, 1999.

[②] ASTD Learning System Module 3: Improving Human Performance [M]. ASTD Press, 2006.

[③] 张祖忻. 绩效技术概论[M]. 上海:上海外语教育出版社,2005.

[④] 刘美凤,方圆媛. 绩效改进[M]. 北京:北京大学出版社,2011.

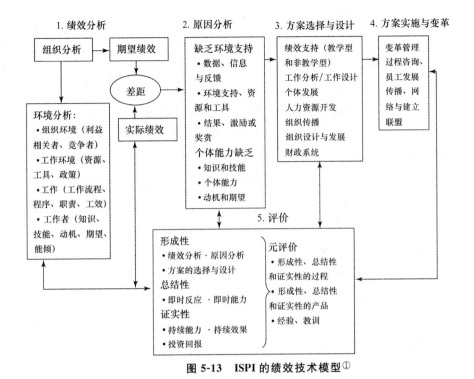

图 5-13 ISPI 的绩效技术模型[1]

（1）绩效改进以解决组织绩效问题、提高组织绩效为目标；考虑到组织是一个整体系统，为达到该目标，绩效改进需要从绩效的三个层次出发，通过提高个人和部门（流程）的绩效，进而提高组织整体的绩效。

（2）绩效改进需要系统化与整体化的思维与方法，把组织当做一个系统，既要充分分析组织的各个构成因素及其之间的关系，也要分析组织与环境之间的关系，同时，需要通过分析、设计、开发、实施（变革管理）和评价等系统化的程序和流程，形成解决组织问题、迎接组织挑战的具体策略方案。

（3）绩效改进不拘泥于一种办法或一种技术，强调通过分析问题及原因，评估收益与成本比率，以选择对症的策略，经济地解决绩效问

---

[1] ISPI. ISPI Introduction of HPT Model [ED/LB]. http://www.ispi.org/content.aspx?id=54,2012-12-20.

题,从而把握市场机遇,提高组织绩效。

二、教学设计

加涅曾在《教学设计原理》(1988)中界定为:"教学设计是一个系统化(systematic)规划教学系统的过程。教学系统本身是对资源和程序作出有利于学习的安排。任何组织机构,如果其目的旨在开发人的才能均可以被包括在教学系统中。"教学设计的起源可以追溯到第二次世界大战,在此期间大批富有经验的教育心理学家,包括加涅、莱斯利·布里格斯(Leslie Briggs)、约翰·弗拉纳根(John Flanagan)等被征集去指导与士兵与工人的培训相关的教材的研究与开发。20世纪40年代末和整个50年代,心理学家开始将培训视作系统,试图开发包括一系列创新的分析、设计和评估流程在内的较正式的教学系统(Dick,1987)[1]。在60年代,随着程序化教学运动的开展、行为主义目标的普及、标准参照测试运动及形成性评估的兴起,并在加涅的学习理论(学习结果分类、教学事件、智慧技能的层级分析)的影响下,教学设计逐渐形成(Reiser,2001)。工作任务分析、目标设定、标准参照测试等领域出现的新的概念互相关联,共同形成了如何系统地设计教学材料的流程或模型,包括加涅(Gagne,1962)[2]和格拉泽(Glaser,1962,1965)[3]等,他们使用了教学设计(Instructional Design)、系统开发(System Development)、系统化教学(Systematic Instruction)和教学系统(Instructional System)等术语来描述他们所创建的模型[4]。

---

[1] Dick, W. A History of Instructional Design and Its Impact on Educational Psychology. In J. Glover & R. Roning (Eds.). Historical Foundations of Educational Psychology. New York: Plenum, 1987.

[2] Gange, R. M. Introduction. In R. M. Gange (Ed.). Psychological Principles in System Development. New York: Holt, Rinehart and Winston. 1962.

[3] Glaser, R. Toward A Behavioral Science Base for Instructional Design. In R. Glaser (Ed.). Teaching Machines and Programmed Learning, II: Data and Directions. Washington, DC: National Education Association. 1965.

[4] Reiser, Robert A. A History of Instructional Design and Technology: Part Two: A History of Instructional Design [J]. Educational Technology Research and Development. 2001, 49(2): 57—67.

按照上文加涅对于教学设计的定义内涵,教学设计被看做是用系统的方法来分析教学问题、研究解决问题的方法和途径、评价教学结果、修改和确定教学规划的过程。对这一观点持认同态度的还有其他学者,如肯普(1994)认为,"教学系统设计是运用系统方法分析研究教学过程中相互联系的各部分的问题和需求,确定解决它们的方法步骤,然后评价教学成果的系统计划过程"。史密斯、雷根(1999)认为,"教学设计是指运用系统方法,将学习理论与教学理论的原理转换成对教学资料、教学活动、信息资源和评价的具体计划的系统化过程"。乌美娜(1994)认为"教学系统设计是运用系统方法分析教学问题和确定教学目标,建立解决教学问题的策略方案、试行解决方案、评价试行结果和对方案进行修改的过程"。

古斯塔夫森(Gustafson)和布兰奇(Branch)按照授课的类型将众多的教学设计模型分为以教育为导向(面对面的课堂授课)、以产品为导向和以系统为导向三大类别(Gustafson & Branch,1997)。具体的考虑因素包括:设计的目的,学习的类型,学习者,导引师,组织文化,以及设计者的偏好(Nadler & Nadler,1994)[①]。虽然存在许多具体的教学设计模型,但是几乎所有模型都具有某些共同的特点,即包含分析(Analysis)、设计(Design)、开发(Development)、实施(Implementation)、评估(Evaluation)五个要素,即 ADDIE 模型。其中分析阶段是对教学所要达到的行为目标、任务、受众、环境、绩效目标等进行一系列的分析。设计阶段是对将要进行的教学活动进行课程设计。开发阶段是针对已经设计好的课程框架、评估手段等,进行相应的课程内容撰写、页面设计、测试等。实施阶段是对已经开发的课程进行教学实施,同时进行实施支持。评估阶段是对已经完成的教学课程及受众学习效果进行评估。

---

① Nadler, L., & Nadler, Z. Designing Training Programs: The Critical Events Model (2nd ed.) [M]. Houston, TX: Gulf Publishing. Co. 1994.

三、课程体系

珍妮·梅斯特(Jeanne Meister)[①]提出了企业大学课程体系的 3C 模型,分别是企业公民(Corporate Citizenship)、组织架构(Contextual Framework)、核心竞争力(Core Competencies)。其中企业公民核心课程的目的是让企业各阶层员工对企业认同,了解企业中心理念和价值,属于企业文化层面及企业基本知识层面的课程;组织架构课程使员工更清楚地认识企业业务、企业客户、竞争对手及其他世界顶级企业的最佳实践,一般来说这属于专业业务层面的课程体系;核心竞争力指的是以下七种能力:学会如何学习、沟通和合作技巧、创造思维及解决问题能力、自我管理、技术能力、全球化经营能力、职业生涯自我管理。这是企业大学研究领域中首次较为系统地阐述企业大学中的课程体系的指导思想。

与传统培训中心相比较,企业大学课程体系的特征可能更加明显:(1)更加基于理论;(2)更加体系化。两个理论模型支撑企业大学课程体系的开发,第一是岗位胜任力模型。员工在工作岗位需要具备的能力,培训的目的就是为了弥补与缩短现实中的能力与岗位需要能力之间的差距。第二是职业生涯模型。首先明确员工基于个人的发展,需要掌握哪些知识与技能,进而根据这种需求进行培训。基于职业生涯的课程体系能够充分发挥员工的学习积极性。在企业中基于这两种模型的课程体系开发都存在,这两个模型也是企业大学课程体系区别于传统培训体系的特色。

四、师资体系

企业大学师资体系的特征是:(1)内外部师资兼顾,以内部师资为主体;(2)有一整套选拔师资的体系。

如图 5-14 的调研数据可以看出,内部选拔师资的渠道有:内部中

[①] 珍妮·梅斯特. 企业大学——为企业培养世界一流员工[M]. 徐健,朱敬译. 北京:人民邮电出版社,2005.

高层管理人员、内部中高层技术人员、突出贡献/成就的内部基层员工、外部招聘、其他来源。从图 5-14 中可以看出，从中高层管理人员和核心技术人员占的比例最高。从图 5-15 可以看出，培训与进修机会与高管人认可是最有效的讲师激励方式。

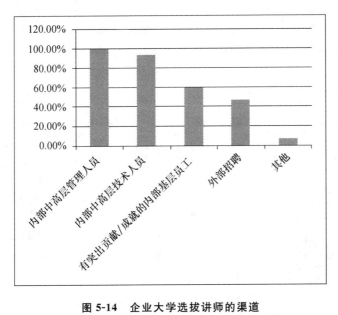

图 5-14　企业大学选拔讲师的渠道
（资料来源：笔者进行的问卷调查统计结果，2011 年）

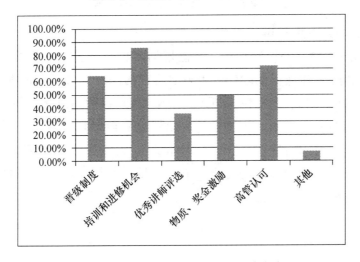

图 5-15　企业大学有效激励讲师的方式

> **安利培训学院讲师**
>
> 安利有超过500名的内外部、兼专职讲师,其中外聘讲师为70人、内部兼职讲师为116人、内部专职讲师为130人、营销讲师187人。安利具有一整套内部讲师认证制度。讲师都需要通过ACPI的培训和认证。从计划和选拔到培训考核和认证,最后成为讲师都有一套管理的办法。图5-16为安利内部讲师认证制度。

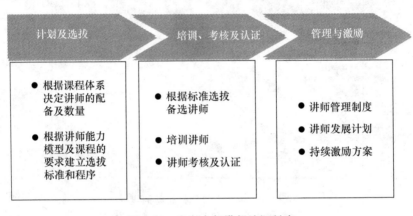

图 5-16 安利内部讲师认证制度

安利对于内部讲师有系统的培训制度,搭建了由三个台阶构成的系统培训:第一个台阶是必备技能培训,包括专业知识、结构化思维、逻辑关系,制作课件的软件应用类似这样的课程。第二个台阶是针对培训技巧的培训,教会讲师更多的教学技巧,包括如何开场和结尾,如何现场把控、专业的演讲技巧等。第三个台阶是课程能力培训,内容包括专业的教学设计理论的课程、成人学习原理,用实例提升教学经验和教学设计,学习如何设计一个体验活动,图5-17是安利在讲师培养上面搭建三个台阶的体系。

第五章 企业大学管理创新　161

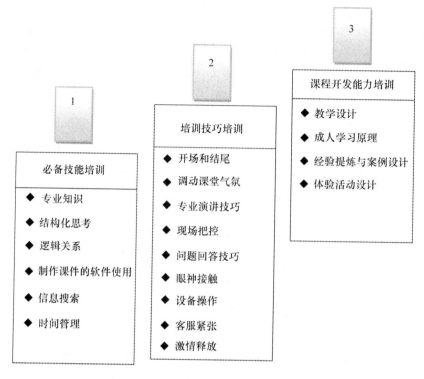

图 5-17　安利集团教师培养体系

五、运营体系

企业大学运营体系的变革经历过两次较大的突破：第一，将与培训不相关的内容的外包，将培训人员从繁杂的接待工作解放出来，专心于培训专业工作；第二，培训部门工作人员兼顾培训讲师、咨询师。

第一个变革与高层对于培训的重新认识与再定位有关。如果仅仅认为培训部门是一个职能部门[①]，那么它的重要性将会降低，在企业里面处于非核心地位。以往经常出现的现象是，培训部门常常被边缘

---

① 一些企业将培训作为人力资源部下面的业务单元或者一个处室，这就是将培训作为职能部门的做法。

化,被视作可有可无,甚至有些企业将培训部门视作接待部门,安排出去旅游的部门。更为极端的是,一些企业将在其他岗位上不好安排的职工安排到培训部门里面,这一行为的内在逻辑基础是认为培训部门承担接待职能。目前许多国有企业培训部门或者教育部门中存在许多年龄较大的非专业的转岗人员,就是在这一逻辑下的行为结果。企业逐渐转变观念,认识到人力资源的重要性,从而加大对于培训的重视,使培训不再可有可无,培训变成企业工作的核心要素之一,在此情况下,对于培训的专业性要求也就逐步上升。培训部门工作人员主要从事与培训内容相关的专业性工作,而将大量的接待工作、场地安排、差旅安排工作分解给企业大学主管的物业公司、宾馆等机构。这种安排在国内的企业大学里很常见,例如招银大学、中兴通讯学院等都下设专门的物业公司来从事非专业的培训事务性支持工作。

　　第二个变革与企业大学工作人员的职业发展路径相关。企业大学在企业内部的角色介于行政部门和业务部门之间,也就是属于类行政部门和类业务部门。企业里面有许多行政职能部门,是支持与辅助支持完成某项特定的行政或者管理职能,如财务部门、人力资源管理部门等,但是企业大学履行的角色是学习支持职能,虽然属于职能部门,但是与其他职能部门相比较,履行的不是行政或者管理职能。另外,企业大学也与业务部门不一样,业务部门一般能够直接创造价值,或者是直接创造价值链上的一环,但是企业大学是间接创造价值的部门,也就是通过员工人力资本创造价值。这些特征显示了企业大学从业人员上升通道有限,国内的企业学习部门负责人很少有升职到企业副总裁[①]。这一职业发展特征使得企业大学工作人员往往寻求新的突破,这表现为如下特征:(1) 部分工作人员辞职到别的企业,这也解释了为什么从事企业学习工作者跳槽率较高的原因;(2) 相当部门工作

---

① 目前这种现象稍稍有些变化,出现了企业大学负责人升职的现象,如在去年用友集团企业大学负责人及中兴通讯学院负责人职务都有所升级,进入集团副总裁级别系列,这体现了企业对于企业大学的高度重视,也体现了企业大学为企业真正地创造了价值。

人员将自己价值拓展到从事企业兼职讲师、企业兼职咨询师。从事这些职业能拓展他们的社会关系网络,并且使他们有教师"授业"的成功感。笔者调查了国美电器培训中心,他们中许多位都热衷于做企业里的教学明星,调研发现,他们对从事教学很感兴趣,虽然从事繁重的教学任务可能只是给他们带来精神奖励而并非物质奖励。这一现象在国外也相当普遍,由于企业大学工作人员近几年来学历普遍较高,并且工作性质上容易接触教学实施,因此工作人员兼任内部讲师现象特别普遍。

六、评估体系

培训评估的变革就是在企业大学里面的培训项目被评估的覆盖率及被评估的深度层级都有所提高。根据 ASTD 协会 2003 年对美国 276 个组织进行的调查,75% 的组织对于培训的反应层进行了评估;41% 的组织对于学习层进行了测量;21% 的组织搜集了有关信息的行为;11% 的组织采集了结果层次的数据。目前对于培训项目进行评估的普遍性模型有柯氏四级评估及菲利普斯的 ROI 评估法。柯氏四级评估是对反应层、学习层、行为层、绩效层的评估,分别对应的是第一层级、第二层级、第三层级、第四层级,层级越高评估就越困难。菲利普斯在柯氏评估基础上加了第 0 层级也就是投入层和第五层级 ROI 层。投入层指的是对项目的投入,包括范围、规模、成本、效率等指标;ROI 层指的是项目成本与项目收益。①

培训的评估变得非常困难,原因有以下几点:层级越高,相应的培训效果数据越是难以收集;业务部门主管对于培训评估的支持相当有限;需要花费一定的资金;难以明确企业绩效与培训之间的关系;无法确定培训产生的长期无形资产,如品牌的价值等。

但是随着企业大学的出现,对于培训的专业性与系统性越来越重视。培训评估是培训环节的重要部分,培训工作的系统性要求对于这

---

① 〔美〕菲利普斯. 学习的价值——组织学习如何获得更高投资回报率及管理层支持[M]. 吴峰译. 北京:北京大学出版社,2011.

个环节不可省略。调研发现,培训评估的主要动力在于:(1)对于培训项目能产生的价值需要基于数据及事实上的掌握,不能仅仅是定性的描述;(2)向企业证实证明企业大学的价值,企业每投入一元钱能带来的价值回报,作为向企业董事会提交的账单;(3)用作项目反馈与修正,识别和改进项目中的不良进程。这也是目前国内企业大学普遍认同与大力推进项目评估的原因。一项粗略的估计,国内企业大学对于第一层级的评估是100%,第二层级的评估是75%左右。可见,培训评估的广度(评估的覆盖率)及深度(评估的层级)都会逐步增加,这就是企业大学在评估体系上的创新。

第四节 企业大学管理者的胜任能力

企业大学管理者在国外通常称首席学习官,国内通常是企业培训中心主任、企业大学校长或者执行校长这样的角色,这种角色正基于企业对于学习的战略需求而产生的。[①] 为简便称呼起见,下文通称这种角色为首席学习官(Chief Learning Officer,简称 CLO),与国外的称呼接轨。

首席学习官这一承载了企业人才战略使命的新兴职位在20世纪90年代由美国兴起,由最初只有少数公司才有的十几人发展到几乎遍布财富500强企业的几千人。随着市场及企业本身的发展,CLO 被赋予各种责任与角色,它集经理人、分析者、方案选择、设计、开发与实施者、变革领导者及评估者于一体[②]。它是企业学习的领导者,是企业大学和 E-Learning 战略部门的官员,是知识经济时代企业新战略的一个重要部分,是高度支持的学习型组织[③]的新职务[④]。

---

① 胡瑛. 首席学习官胜任力研究[D]. 北京大学,2009.
② 威廉·J.罗斯威尔,约翰·E.林霍尔姆,威廉·G.沃利克. CEO 期望的公司培训[M]. 李小铁,林钢译. 北京:北京大学出版社,2007.
③ Dede Bonner. Enter the Chief Knowledge Officer[J]. Training & Development. 2000(2).
④ Shari Caudron. CLO Accountability[J]. Training & Development,2003(2):36—46.

关于 CLO 的明确的角色、责任和日常工作并没有清楚的定义[①]。从目前的文献进行梳理,关于 CLO 的胜任力,威廉·J.罗斯威尔,约翰·E.林霍尔姆,威廉·G.沃利克对 CLO 类人员(培训总监、人力资源开发总监、首席知识官、组织效力副总裁、企业大学总裁、技术培训总监、管理发展副总裁、领导力发展经理等)做过一定的研究。例如,Rothwell 认为 CLO 需具备如下能力:业务知识能力、沟通能力、高瞻远瞩的能力、评估能力、方案实施能力、创新能力、驱动力。James 所作的"CLO 未来调查"研究中,认为 CLO 最需具备的四个胜任力为:展现领导力技能(Demonstrate Leadership Skills),策略规划经验(Experience with Strategic Planning),具备学习和开发过程的知识(Knowledge of the Learning and Development Process),对业务绩效的可展示的影响(Demonstrated Impact on Business Performance)。

一、企业大学管理者角色变迁

企业要建立完善的管理体制,要实现企业可持续发展的战略目标,需要建立发挥学习发展作用的结构功能体,而要使其真正发挥作用,必须具备一位领导者,即首席学习官。CLO 并不是基于企业的部门功能而产生的,而是基于企业发展战略而产生的,他领导整个企业的学习(绩效)管理,为提升企业创新力,实现企业战略解决问题。新时期的 CLO 不仅是设计、开发、传递学习解决方案,他还是为组织带来改变和创造价值的催化剂(如图 5-18 所示)。

图 5-18　CLO 在企业中的流变过程[②]

[①] Dede Bonner. Enter the Chief Knowledge Officer [J]. Training & Development,2000(2).

[②] 威廉·J.罗斯威尔,约翰·E.林霍尔姆,威廉·G.沃利克. CEO 期望的公司培训[M]. 李小铁,林钢译. 北京:北京大学出版社,2007.

企业首席学习官并不是随企业的培训部产生而形成的，它是随着培训部门的战略地位的提高才产生的。最初企业中负责培训的主管为培训部主任，他是基于培训业务为企业服务的部门，尽管后来经过了培训部经理的名称的改变，但是他的工作主要还是集中在自己所在部门的培训业务。而当培训负责人上升到公司高层副总裁级别时，培训就不局限于单一的服务部门了，而是上升到了参与公司战略、协助公司战略、实现公司战略的层面上，直接面向高层发挥作用。尽管就目前的企业实际情况来看，具有"首席学习官"之名的管理者仍有停留在"培训部主任"工作的级别，但是从企业未来的发展趋势来看，直面高层（CEO）的首席学习官才会真正的发挥学习的效力，帮助企业真正地解决问题。理想情况下，CLO应该能够向CEO直接汇报工作，以确保得到高层适当和直接的支持，通过这种方式也向组织内部传递一种信息：学习是重要的。

首席学习官应该是位于企业高层、能够与CEO进行对话的关键领导者，他要运营企业内部的学习有机体，使其焕发活力，要通过学习的（非学习的）手段为实现企业的战略目标解决问题，落实到部门级别，即为业务部门提供解决方案，为企业创造效益。首席学习官是企业高层与业务层的沟通桥梁。[1]

二、企业大学管理者胜任能力

笔者及研究生根据研究需求、研究目的以及研究可行性综合考虑，确定了五位企业学习部门负责人或类似岗位人员作为研究对象进行研究，研究方法主要采取行为事件访谈法（BEI）。[2] 从而得到主要观点如下：

---

[1] 威廉·J.罗斯威尔，约翰·E.林霍尔姆，威廉·G.沃利克. CEO期望的公司培训[M]. 李小铁，林钢译. 北京：北京大学出版社，2007.

[2] 选择的研究对象主要是企业大学负责人，在本研究中没有做绩效优秀的与绩效较差的之间的对比。原因是选择绩效较差的企业大学负责人选，无论是从方法上还是从伦理上都比较困难。

1. 与企业高层形成伙伴关系

首席学习官是因应企业的战略需求而产生,他是企业中的关键领导者,因此他必须是企业管理高层的战略伙伴,能够高瞻远瞩的对企业所处的行业环境有战略性认识,在分析问题时能够有战略眼光,并且身为战略伙伴的一员,能够参与制定企业战略,为企业发展提供解决思路和方案。这种能力使首席学习官能够拥有更高的视角,被访谈的五位CLO都对这点非常认同,从被访谈者的事件描述中,可以归纳以下具体的行为。(1)行业意识:充分关注行业动态,了解企业所服务的市场以及企业所提供的产品和服务在该市场的地位;能够预测企业在质量、客户服务、人才短缺等方面可能遇到的问题,了解企业在行业领域中遇到的挑战。(2)战略性思维:能够从企业发展的视角审视企业中的问题,从企业整体性、长期性、基本性的发展分析企业中的人才发展问题。(3)参与制定组织战略:与企业最高层有定期的战略会议,能够为组织战略提供重要的观点、提出关键性问题、提供建议和解决方案,帮助最高层建立团队的共同愿景。(4)帮助企业高层成为企业教练。

2. 与业务部门形成伙伴关系

如果说与高层形成伙伴关系使CLO站在了企业战略的高度思考问题,与业务部门形成伙伴关系则使CLO成为真正为企业解决切实问题的角色。在解决问题的过程当中,他需要深入业务部门的内部,了解业务流程及业务部门的需求,与各条业务线紧密合作,获得支持,只有如此,才能真正地解决问题。具体的行为描述为:(1)了解业务部门的内部工作。了解各部门业务操作流程;了解各部门工作业绩的衡量标准。(2)与各条业务线紧密合作。定期参加与各个部门的关于学习需求和战略的会议,了解业务部门的需求,了解部门对实施学习项目担忧的问题。(3)为业务部门发展提供解决方案。从业务部门的战略目标出发,根据实际情况提供学习(非学习的)项目或服务解决方案,制定学习优先级。

3. 学习专家

首席学习官与"学习"有紧密的联系,首席学习官最主要的工作都是与学习相关,不论是提升企业的学习能力还是通过提供学习方案为企业解决问题,首席学习官在其中起到的作用都是巨大的。CLO的工作要以企业战略为导向,规划并实施学习方案,为企业创建终身学习的氛围。同时在信息时代,要对IT技术的价值和影响有充分地了解,并能够合理利用技术。在学习方案实施后能够有效地评估学习效果,证明学习对企业的战略是有价值的。具体的行为为:(1)以企业战略为导向,将企业战略分解到组织绩效,再到部门绩效,最后至个人绩效;确定影响个人绩效的技能因素,提供提高技能的解决方案。(2)创建终身学习的氛围,提高员工的学习意识,为员工在工作中学习创造条件。(3)规划学习方案能力,能够根据企业需求和员工实际情况规划面授培训、网络培训、在岗带教实施等教学培训工作。(4)了解IT技术的价值和影响,制订培训方案时,考虑使用与IT技术相结合的E-learning方法,推动组织内部E-learning的实施。(5)能够进行不同层次的评估,评估学习效果及证明学习的价值,并有效地向企业高层及企业员工报告这些价值,从而获得支持。

4. 绩效咨询专家

学习部门的主要目标是为提升企业绩效服务的,因此作为学习部门的负责人,应具有绩效咨询与绩效分析的能力,了解绩效分析方法和各种非学习的干预措施,并且能够使用非学习手段解决问题。优秀的CLO不但是学习专家,而且也应该是一个绩效分析专家,当在激励、工作设计、薪酬方面存在问题时,不是进行传统的学习需求评估,提供学习解决方案,而要将分析的视角从基于技能、知识缺陷的需求分析上转到业务需求和绩效需求上。具体的行为描述为:(1)了解绩效分析方法,经常与参与者、委托人和利益相关者交流期望的绩效结果,提供支持解决绩效问题的环境。(2)了解各种非学习的干预措施,能够从技能、激励、环境和机会四个维度提供绩效解决措施。(3)问题解决能力,将业务扩展到为组织发展、人才管理、绩效管理、接班人计划、变革管理、组织设计提供解决方案。

5. 领导力

领导力是企业管理层所需具有的一般基本能力。除了领导力的一般要素之外，首席学习官还需要具备分析推理的能力，在企业中树立影响力，并具有创新性思维能力，并具有利用联盟的技巧和能力。CLO的领导力具体的行为描述主要体现在：(1) 创建信任。团队信任是企业的竞争力，能减少企业内部的损耗。作为企业大学负责人，如何为企业创建一个相互信任的团队环境，是重要能力之一。(2) 道德楷模。作为企业教育部门的负责人，承担了企业道德楷模的角色，从而影响整个企业的员工的道德行为。(3) 管理人才的能力。提供指示和协调行动，监督和控制行为，辅导、委任、授权、激励他人，培养员工、挖掘和招募人才。(4) 利用联盟的技巧与能力。构建和谐的关系网络，联络业内各层级的关系，与企业价值链上的客户、供应商建立联系。(5) 创新性思维能力。创新、追求和引入变化，创造或引进新观念、方式，提高工作绩效的能力。

6. 演讲能力

在企业内推行学习理念和学习项目，对上要获得高层的支持，对下要获得员工的认可是一件挑战性较高的事情，因此CLO很多情况下担任了宣传者的角色，他需要具备良好的沟通能力，正确处理人际关系，并且尊重他人。同时，首席学习官承担了企业变革的重要角色，如何促进利益相关者支持变革，说服力也尤其重要。具体的行为描述为：(1) 良好的沟通能力。流利地表达观点，解释概念和观点，清楚地表达一个论据的关键点，能回答受众的问题，主动沟通。(2) 教学能力。首席学习官首先需要具备一名优秀的企业讲师的资格与全部能力，具备演讲与授课的能力，通过专业知识的传递获得尊重。(3) 说服力。在促进企业变革过程中，能够成为企业高层的辅助者与支持者，将变革理念传播到企业员工，说服利益相关者支持自己观点，获得认同。

综上所述，企业大学负责人的专业胜任能力模型如图5-19所示。

图 5-19　企业大学负责人胜任能力模型图

以上是采用 BEI 方法，针对国内企业大学负责人进行访谈研究形成的胜任能力模型图。上述六种能力可以进行归类，第一类是首席学习官充当关系建立者的角色，也就是与高层形成伙伴关系及与业务部门形成伙伴关系。第二类是专业能力，作为学习专家为企业提供学习解决方案；作为绩效咨询专家，为企业提供绩效咨询服务。第三类是领导能力，主要包括传统的领导力及演讲能力，作为企业教育部门的负责人，演讲能力是教学及说服他人需要具备的。罗斯威尔及詹姆斯的首席学习官胜任力研究结论是基于西方国家企业中首席学习官的调研得出的，本节研究结论与他们的研究结论比较，有共同的地方也有不同的地方。共同的地方主要体现在专业能力方面，如学习专家能力、绩效能力、规划能力，不同的地方主要体现在"关系的建立者"能力方面，在本模型中更加强调"与高层形成伙伴关系"及"与业务部门形成伙伴关系"的，并且这两点是在所有的被访谈对象中一再强调的概念，这点也反映了我国企业大学目前所处的发展阶段，也就是正处于从传统人力资源开发向战略性人力资源开发转型过程之中。

第六章　企业大学中的知识与方法创新

埃迪·布拉斯(Eddie Blass)[①]认为,企业大学需要聚焦于知识创新与管理,使之保持竞争性优势。并且他认为高等教育(大学)是第一类型的知识创造,企业大学是第二类型的知识创造。可见,知识的创新与管理在企业大学里的重要性。罗斯威尔(Rothwell)认为,企业大学未来演变的可能性之一就是变成企业的知识中心。菲克·詹斯克(Femke Jansink)[②]认为,企业大学的最重要的功能之一就是创造知识、开发知识及分享知识。瑞梅克斯(Radmemaker)提出了企业大学三阶段论:在第一阶段,企业大学是属于操作层面上的,实质上是一个高级培训部门,它的目标是提高效率,与企业战略之间的关系是间接的与反应性的,主要的内容是将培训活动与企业结合起来。在第二阶段,企业大学属于战术层面的,企业大学的目的是它仅仅跟随组织的目标,它与企业战略之间的关系是直接的与反应性的。在第三阶段,属于战略阶段层面的,其主要特征是知识工厂,多方位地进行提升与发展,与企业战略之间的关系是直接与预先构思的,通过培训与研究的手段实现开发并实现战略的落地。无论关于知识工厂的说法是否科学,但是可以判断出知识生产是企业大学高级阶段的重要特征之一。本章结合笔者调研过的案例进行分析,探讨企业中的知识创新与管理。

行动学习是国内企业大学近几年普遍引入的学习方法。根据圣

[①] Eddie Blass. The Rise and Rise of the Corporate University[J], Journal of European Industrial Training. 2005:29(1).

[②] Femke Jansink. The Knowledge-productive Corporate University[J]. Journal of European Industrial Training,2005(1):29.

吉的观点,行动学习会促进组织升级为学习型组织。正是因为行动学习在促进组织范围内持续学习中的重要作用,组织才能适应外部变化的环境,而企业大学正是建立学习型组织的推手。雷克斯·蒂尔沃斯(Lex Dilworth)说,行动学习是学习型组织的DNA。因此,本章对于这一个在企业大学里面迅速发展起来的新的学习方法也进行了深入研究。

第一节 企业大学中的知识创新

1983年,美国加州大学教授保罗·罗默(Paul Romer)提出了著名的"新经济增长理论"。该理论认为,必须承认知识能够提高经济效益,在计算经济增长时,必须把知识直接放在生产体系中考虑,也就是说必须把知识列入生产函数。保罗·罗默(Paul Romer)还提出,必须充分认识知识是一个重要的生产要素,对知识的投资不仅能增加知识本身的积累,而且还能增加其他经济要素的生产能力。"新经济增长理论"的提出,标志着知识经济理论雏形的初步形成。1996年,经济合作与发展组织(OECD)和一些国家的政府开始接受并运用知识经济理论。1996年,OECD首次在国际组织文件中使用"以知识为基础的经济"这一概念,并发布了题为《以知识为基础的经济》的研究报告。在报告的一开始就提出:"以知识为基础的经济这个术语的出现,表明了人们对知识和技术在经济增长中的作用有了更充分的认识。知识,作为蕴含在人(又称人力资本)和技术中的重要成分,向来都是经济发展的核心。但是,只是到了最近几年,正如知识的重要性在增长一样,人们对于知识重要性的认识也进一步深化。"与以往的经济相比较,知识在新经济中是首要的生产要素,知识在新经济中的地位正如资本在工业时代以及土地在农业经济时代的地位。在知识经济时代,知识开始成为组织中一种至关重要的战略资源,如何最大限度地掌握、利用和创新知识,成为衡量一个企业核心竞争力的关键。①

美国知名的企业大学研究机构 Corporate University Xchange 认为,知识经济是推动企业大学出现的主要因素。这个研究机构认为五个事实推动企业大学的出现,它们分别是:扁平化和柔性组织的出现;"传统经济"转型为"知识经济";知识的寿命周期缩短;员工更关注于终身任职能力而非终身雇用;全球的教育市场正在进行更切合实际应用的转型。这五种力量不断地推动建立一种更能适应企业持续提升竞争优势的工具——企业大学。这五种力量都反映出企业对知识的需求。从知识视角审视企业大学,则有助于我们认识企业大学的本质及其发展的客观规律。

一方面,知识创新(有的文献使用知识创造,本文中将知识创新与知识创造等同)对于企业大学很重要,企业大学的传递内容来源于企业自身的核心知识,企业大学的价值也来源于拥有企业自身的核心知识。企业的课程体系很大部分是在企业知识基础上加工而成的,离开了企业知识,企业大学的课程体系就没有基础。另一方面,知识创新与管理对于企业也同样重要。笔者对企业中的知识管理展开调查,发现企业对于知识管理的动力根本因素有以下几点:增强企业的核心竞争力;减少智力资产的流失;促进跨营运单位的知识共享;控制或降低企业成本;加速革新速度;来源于对工作绩效的追求;全球化的运作需求;对行业并购者的更好整合。另外,网络及信息技术为知识管理的建立与发展提供了很好的载体与工具。现在的知识管理大多是建立在信息技术基础上,依赖计算机网络去完成知识的储存、搜索及分享。

针对以上总结的企业推动知识管理的影响因素,笔者在对国内的企业大学调研过程中进行了调查统计:

---

① 刘春雷,吴峰,董焱.知识视角下的企业大学研究[J].现代远程教育研究,2010(11).

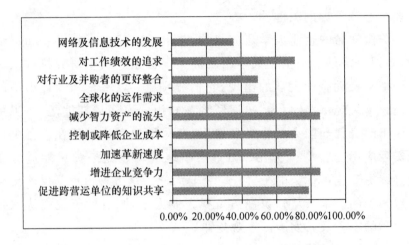

图 6-1 企业推动知识管理的影响因素①

一、知识特征分类

吉本斯(Gibbons)②把知识创造生产分类为模式 1 与模式 2。其中传统的知识创造生产模式 1 是指基于牛顿模式的科学研究,以单学科研究为主,而知识创造生产模式 2 是指在应用环境中,利用交叉学科研究的方法,更加强调研究结果的绩效和社会作用的知识生产模式。从这个角度上讲,企业大学中的知识创造生产是属于模型 2 类型,这是因为在企业大学中的知识创造生产更加强调基于绩效。这种类型的知识创造有如下特征:(1)知识创造首要服务于事关企业发展战略的、最关键的业务项目;(2)企业的核心业务及管理流程是它的主要组成部分;(3)企业大学知识源自实践,并以改进实践、提高绩效为服务宗旨;(4)基于成本效益原则,以最经济的手段配置知识资源。

经济合作与发展组织(OECD)在《以知识为基础的经济》的报

---

① 吴峰,中国企业大学研究文集,内部资料,2011.
② 〔英〕吉本斯等.知识生产的新模式——当代社会科学与研究的动力学[M].陈洪捷,沈文钦译.北京:北京大学出版社,2011.

告中为便于经济分析之目的,把对经济有着重要作用的知识分成四类,此分类方法被广泛接受。OECD 将组织的知识分为四大类[①]:(1) know-what。知道是什么的知识,此类知识又称作事实性知识,主要指关于历史事实、经验总结、统计数据的知识,这类知识通常和信息很难区分,复杂领域的专家,如医生和律师以及咨询机构中的专家要掌握大量的该类知识才能完成工作。(2) know-why。知道为什么的知识,指那些自然、社会和人的思维运动的法则和规律的科学知识。这类知识的产生和传播通常是在像大学、研究院所这样的专业组织内进行的。(3) know-how。知道怎么做的知识,是指做某些事情的技艺和能力。(4) know-who。知道是谁的知识,是关于谁知道什么以及谁知道怎样做某些事的信息。它包含了特定社会关系的形成,即有可能接触有关专家并有效地利用他们的知识。

企业里关于 know-what 及 know-why 类型的知识相对较少,know-what 类知识属于在进入企业之前在员工接受高等教育阶段或者自学阶段就已经完成了的,know-why 类知识一般在高校科研机构生产,极少数技术领先的顶级企业也会开展 know-why 的研究,但是这类企业的数量比例非常小。know-what 及 know-why 知识本身与企业的绩效没有直接关联,因此也少为企业所重视。企业里面大量存在 know-how 和 know-who 的知识,know-how 知识是关于怎么做与怎么办的知识,正是企业所需要,也与企业的绩效直接相关联。know-who 在企业里同样重要,中兴通讯学院[②]就认为:"知识管理最重要的是 know-who。知道问题由谁可以解决,知识点会在哪个人的身上。"

---

① 经济合作与发展组织. 以知识为基础的经济[M]. 北京:机械工业出版社,1997.
② 资料来源于笔者对中兴通讯学院的问卷及调研,2011.

宝钢知识管理

宝钢人才开发院专门设有知识管理部门,并安排有3人专职负责知识管理方面的事务。从知识共享平台中采集知识,对知识进行分类、标引等加工,再对知识进行审核,累积成知识库,实现知识搜索并形成分层知识地图,推动知识共享。开发院同时建设有人员库和专家库。一方面,通过人员库的岗位职责梳理、岗位知识模板,结合知识库,做到岗位知识推送,完成知识共享,从主动与被动两方面应用显性知识。另一方面,通过专家库与知识库支持隐性知识管理。如图所示。

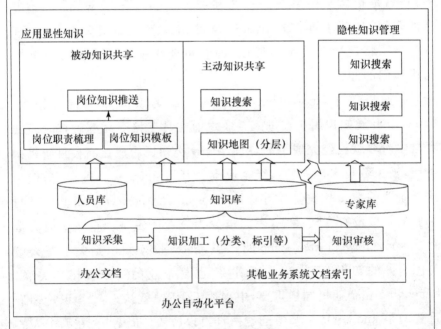

图 6-2 宝钢知识管理框架图

2009年,宝钢资源启动了基于岗位的知识推送系统工作。通过该系统,能使员工的个体知识通过机制转化为企业知识,企业也能将大量的管理规范、实践案例有针对性、快速地推送给员工,

> 可有效缩短岗位调动或公司新上岗员工的业务熟悉期。开发院积极营造知识创造与协同的文化氛围,建立了集管理流程、运营规范、激励措施于一体的知识管理运作保障机制,构建了以知识社区与知识地图为主要功能的知识分享协同数字化平台,为员工岗位胜任能力的提升提供了支撑。目前建设有案例库,内含一百多个案例,案例库由人才开发院专职师资和参加培训的学员撰写,案例库面向全体专职师资开放。

分析宝钢的知识管理体系,具有以下特征:

(1) 以信息技术作为知识管理的载体。宝钢的知识管理框架是建立在办公自动化平台上,宝钢的知识管理平台主要有两个:一个是技术共享平台,以技术的知识进行分类,偏重于技术知识的管理,已经形成了很多类型;另一个是信息共享平台,是集团以管理信息分类的一个支持平台,偏重于管理知识的管理,并且制定技术共享平台的政策与制度如"技术知识管理办法",信息共享平台的政策与制度如"宝钢知道管理机制"。宝钢目前正在整合几个已经建成的知识管理系统,包括技术共享平台、信息共享平台以及资源推送管理平台。

(2) 将专家库、人员库作为知识的重要组成部分。这正是上述分析的 know-who 知识在企业中价值重要性的体现。

(3) 隐性知识与显性知识[①]同样重要。从上图可以看出,宝钢的知识应用层面为对隐性知识的管理以及对显性知识的应用。隐性知识是迈克尔·波兰尼(Michael Polanyi)在 1958 年从哲学领域提出的概念。他在对人类知识的哪些方面依赖于信仰的考查中,偶然地发现这样一个事实,即这种信仰的因素是知识的隐性部分所固有的。波兰尼认为:"人类的知识有两种。通常被描述为知识的,即以书面文字、图表和数学公式加以表述的,只是一种类型的知识。而未被表述的知识,像我们在做某事的行动中所拥有的知识,是另一种知识。"他把前

---

① 隐性知识[OB/EL]. http://baike.baidu.com/view/68045.htm,2012-04-12.

者称为显性知识,而将后者称为隐性知识,按照波兰尼的理解,显性知识是能够被人类以一定符码系统(最典型的是语言,也包括数学公式、各类图表、盲文、手势语、旗语等诸种符号形式)加以完整表述的知识。隐性知识和显性知识相对,是指那种我们知道但难以言述的知识。

(4) 宝钢知识创造的关键来源于办公文档、业务系统文档;知识创造过程包括采集、加工与审核。实际上,调研发现,宝钢的知识管理的内容来源非常丰富,包括国际标准及变革、政府政策法规、行业技术标准及变革、企业发展与变革、竞争者知识内容、企业高层的战略部署、企业中层管理者经验总结、明星员工操作经验、企业 E-learning 平台。

二、任务式知识创造流程

组织的知识创造主要可以分为两种方式,一种是对既有知识的充分利用;另一种是对新知识的探索。[①] 对于知识创造机制,最有名的理论是野中郁次郎[②]的 SECI 模型。野中认为,组织的知识创造发生在以下三个层面:个体、团体及组织。知识创造理论主要由两个主要部分组成:知识相互作用的形式和知识创造层面。知识相互作用的形式表现为显性知识和隐性知识相互之间的转换,即 SECI 模型。SECI 包含了社会化、外在化、组合化、内在化四个过程,分别指的是:隐性知识转化为隐性知识的过程;隐性知识转化为显性知识的过程;显性知识和显性知识汇总组合的过程;显性知识转化为隐性知识的过程。SECI 描述了知识创造的微观过程。实际上,知识创造就是一个微观的、渐进性的过程。关于知识创造有许多文献与专著去阐述,在这里不作冗述。本小节探讨任务式的知识创造流程。

许多企业大学出现了任务式的知识创造,也就是将知识创造当做具有考核指标的项目工程来做,这也是企业大学快速建立起知识体系的有效方法之一。典型的案例就是招银大学的教材知识开发项目工

---

① 林东清. 知识管理理论与实务[M]. 北京:电子工业出版社,2005:190—191.
② 野中郁次郎. 知识创新型企业[M]. 北京:中国人民大学出版社,1999:20—22.

程,该项工程时间跨度三年,全行各部门参加,由招银大学负责,最终实现了建设一百门教材课程的目标。这个工程的各个阶段如下:

第一阶段。招银大学提出了一个133规划,即100门核心教材,300门核心课程,3000名核心教师。教材开发出来以后,兼职教师需要参与进来。为了跟进进程,工作组提出了项目思路,即年初要有计划,年中要有通报,年末要有总结。计划出来以后,就按计划去推动,每个部门都会列计划,每个条目要列自己的计划,每个专业部门要列自己的计划。

第二阶段。分清招银大学、专业部门和全行教师各自的角色,将这些角色进行很好的定位。招银大学是组织推动部门,对于管理类、领导力、新员工的教材由招银大学来组织、参与开发,是招银大学的核心任务。技术知识类的、业务类由专门部门来做。兼职教师在大学和大学各部门的调动下参与到教材开发中。通过这个办法将大学和各个部门、兼职教师都纳入教材开发体系里面,将职责分开。

第三阶段。工作组将整个教材开发按项目式进行管理,按流程化进行运作,把每一个步骤、每一个结点都设计出来,总结了教材开发十步法,提供了各个步骤的模板、工具及目标标准。

第四阶段。业务部门对业务知识体系做一个完整的系统梳理。梳理出来多门教材和培训大纲、课程大纲,梳理工作由每个部门自己完成,招银大学进行认定。

第五阶段。最终的成果是教材,由招银大学组织专家鉴定。鉴定结果与荣誉、奖罚措施进行结合。

笔者总结以上流程,基本可以概括任务式知识创造流程具有以下五个过程,即规划、分工、标准化、开发、评审,对于其他企业大学的调研都显示了这五个过程的合理性。

在规划阶段,实际上是确定目标任务、确定项目组织方案的过程;在分工阶段,是磨合参与项目的各种角色权责阶段。企业的知识是隐含在各个专业部门的员工及组织之中,企业大学的角色是组织及创造一个知识获取的良好环境。在标准化阶段，企业大学需要将知识开发的范式和流程统一规定，并且转移给各个专业部门。在开发阶段，主要是由各个专业部门去梳理知识、挖掘知识，隐形知识显性化，这个阶段也是重要的阶段，是创造知识的主体阶段。企业大学对于各个专业部门的流程进行督导，并且提供相应的工具与方法进行支持。评估阶段也就是鉴定阶段，对于项目最终成果的验收。

笔者调研发现，企业中对知识创造的组织工作是一件非常具有挑战性的事情。这个过程需要许多策略上的设计，首先，需要让业务部门理解这件事情不是为企业大学而做，而是为业务部门自己而做的，为了各业务部门自己业务条线的发展，为了他们的人才培养、机制管理而做，是帮他们做。这种思想观念形成以后，各业务部门就会当成自己的事情。其次，需要配套激励机制，业务部门在看到各种考核方法和激励措施之后，绝大多数都会表现出较高的参与程度。招银大学要求每门课程都要由业务部门负责人亲自担纲，所以专业业务部门都会非常重视这项工作，绝大部分部门都拿出了他们基础的、核心的内容。最后，需要先拿出一套教材开发的模板、方法和流程。招银大学前期投入了很多精力去开发这些标准化产品，并且为后续开发过程提供标准化的开发工具等技术支持。跟踪调研发现，在整个活动推动过程中也常常遇到一些障碍，但是招银大学都能够比较顺利地克服。所有项目小组的团队意识比较强，在明确了这项工作是为了企业共同的发展这个最终目标之后，每个员工都会产生相应的使命感。在项目推动过程中一方面需要激发部门与部门之间的比较，形成部门之间比赶比的氛围。另一方面把领导的重视意识挖掘起来，员工的参与度就会高，不需要直接去说服每一个员工来参加这个工作，而是以组织、团队、教材开发小组的名义来进行。员工进入教材开发小组之后，就会一直按这个计划来推动与被提醒。

一门教材的开发周期大约一年时间，关于样稿、审稿工作，招银大学会承担一部分，另有一部分校稿会交给外部机构来做。评审人员的组成包括目标读者、学员、专家，还有领导、教育培训的专员。这些人从不同的眼光和视角出发进行评估,这样做出来的教材才可能大家满意度比较高。在教材的质量控制上面比较严格,对于每本书的目录框架结构,由编写组、工作组、外部专家进行把关。

根据知识创造的机理,[①]知识创造基础、知识创造动因、知识创造环境构成知识创造的要素。对于任务式知识创造工作的开展归纳如下。

首先,构建知识交流的网络通道,搭建知识创造平台。即企业大学中的知识创造者,其不仅限于企业大学内的员工,每个参与企业发展的个体都具有知识创造的潜力。知识创造的客体则是来自企业发展实践中,可能是自下而上的最佳实践提炼和分享,也可能是自上而下的战略贯彻。可涉及生产管理、市场需求、核心业务、行业趋势等方方面面。它既是企业知识创造的重要源头,也是知识创造成果的服务对象。客体还包括能够辅助解决问题的知识资源,涉及专业知识、技能、管理经验与方法。其属性可以是知识库中的显性知识,也可能是专家、经理、骨干员工头脑中的隐性知识。其来源可以是企业大学的知识资源,还可以是知识市场的知识资源。

其次,构建知识创造机制、流程,驱动知识创造。通过构建知识创造流程,使知识交流、知识创造有序地系统地进行。从问题聚焦到解决方案,再到知识整合加工、课程开发,直至最终的知识创造服务产品,每一个知识创造环节都形成规范化、标准化的操作流程,并通过制定激励机制,驱动知识创造。打造专业化的知识创造团队,培养创新能力与素养,分享创新经验与方法。构建基于项目管理的合作创新机制,采用能使各方积极参与、优势互补的柔性管理方法,从而构建有利于知识创造的生产关系。

最后,构建知识创造的组织环境。构建有利于知识创造的知识管理体系,丰富知识创造的资源,优化知识创造环境。崇尚知识创造,营造有利于知识创造的企业文化,创建学习型组织。

---

① 刘春雷,吴峰,董焱.知识视角下的企业大学研究[J].现代远程教育研究,2010(11).

三、对知识创造的反思①

现代认知心理学认为知识是个体通过与其环境相互作用后获得的,储存于个体内是个体的知识,储存于个体之外的,为组织或者人类的知识。皮亚杰认为:"知识是主体与环境或思维与客体相互交换而导致的知觉建构,知识不是客体的副本,也不是由主体决定的先验意识。"

如果从知识创造的角度对知识进行描述的话,知识应是人类在作用于客观世界的实践过程中,对认识对象的本质属性和客观规律的认知结果。因此,知识发展必须以实践活动和思维活动为基础,两者相辅相成,辩证统一,也即实践探索与理论建构的辩证统一。正如爱因斯坦所言:外在的证实(即经验的证实)和内在的完备(即理论之间的逻辑一致性)是科学理论知识得以成立的两个基本条件。

个体主观认知结构的发展是主要通过两种途径内化获得的,这两种途径都是基于个体与其环境的相互作用:其一,实践——对个体自身实践经验的内化(即感性经验,通过个体及个体间的实践互动);其二,理论——对人类客观显性知识体系的内化(即理性认识,如个体从书本、老师、同学那里获取知识,并内化为个体的主观的认知结构)。理论与实践又是相辅相成、辩证统一的。个体的认知结构在理论与实践的相互验证中不断完善,并无限接近于认识对象的本质属性和客观规律。

知识创造表现为主体(个体、组织及人类)和客体在时空中通过实践相互作用、不断深化认识的过程。相对个体而言,知识发展表现为个体在对客观知识进行内化、外化的过程中,使个体认知结构不断深化、发展、完善和更新。认知发展在时间上表现为个体主观认知结构的不断螺旋上升的发展趋势和从简单到复杂的逻辑过程,在空间上则表现为个体间的思想碰撞,知识和经验的交流,如员工、师生间的知识

---

① 刘春雷,吴峰,董焱. 知识视角下的企业大学研究[J]. 现代远程教育研究,2010(11).

传递,学者间的思想碰撞,学术组织间的交流与协作。二者辩证统一于个体在认识和改造主客观世界的实践中。空间换时间——不同的个体、组织、环境的交流协作,促进了个体认知结构、逻辑思维的整合优化。因此,主体(个体、组织、人类)和客体在时空中通过实践相互作用、相互交流、不断深化认识是知识发展的必要条件。

根据以上观点,企业是产生知识的源泉之一。这种知识更多的是与企业生产与管理结合更加紧密的知识。员工在生产实践中不断地进行新的探索与创新,也就是主观不断作用于客观的结果,并将这种探索内容不断地在实践活动中检验,形成个体的知识,最终转化为企业的组织知识。企业大学是企业学习的发动机,也是企业知识的发动机,正如招银大学所示,通过一系列方法,建立与形成招商银行组织的知识体系。因此在这种意义上说,企业大学是企业知识的创造者与构建者,从社会角度而言,无数的企业知识构成了社会知识,企业大学也是社会知识的摇篮。

第二节　企业大学中的知识管理案例分析

2009 年发布的中国《知识管理第 1 部分：框架》国家标准中,提出了组织知识管理流程[①]：

(1) 知识鉴别。知识鉴别是知识管理活动中关键性的工作。知识管理首先应根据目标,分析知识需求,包括现有知识的分析和未来知识的分析,适用于组织层次战略性的知识需求和个人层次日常对知识的需求。

(2) 知识创造。知识创造是知识管理活动中知识创新部分。对于组织来说,创新过程通常是在产品或服务方面的知识创造过程,通过研发部门的专家小组开展技术攻关。与此同时,创新需要通过全体员工积极参与,改善业务经营过程中的各个环节,创新过程不局限于

---

① 中国国家标准化管理委员会. 知识管理第 1 部分：框架[M]. 北京：中国标准出版社,2009：1—5.

研发部门。

（3）知识获取。知识获取强调对存在于组织内部已有知识的整理积累或外部现有知识的获取。对于组织来说，应收集整理多方面知识，并使沉淀下来的知识具有可重用价值。同时，还可以通过兼并、收购、购买等方式直接在某个领域突破知识的原始积累获取所需要的知识，或有针对性地引入相应人才。

（4）知识存储。在组织中建立知识库，将知识存储于组织内部。知识库中应包括显性知识和存储在人们头脑中的隐性知识。此外，知识也可以存储在组织的活动程序中。

（5）知识共享。知识在组织中转移、传递和交流的过程。通过知识共享将个人或部门的知识扩散到组织系统，知识共享方式可在组织内人员或部门之间通过查询、培训、研讨或其他方式获得。

（6）知识应用。知识在组织中得到应用时才能增加价值。知识应用是实现上述知识活动价值的环境，决定了组织对知识的需求，是知识鉴别、创新、获取、存储和共享的参考点。

那么，企业大学是如何组织并实现知识管理的呢？笔者以一些企业大学为例，分析企业大学作为知识管理角色的具体现状及实施过程。

一、招银大学知识管理

招银大学知识管理是一个典型的案例。招银大学在具体操作过程中发现，知识管理涉及很多内容，技术只占知识管理的10%～30%，另外更多涉及公司的流程、制度和文化。

招银大学把知识创造、获取、分享和运用的四个过程界定为：

（1）知识创造。主要来源是教材撰写。由企业大学及业务部门共同推动的专业教材是知识创造的主体组成部分。教材包括员工自主的分享工作经验及总结，个人的博客文章，知识论坛中的帖子，团队、项目组之间产生的协作文档及项目过程中产生的项目案例，部门内部日常办公产生的各种文档，各种培训班培训资料，以及标准教材的编写。

（2）知识获取。知识获取的主要方法有很多。招银大学具体采用了几种行之有效的方法。实验法指通过尝试新构想、新产品、新流程来获取知识。内部创新法指以课题或公关的办法，组织员工就某一问题进行调研和解决（如通过博士后科研工作站）。内部互动法指通过开会、座谈、跨级沟通等方式，在公司内部征集意见和建议的方法。标杆学习法指将招行各项活动与从事该项活动最佳者进行比较，从而提出行动方法，以弥补自身不足。知识问答借由通过知识管理系统建立的知识专家体系，员工可以更有目的地向某些业务专家提问，并及时得到解答，以形成解决方案作为知识进行沉淀。知识论坛通过在知识论坛中自由讨论，获取知识，并对有效的帖子进行整理，形成知识文档。

（3）知识共享。招银大学知识共享采用了多样化的途径。从实现方式来看，可以划分为正式和非正式途径。正式途径有：组织现场调研，进行面对面的知识交流和分享；测试项目和评优活动；培训分享，经过专业训练的内部讲师，结合招行培训的内部教材，全国各地的员工都可以实时参与互动性很强的异地培训；专家论坛，根据知识管理系统一段时期内大家关注的热点知识及热点话题，定期召开相应的专家论坛在线课堂，进行讨论讲解。非正式途径有：招行总行的每层楼都设有专门让员工休息的地方，这成为员工交流分享的地方；自发的内部会议，如招银大学教研室自发制订"金种子计划"，定期进行自学研讨，博士后工作站定期进行主题讨论；培训前后或中间休息是员工交流和分享的机会，体育活动、吃饭也是员工分享知识、交流经验的途径。

（4）知识应用。将现有知识真正运用到员工的工作和生活中，实现了员工有问题困难时首先想到的是在知识库中查找知识或者进行知识解答。为了激励全员参与知识管理，招银大学积极进行系统规划，设计相应的管理办法、激励机制，让员工自觉主动分享、获取知识，并定期不定期地组织丰富多彩的分享活动，提供分享机会。实现依靠知识管理形成的个人(个人能力)——团队(团队能力)——公司(公司能力)这种逐级增长的能力模型。

二、爱立信学院知识管理

爱立信中国学院建立了知识管理的机制,促进了跨部门的知识分享,提高了实践中产生的知识的复用率。爱立信几年前就从 IT 系统上实现了全球知识分享的功能,通过虚拟社团的形式将全球各地的员工聚到一起,实时互动,分享知识,相互支持。现在,虚拟社团中活跃着几十个知识社区,每个社区都有指定的兼职管理员,社区成员可以浏览也可以发布相关内容。学院积极鼓励讲师利用社区平台参与全球经验分享,而最近几年,更是将知识分享定为很多业务部门经理的绩效考核指标,要求发布的内容数量和质量都要有所提升。爱立信中国学院提供更加符合时代发展的学习方式,为此学院打破了常规的"你教我学"的传统模式,创造性地推出了"Learning 2.0"的概念,主张在创造知识的同时,强调个人与个人以及组织与组织之间的知识分享。

由于知识管理最终要全体员工使用,是一个全民的事情,基于这个原则,爱立信在建设知识管理的时候,从培育知识管理的文化开始,让更多员工喜欢和习惯使用知识管理的体系和工具,并逐渐培养出了一种相互交流和分享的文化,然后再搭建和完善知识管理的架构、体系。"文化优于战略"也是爱立信公司的一个重要指导原则。对比大多数企业自上而下的"推行"路线,爱立信实际上选择了自下而上的"生长"方式。为了能够让更多员工喜欢和习惯使用知识管理的体系和工具,爱立信的知识管理最初更像是一个无所不有的内部论坛,其中不仅有和工作相关的知识,也有很多与员工生活相关的内容。除了分类清楚的知识体系之外,一些生活信息等都在这里面可以找得到。爱立信此时的做法主要是让更多的人使用知识管理的平台,不管是工作上还是生活上的问题,都可以在这个平台上找到帮助,以便让员工养成一种使用习惯。知识管理不是一个以解决问题为首要目标的工作,而是一种"变革",一种能够改变员工工作习惯的变革,所以,推广分享与交流的习惯是知识管理的一个重要目标。在这种不断的交流之中,爱立信逐渐培养出了一种相互交流和分享的文化。这种自由成长的情况在爱立信一直持续了两年多,直到使用知识管理平台已经成为大家的一种习惯时,公司才出台相应的规定,去掉了与工作无关的内容,规范了知识管理平台的使用,此时与知识管理相对应的企业文化已经基本形成,所以,这种转变非常自然。在一个愿意使用和愿意分享的文化中,知识管理被整个公司更加有效地利用起来。后来,爱立信更进一步地将知识管理纳入对绩效的考核之中,这标志着爱立信知识管理体系基本建成。尽管爱立信知识管理建设时间比较长,但是因为先有文化后建平台,员工对于知识管理体系是自然而然接受的,没有强加给员工的感觉,员工们很愿意使用这个平台,这无疑确保了知识管理在爱立信的成功实施。

除了在战略上突出文化的作用之外,在具体的实施过程中,也必须在文化土壤上精心培育才能保证知识管理的健康成长。爱立信学院认为主要做好三件事:选对知识、选对人、选对平台。

首先,选对知识。对于知识的准确匹配是一个重要的前提,要想解决这个问题,就必须对公司的知识资源进行分级、标准化和准确性地处理,特别是要形成知识流。所谓知识流是指组织内、外部的知识在不同部门与主体间的流动。知识在大多数企业中分布是不均匀的,通常情况下,知识产生于一个地方而在另一个地方使用。因此,形成跨越时间、地点、组织的知识流对知识管理非常重要,保证知识的流动在恰当的时间能够实现知识的需求与供给相匹配。爱立信知识分类全部按照与业务的相关度划分,整个平台被划分为200多个不同的版块,每一个版块都有明确的内容设置,让有需求的员工很容易就能找到自己所需要的内容。在知识的输入方面,爱立信注意知识的标准化,通过KPI指标强化员工的贡献率,对项目总结和优秀实践给予奖励,对于那些被提取次数较多的内容,爱立信将其重点整理和规范,这种做法大大提升了知识的严谨度,同样也加强了知识的重复性。

其次，是找到合适的人来引导平台的运用。在爱立信，知识管理完全是全员参与，开始阶段是自发行动，找到适合的人显得非常重要。一般认为，知识管理最好的人选应该是企业的高层或者在企业担当一定职位的人员，并且这个人具有号召力，能否影响和激励其他人参与到知识管理的实施过程中来。在爱立信这种文化鲜明的企业中，各个论坛版主基本上都是业务能力方面领先者。这部分人在员工中是知识丰富的专家，有着很强的号召力和权威性。知识管理涉及公司各个方面人员，只有密切配合共同参与才能做好。不能把知识管理当成员工的额外工作，不能寄希望于"雷锋型"的员工站出来共享自己的信息和知识，或者强制要求每个部门多长时间应该奉献多少内容等。这样的结果只能是增强员工对知识管理的反感，造成知识管理系统中垃圾众多。而应该将知识管理纳入公司工作流程，明确每个流程节点应该产生怎样的知识，需要哪些知识，如何将知识共享出来等。

最后，就是选择合适的平台。知识管理的平台最好能够和公司的培训、人力资源等有着开放的接口，使之真正成为一个广泛学习的门户，同时要积极推进线下的一些活动交流，因为网络的交流是不能代替人与人之间面对面的交流，线下的活动对于完善知识平台的文化有催化的作用。

知识管理重在参与，即如何调动员工的积极性，因此企业方化建设非常重要，正是有了深厚文化土壤，知识管理在爱立信公司发挥了重要的作用，特别是在爱立信公司的一些收购项目中，知识管理平台让爱立信公司更快地吸收被收购方的知识体系，加速了业务和人员的融合，促进了企业的高速发展。

此外，针对知识管理现状的诊断，爱立信公司从三个方面来做评估，也可以称为 3R：Right Knowledge（内容）、Right People（人文）、Right Infrastructure（支撑与管理），这正是知识管理需要决策及实施的重要领域。其中，每个方面又可以分解为四个维度：内容方面，从业务一致性、不可解码性、形式合理性、创新贡献性四个维度来检测；人文方面，从分享的习惯、利用的效率、领导重视、思维领导力四个维度来检测；支撑与管理方面，从管理集中度、衡量指标效用、战略显性化、平台工具方便性四个维度来检测。

三、IBM 知识管理

对于 IBM 来说，知识管理是整个公司的战略级"核心业务"——而不仅仅是一项管理工作。其目的是让通过引入和实施知识管理使其全球员工得以充分协作，更高更快地提高工作效率。IBM 公司希望通过知识管理的实施把来自每一位知识工人的点滴知识，源源不断地从世界各地汇集，注入位于企业中枢的"超级大脑"，通过共享和正确使用而得以不断地增值，并更好地为企业的战略目标服务。通过对知识本身的管理以及与知识有关的各种资源、无形资产及相关活动，包括知识组织、知识管理工具、知识资产、知识活动、知识人员等的全方位、全过程的管理，达到提高企业整体协作水平，使知识管理的用户能够快速而方便地访问到所需要的信息和知识，通过把最恰当的知识在最恰当的时间传递给最合适的人，实现最佳的决策目的。IBM 学习与知识部门就是专门负责知识管理，IBM 知识管理的内容主要来源于企业发展与变革、企业高层的战略部署、市场反馈信息、企业中层管理者经验总结、明星员工操作经验、各部门各岗位职责、企业员工个人博客以及企业 E-learning 平台。IBM 全球有数量众多的案例库，案例库的来源主要有三方面：一是员工自己贡献，二是知识管理部门定向收取，三是专职部门开发。案例库一般对全体公司员工开放，除非案例贡献者所在组织有所限定。案例库的特点就是自我服务，贡献、分类、管理都基本应用了基于 Web 2.0 技术的系统，适合自主运行。IBM 门户是内部知识分享网站，每位员工均有义务和责任分享其具有价值的知识件，而且可以根据需要搜寻相关知识和信息。同时 IBM 要求每一位员工每年至少成功分享一个知识件。知识管理是企业大学的核心，知识管理对 IBM 这样依靠知识的 IT 企业来说，起到了至关重要的作用。

1. 知识管理策略

IBM 公司把知识管理依次分为三个"境界"：协作、内容和应用管理、学习和专家定位,并在这个策略之上开发出不同的应用程序。

(1) 在"协作"环境里,即使是在不停移动中的IBM员工,也可以连接进入系统中,和其他人进行交流。如果有一位IBM的经理进入到一个正在进行的项目中,就可以随时掌握移动中的销售人员的最新动态,能够看到项目中不同的人做了哪些工作,发现出差在外的员工在线,可以及时联系、交流和讨论。可以召开网上会议,讨论项目内容,提高员工互动。这些都是在协作环境中可以体现的内容。

(2) IBM素以迷宫式的"三维"组织架构而闻名于业界。新进入IBM的员工们,时常不容易弄清楚有问题该找哪个部门,该如何把信息、数据传递给正确的人,而这正是IBM知识管理"第二重境界"——内容管理所可以解决的。在具体应用程序中,员工可以进入系统,然后提交一个"需求"文档(如服务投诉等)。启动任务时,系统会自动按照需求分类,"触发"解决这个需求的业务流程,然后信息自动顺着每个业务流程往下走,流程中所有对应的反馈或解答人员会在系统中得到"通知",并会对初始的"需求"进行帮助和答复。内容和流程整合在一起,提高了实时反应能力,形成一种应用的环境。而"企业社区"则服务于专门为某个项目成立的"虚拟团队"。在一个企业以"非静态"——大量项目形式生存的年代里,IBM在世界各地的员工经常会为了一个项目而临时组成了一个个的"项目社区"。在这样的项目社区里,有关的讨论、会议、项目安排、资源都会在社区中进行共享、交流,是一种完全"虚拟"、极少见面的团队协作。经过这些步骤后,再去参加研讨会或课程,学习效果会更好,因为员工都预习过了,具备一定的基础。这整套系统共有三千多门课程。

(3) IBM的"第三重境界"——"专家网络",则是透过网络在全公司范围内寻找专家,搭建一个协助解决问题的平台。例如,如果有一个银行客户销售人员有一些相关问题需要解决,但是他对很多内部专家不认识,就可以发挥这套系统的巨大作用:他可以在系统里寻找IBM分布于世界各地的银行方面的专家来协助自己工作。无论这位专家在不在线,IBM的销售人员只要在系统里输入关键字,系统会把专家的名单调出来，然后前方的销售人员可以通过系统，与专家进行在线讨论，解决业务问题。在 IBM 的系统中，为每一个专家建立一个简要的表格，并且通过评估专家以前做过某些项目或提交过的一些内容，来判定专家的专业性程度并予以标识。

2. 培训

IBM 的每个员工进入到系统中，系统都会根据员工的角色、职务、等级以及以往的培训经历进行评估，并将相应的课程提交给员工。这套系统与绩效考核紧密挂钩——对员工在某个阶段应该学习什么内容，在某个阶段应该掌握到什么程度都进行考核。系统都会自动跟踪每位员工每天学习花了多少时间，看了多少内容，在上面投入了多少精力。在这种 E-learning 的环境中，知识和技能能够在精密控制中做有效地传递。在技术上，IBM 将知识管理架构在 Lotus 的平台上。另外 IBM 还对全球的系统进行整合，整合之前，全球有 150 个数据中心，而现在只有 16 个，并从 36 个独立网络变成了统一的网络。同时 IBM Lotus 是世界知名的知识管理软件供应商，这些都为其知识管理的顺利实施提供了技术上的支持。

3. 企业文化

一方面，在公司的高层，强调知识管理的文化，并通过文化和考核来推动团队员工朝这个方向去发展。另一方面，在 IBM 员工中一直有一种共享的文化，使员工都愿意共享自己的知识和经验。正是这种共享的企业文化长期存在，使得企业中的隐性知识能够很好地传递，保证了需要的人能够在需要的时候获得需要的知识，保证了知识管理作用的有效发挥。

4. 工作环境

IBM 充分考虑到知识管理对于团队人员之间平等、共享氛围的构建需要，力图为员工提供舒适、有利于其工作效率提高的环境。由于知识管理需要员工配合与支持，所以要改变员工的习惯需要一个过程。而 IBM 的解决之道是通过文化和考核来引导。一方面，公司的高层，推动团队员工朝这个方向去发展。另一方面，在 IBM 员工中一直有一种共享的文化,使员工都愿意共享自己的知识和经验。每年IBM都会有一个BUILT(建设)方面的评估。"IBM强调团队协作,团队的人会参与打分与评估,他们对你的感觉是评估的重要依据。"在IBM这样一个以技术为主的公司,技术是一个核心竞争力,将技术和经验保留起来对个人短期有一定好处,但技术是不断更新进步的,从长期来说,分享经验才能得到提高。因此,IBM的员工乐于分享自己的知识。

四、对知识管理的反思

企业大学中知识分享及知识应用是两个关键环节,如何创造知识分享的环境及提升知识应用的效能非常重要。从上面几个案例分析过程中可以总结出推动这两个环节的一些具体方法与评估策略。

(1) 知识分享。具体做法有:构建知识分享平台,拓展知识分享渠道。策划、设计知识分享活动,研发知识分享工具,探索高效的知识分享方法,恰当运用知识呈现技术,结合实践案例,促进知识迁移,提高学习效率。强化正式学习与非正式学习相结合,线上学习与线下学习相结合,学习与工作相结合,优化职场学习环境,丰富职场学习资源,建设泛在学习环境,改进职场学习绩效。建立物质和精神多层面激励机制,选拔优秀员工为内训师或教学助理。以学习和分享能力作为职级晋升的考评指标,促进员工主动参与学习和知识分享。组建专业化师资队伍,强化师资行动研究能力、反思能力、策划设计能力、知识逻辑建构能力。创建知识学习、知识分享的文化氛围,使每个员工都成为知识分享者和知识传播者。

(2) 知识效能。知识效能体现为微观的员工个人学习绩效,中观的工作系统效能,以及宏观的企业大学知识效能。因此,系统衡量知识效能可构建三层知识效能(学习绩效)评估模型。微观的员工个人学习绩效评估——针对绩效指标进行衡量。基于绩效导向和成本效益原则,首先,选取培训项目作为评估对象,确定绩效指标;其次,基于实验设计方法,随机抽取培训对象组成实验组、对照组。最后,衡量绩效指标,反馈学习绩效及改进措施。中观的工作系统效能的评估——针对绩效驱动因素进行衡量。绩效驱动因素包括培训之外的环境因素的影响,如领导的支持,改进工作绩效的动机等,大多数工作中的绩效问题是由员工所处的工作环境引发的。通过设定关键的绩效驱动因素作为评估指标,对工作系统进行评估。宏观的企业大学知识效能——针对企业大学知识服务质量的衡量。当企业大学成为企业不可或缺的职能部门时,对其进行系统评估的意义在于改进、强化企业大学的核心能力。因此,通过确定企业大学的核心能力,识别影响核心能力的关键要素,对其进行科学系统的评价,进而评定企业大学的工作成效。

第三节 基于知识的服务[①]

随着市场竞争的日趋激烈,企业大学必然会不断进化,其核心能力不断强化,进而进化成企业乃至行业的大脑——智慧中心,并为企业、行业乃至社会提供基于知识整合的智慧服务,企业大学可成为独立于企业的利润中心、智慧中心,服务于企业内外。知识服务是企业大学的核心价值,从以上三个案例可以看出,企业大学中的知识服务呈现自身的一些特点:

第一,知识服务的个性化。对于知识内容而言,企业对知识的需求有很强的针对性和独特性,与企业的发展实际密切联系。企业从其生产研发、产品服务、经营管理,到企业文化、行业动态、战略发展等都具有自身的专业性和独特性。知识创造的源头在于企业实践,知识创造的主体则是企业自身。企业大学自创建之日起,就以服务母体企业为根本,为企业提供个性化、专业化的知识服务,并以知识创造为核心,承担企业智库的关键职能。

第二,知识服务的持续化。知识生命周期缩短,知识更新加快,使

---

① 刘春雷,吴峰,董焱.知识视角下的企业大学研究[J].现代远程教育研究,2010(11).

得企业对知识的需求呈现出持续性。企业大学从创建之时起,一直是密切关注着企业及其行业变化的,它的知识内容不仅贴近企业的个性需求,也具有时效性。企业大学不仅为企业提供源源不断的知识服务,而且提供系统化的学习支持。完善企业知识体系,构建学习型组织,培养企业学习能力,打造企业学习文化,从而为企业的永续发展铸就核心竞争力。

第三,知识服务的泛在性。企业大学强调以绩效为导向,学习与工作相结合,在工作的任何时间、任何环节,员工都能得到相关知识服务。员工主动提升自身业务素质,学习知识和技能,同样,能够随时随地地获得基于能力素质模型的知识服务。企业大学不仅能够提供泛在知识服务,更应利用多种知识载体,整合知识资源,创建与不同知识类型相适应的学习环境和学习活动,实现知识的精确化管理,构建知识管理体系,促进职场学习绩效的提升。

第四,知识服务的效能性。开发知识效能,强化学习效果评估是反思企业大学自身发展的重要课题,是考评企业大学提供知识服务质量的核心要素,也是企业大学知识服务流程的重要反馈机制,使之成为闭环系统,有利于系统的不断改进和完善,形成系统的良性循环,切实将知识高效转化为企业绩效,实现知识效能的最大化。

上述企业大学为母体企业提供个性化、持续化、泛在性、效能性的知识服务,每一项知识服务特点都具有不可替代性,体现了企业大学的核心价值,其不仅反映了企业大学有别于培训中心,更反映出企业大学产生的必要性,其满足了企业在知识经济的环境下,自身发展的知识需要。传统高等教育机构的教学内容是基础性、理论性和普遍性的,企业大学的知识内容则是技术性、应用性和更具个性的,密切联系企业发展实际。企业大学成为企业发展中不可或缺的知识中心,成为企业这一有机组织的不断进化的大脑。

由于企业所从事的行业、企业的核心业务职能、企业的发展阶段、企业的规模、企业的经营模式、企业的发展战略各不相同,构成了不同的企业生态环境,其具体的知识需求也各不相同。根据企业大学发展对知识需求的聚焦不同,大致可分为三种类型:知识分享型、知识创造型、智慧引领型。

知识分享型企业大学,其母体企业的商业模式一般是基于母版,规模复制,强调统一化、标准化、规范化的服务行业,如餐饮业的麦当劳大学和汉堡大学,其统一化、标准化、规范化的营业网点遍布全球,聚集的知识服务在于企业的核心业务,即将精心整理的母版进行精确的规模复制,推广企业的最佳实践,使产品或服务规范通过统一的范式进行传播和推广。同时,培植企业文化,打造企业品牌,增强企业竞争优势。

知识创造型企业大学,其母体企业一般是知识密集型的高科技行业。基于市场需求的高科技产品研发是其核心业务,其产品以科技含量高、满足个性化需求获得市场竞争优势。因此,此类企业大学注重基础科学研究以满足应用研发的需求,并注重科研力量、人才梯队的培养。同时,其知识拥有者为了回避风险、回收投资,会对拥有的知识有意"垄断",采取相应的机制或措施保护知识产权。如微软研究院,为研究人员提供丰富的研究资源和长期的支持,鼓励研究人员要有长远的眼光和富于冒险的精神。这些机制和举措使得其在业内无论是基础科学研究水平,还是应用研发能力都处于领先水平,这得益于企业的雄厚实力和市场竞争机制。

智慧引领型企业大学,其知识服务聚焦于母体企业的发展战略,应对企业发展中的机遇与挑战,调整、优化企业的经营管理,引领企业转型和变革,促进企业永续发展。如 GE 商学院在实践应用中是将企业大学定位于战略层次,以管理变革、文化传播为己任。它较好地将学习流程、人才梯队、知识系统和流程结合为一体。GE 首席执行官韦尔奇将办好"GE 商学院"作为他的重要战略举措,其目标之一是建立一支改革团队,把企业的员工队伍改造成为有效的改革部队。

上述三种类型只是为了突出企业大学的知识服务的不同聚焦,但在实际中,三种服务彼此共存,相互交叉,相辅相成。经济全球化使得每个企业都面临着全球化的竞争压力,因此每个企业也都不同程度地存在着企业转型和变革的切身压力,因此,服务战略、智慧引领的知识服务也普遍存在于各个企业大学。注重知识产权保护的知识创造型企业大学离不开知识分享,因为知识交流、分享是知识创造的基础。来自学术思想的交流、分享,对市场需求信息的交流、分享都是知识创造的源泉。同样,知识分享型的企业大学也离不开知识创造,麦当劳的最佳实践来自服务一线的行动研究,来自对市场需求的调研分析,同时行动研究更好地促进了知识的分享,所有这些都是知识创造的成果。智慧引领型企业大学更是依托于市场分析、趋势预测等系列知识创造成果,并整合为引领企业发展的智慧。为使企业战略落地,对战略思想、行动举措进行宣传贯彻,又离不开知识分享。

第四节 方法创新

行动学习(Action Learning)是指通过实际的行动来进行学习,也就是让学习者承担起实际的工作任务,并去解决现实问题,通过这种实际任务的完成过程,发展和提升学习者相应的能力,最终为组织贡献力量。行动学习是基于"从做中学"的教育理念发展而来的,由雷纳德·瑞文斯(Reginald Revans)最早提出。目前,行动学习已经成为组织学习中管理能力、领导能力开发等方面的重要学习方式,并且被广泛地应用于各类组织之中。瑞文斯认为,"没有行动就没有学习,而没有学习就没有行动"。根据圣吉的观点,行动学习将组织转变成学习型环境。沃特金斯和马西克指出,行动学习使项目设计者能够成为学习和变革的推动者。

一、行动学习的构成要素

在组织绩效改进的过程中,行动学习能有效帮助组织成员结合部门实际更好地施行干预方案,也能在行动过程中提高组织成员问题解决和完成任务的能力,提升员工素质,从而将变革作为一种持续的行动贯穿到组织绩效提高的实践中,进而提高组织绩效,实现战略目标。① 行动学习是一个有力的问题解决工具,而在解决问题的过程中,使得项目设计者成为学习和变革的推动者,又能成功地塑造领导者、团队和组织。行动学习使学习者在进行有效学习的同时,能够应对实际工作中难以对付的情形,并将组织转变成为一个学习型环境。行动学习主要由问题、团队、质询、行动、学习、教练六个要素构成。在组织中想开发出优质的、适于组织需求的行动学习,必须关注这六个方面的要素。②

图 6-3 行动学习构成要素③

问题。行动学习重要的一个特点是在解决企业现实存在的问题中学习。问题的选择对行动学习非常重要,选对了问题,行动学习就成功了一半。行动学习需要聚焦于那些对组织而言十分重要并迫在眉睫需要解决的问题。这些问题对于行动学习非常关键,需要具有足够的挑战性,并且在组织当前情况下没有现成的解决方案,而是需要组织成员运用创新的方式来解决。经理与主管作为该行动学习的发起人,应当与参与者分享其对问题的看法,并对行动学习小组给予鼓励,提供支持。华润集团《行动学习手册》就提出了行动学习选题的七个标准:(1)组织当前的重要难题,具有迫切的现实意义;(2)参与面广,有助于提高个人与组织的能力;(3)问题的解决过程可以提供学

---

① 刘美凤,方圆媛. 绩效改进[M]. 北京:北京大学出版社,2011.
② 刘雨昕,李文超,郭燕飞. 组织与学习[M]. 北京:北京大学出版社,2011.
③ Michael J. Marquardt. Optimizing the Power of Action Learning[M]. Davies-black Publishing,2004:2.

习机会；(4)需要持续性解决；(5)问题没有现成答案；(6)方法和成果在组织内分享；(7)成员有权针对问题采取行动。

团队。通常由4~8名不同背景的成员构成。行动学习团队一般是由具有不同学科背景、来自于不同部门的成员组成,这些团队成员看待问题的角度、行为方式、个人能力应当互有差异。在行动学习期间,团队应当经常召开会议,采取切实的行动以促进问题的解决,并要求每名成员必须参加小组会议。团队成员应当轮流承担不同的角色,如轮流担当小组会议的召集人等。行动学习中,团队成员之间的互相学习能促进小组成员间的理解、沟通,从而间接地影响组织中其他成员,最终能为组织文化、结构、系统和流程带来不同程度的变化。

质询/反馈。为了避免行动学习小组成员在弄清楚问题之前就陷入固有的问题解决思维模式,他们需要聚焦于正确的问题,而非正确的答案。行动学习小组解决问题的程序包括：首先提问以澄清所面临的问题,反思并找到可能的解决办法,之后再采取行动。

行动。对于行动学习的倡导者而言,没有行动,就没有真正的学习。因为在计划施行之前,没有任何人能确定其是否奏效。因此,行动学习小组的成员必须有权利自己采取行动,或确保他们的建议能够被采纳,除非环境中发生了重大变化。

学习。团队中的每个人都承诺成为一个学习者,愿意通过学习改进不足、发展自我、发展团队。这一对学习的承诺是组织通过行动和学习,改进学习者自己的基础。

教练。教练能引导行动学习小组成员关注长远而重要的事情,以及当前紧要的事情。通过提出一系列的问题,教练让小组成员反思：如何倾听,如何考虑问题,如何制订计划和开展工作,以及如何塑造信念与行动。教练的角色可以由小组各个成员轮流担任,也可以指定固定的一人,也可以由来自小组外部的专家承担这一角色。教练的角色非常重要,他能为小组提供反馈,促进小组成员反思,对行动学习的开展具有很强的影响力。

二、行动学习案例分析

1. 国美学院行动学习

国美的行动学习是基于问题导向的促进综合组织能力发展的方法，它从企业的难题出发，到问题解决结束，中间的过程就是行动学习的一整套方法论与工具包，也可以说是以行动学习为平台，来实现员工和组织的能力发展。国美行动学习的特点是"网络式"的。开展行动学习的企业越来越普遍，大多数企业偏重于单点式的问题解决，即一个点一个点地解决问题，但对规模较大的国美集团而言，这样的单点方式不能很好地解决问题，企业实际问题往往比较复杂，问题与问题之间有着千丝万缕的联系，必须以一条线、一个面的思维去系统解决，这样才能在真正意义上解决问题，所以立足于国美的实际情况，逐步探索形成了网络式行动学习的模式。

分析国美行动学习，其五个关键成功要素有：

第一，网络化的问题库。行动学习是促进国美综合组织能力发展的方法，是基于问题导向的。其中的问题不是单个问题，而是问题链条，链条可能由多个具有相关性的单个问题构成。只有解决所有相关问题，才能系统地标本兼治地解决问题。

为了发掘和界定真正的问题，国美经过了一个问题反复提炼的过程。首先，问题汇总以公司战略为依据，先从门店、分部和大区把问题层层汇总提交到总部项目组；其次，总部项目组对这些问题进行去伪存真、合并同类项的处理后，再把它下发到总部各职能中心；再次，各中心从自身实际出发，根据战略的轻重缓急，筛选出重要紧急的问题，提交给项目总部；最后，项目组再提报给公司最高领导机构——决策委员会，决委会从公司总体战略层面根据轻重缓急，对问题进行最终确认形成问题库，并将这些问题下发到全国各个层面进行课题攻坚。这个过程恰到好处地体现了民主集中制的科学性和优越性，并使企业战略与基层的实际情况密切联系，从而强化了企业的战略执行。

第二，网络化的行动学习小组。行动学习小组由组长和组员构成,大概7~8人,同时必须保证小组成员是由问题的利益相关人和业务相关人共同构成,以保证项目完成的质量。只有在问题相关的代表人员都参与进来,问题分析才能全面透彻,解决方案才能科学有效,才可能兼顾绝大多数人的利益,得到利益相关人的支持和响应。另外,在制订解决方案的阶段,业务相关人的参与可以保障方案的可操作性,同时兼顾最大多数人的便利性。小组外围还有组织支撑体系,包括项目发起人、扶持人、技术支持小组、评审委员会、引导师(引导师也常被称为催化师)。

第三,引导师。引导师负责把握行动学习的方向,并提供支持,促进质疑反思,提高学习效率,巩固项目成果。对引导师的资质有较高的要求,在经营管理方面要具备丰富的实践经验,对企业运行和行业动态有着深刻的领会和认知。国美的引导师,除了总部项目组成员兼任外,大区及分部则由各自的行政总监兼任。除了引导师之外,"一把手扶持人"制度是保障行动学习成功的更大力量。请公司各单位的一把手担任项目扶持人,由他来解决资源投放和时间协调的问题,以及最后对项目方案的评审问题。

第四,配套知识体系库。问题的解决不仅要在团队内部充分交流探讨、互相借鉴启发,形成知识智慧的内部交流循环,同时还需要知识智慧的外部交流循环,补充新的知识体系进来,以保障输出一个视野开阔、科学合理的解决方案。知识体系库不仅包括图书资料、案例课程,而且还包括老师、教练等,譬如国美的EDP课程、管理大讲堂项目,都是行动学习知识体系库的有机组成部分。项目在引导师的管理和推动下,并在配套的知识体系库的支持辅助下,最终输出问题解决方案,解决方案还要在企业的实践中被检验和调整,直至根本解决问题。

第五,全国评审委员会。评审委员会的组织架构与国美最高管理层的组织架构几乎是一体的,委员会主席由集团公司董事长兼任,副主席则由集团公司各位副总裁兼任,可见集团公司高层对行动学习的高度重视。委员会下设三个组,分别是业务体系组、营运体系组和综合体系组。国美业务和营运是两大主要体系,把其他业务体系整合在一起成为综合体系组。此外,还有一个外部专家团,在评审委员会中发挥着外部智慧支持的作用。全国评审委员会分为两级:总部级和大区级。大区级负责对所辖各分部行动学习项目的解决方案进行评审,筛选大区优秀方案并提交总部委员会进行全国优秀项目方案的评审,公司对两级优秀方案都设有重大奖励。

以上五大要素既相互制约、相互影响,又相互促进、相辅相成。

2. 中粮集团忠良书院行动学习

忠良书院开展行动学习的指导思想有以下几点。(1)直接服务战略:行动学习针对业务发展中的关键问题,直接服务于集团的战略,是战略转型的切入点。(2)普遍工作方法:集团各级经理人都把行动学习作为一种企业管理普遍的工作方法,作为推进战略执行的重要管理工具。(3)重要工作技能:行动学习是经理人工作的重要组成部分,是必须掌握的领导技能,是经理人领导力的重要体现。(4)激发团队智慧:行动学习重在激发团队智慧,通过组织的改变和组织能力的提升来增强个人能力。(5)改善团队氛围:行动学习注重改善团队氛围,体现集团企业文化。(6)质疑反思与系统思考:行动学习倡导质疑反思的精神,强调系统思考。

基于"解决问题六步法",中粮集团形成了一个结构化的行动学习模式。每次研讨都从企业需要解决的实际问题入手,由企业内部专家担任导师,提出解决问题的方法,做出决策,具体流程如图 6-4 所示。

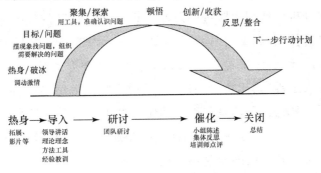

图 6-4 结构化会议

在这个结构化的行动学习模式中,参与者统一思想、统一步调,在同一时刻大家思考的问题和思考角度基本上是一致的,这是有别于传统会议模式的。在传统会议模式中,每个人都站在自己的角度,或者说某个人想到第一步的时候,有人已经想到第三步了,某人说第一步的时候,有人已经开始做第三步了,这导致大家在沟通的时候没有在统一的结构和逻辑下进行,经常会出现内耗。结构化会议避免了这一点,也是其优于传统会议模式的特别之处。忠良书院具体开展行动学习项目步骤如下。

第一,热身。做热身活动有几种:如做小的团队活动,可以是室内团队活动,规模大的时候也有可能到室外做拓展活动,还可以是影片导入的方式作为热身活动,如讲述故事、讨论。热身的环节,可以采取不同方式,让大家从工作状态变成培训状态或者学习状态,从而加强组织成员之间的了解,使大家形成比较开放的氛围,达到顺利的沟通和交流。

第二,导入。第一步是领导讲话,通常情况下是负责讨论主题这块工作内容的领导者出来讲话,如管理渠道的领导,通常会介绍目前这个渠道是什么状态,想通过这样一个会议来达到什么样的目标。领导讲话的目的是给大家鼓气,以及和大家交流自身的想法。第二步是理论导入,这个阶段有点类似传统培训,会邀请一些在讨论主题领域方面比较擅长的高校老师做专场讲座。第三步是内部导入。例如销售总监介绍自己是怎么做销售的,他将整个模式、优点、利弊向团队成员汇报并分析。然后由跟进的总监点评并介绍自己的经验,大家彼此分享各自的优点,因此也称经验教训分享。内部导入之后,第四步是工具方法的导入,一般由人力资源部主持,主要介绍这次会议使用什么样的导入工具,是用鱼骨图法,还是用头脑风暴法,还是用六顶思考帽,抑或是团队法,目的是使大家用统一的工具来讨论问题。

第三,研讨。一般在培训的时候,根据人数规模分成6~8人的组。组里每人分不同的角色,有组长、记录员、呈现员、时间控制员、纠偏员。小组根据讨论的题目去研讨室或者教室分析讨论,制订出自己小组的方案。组长也就是催化师，在这个过程中控制整个研讨过程，带领大家讨论，然后每个人畅所欲言，用已确定的工具和方法，写上自己所认为正确的内容，粘贴在墙上。大家把每个人的想法都罗列出来，然后归类，变成一类问题，分析哪些问题是最核心问题，哪些渠道是最有效的渠道，然后大家再讨论，最后形成一个方案，做成PPT，作为小组呈现的汇报。

第四，催化。经过一天或半天的讨论，各小组分别汇报各自观点。大家一组一组到前面讲出自己的观点。汇报完之后，领导即催化师质询，帮助把问题引向更深入即催化的过程。领导会问汇报人是如何考虑的以及其主要观点，再由汇报人进行解答，解答不了时由小组成员补充，其他组成员也可以提问题。这是一个集体反思的过程，然后由导师点评。在这个过程中还设计了"互评"环节，小组之间互评，采取打分制的形式。领导打分有权重，小组互评有权重，不给自己评分，不给本组评分。例如五个小组，只需给其他四个小组的汇报打分。最后会有一张记录表，有时候是一张白板，这个记录表或白板记录这一天每个小组成绩如何，评出优胜小组并有颁奖。

第五，关闭。各个小组汇报完后，把所有观点汇总。如果大家很一致，那这套方案基本上可以直接拿给实施部门去做了，这是最理想的一种状况。如果各组观点不一致，或是相冲突，这就需要专门开团队学习的会议讨论哪些方案是可以采用的，不可采用的问题是哪些，该如何解决，另外也可以把几套解决方案提供给要解决部门的人，虽然没有确定的答案，但有多个方向，送给实施部门后，他们会继续地跟进，最终解决这样的问题。

行动学习的目的，不单单是提出解决问题的建议，而是实际地采取行动。行动的具体实施是组织赋予行动学习小组的使命与责任。可将行动学习分解为一些关键要素：行动学习 $L=P+Q+R+I$。其中 P 是程序性知识，Q 代表提问，R 代表反思，I 代表实施。笔者认为，行动学习的目标导向非常明确，具体体现在：第一，解决组织问题。无论是战略上的问题，还是营运上的问题，只要是影响深远的问题都应纳入行动学习课题库。这个定位不但没有给企业增加负担,反而为企业带来了组织效率的提高和发展。第二,以应用为导向的顾问式学习。具体来说,就是把知识体系打碎,变成碎片化的知识单元,用什么学什么,学以致用,这就是所谓的顾问式学习。第三,组织发展。行动学习的显性和短期的收获是解决了问题,但更为重要和长远的却是发展了组织文化,尽管它是隐性的,但对于未来的作用和价值非同小可。

第七章　基于网络信息技术的学习创新

信息技术是当今时代的特征,企业学习的一个重要课题就是如何应对信息技术的挑战并进行创新,企业 E-learning 就是信息时代的产物。E-learning,又称网络学习、数字化学习或者在线学习(下文对于名称不再做严格区分),强调用技术来支持和引导学习[1],未来,E-learning 会成为终身学习体系的主要载体。终身学习的理念包含全民学习、个性化学习、随时随地学习,这个理念与 E-learning 的特征非常一致。受时间、地点、资金等诸多条件的限制,传统的集中式面授不能满足成人教育发展的需要,而 E-learning 可以提供随时随地学习,能满足学习型社会对终身学习的需求。

在我国大中型企业中,E-learning 的使用越来越普遍,而且随着信息社会的快速发展而日益展现出它的潜在优势。企业 E-learning 的出现使得学习更加方便和容易,同时使得企业员工的学习覆盖率大大提高。这种基于信息技术的学习创新是企业大学的标志特征之一,同时也是企业大学的内涵属性。根据笔者调研,未来 E-learning 或将承担企业学习 70% 的工作量。E-learning 作为一种企业学习的强有力的工具,主要体现为以下几个特征:提供及时的反馈信息;集文本、图像和声音于一体;成本低;有效的培训工具;提供自定步调、灵活多样和个性化的学习方式;提供无限和可持续的终身学习模式;提高工作效率。此外,E-learning 还能记录整个学习过程,包括学习时间、学习频率、学习成绩,都会有翔实的记录,能让指导者监控学习者的整个学习过程,从而能全面地对学习者的学习进行跟踪与评估。目前,我国E-learning 发展迅速的行业主要集中在银行业、通讯业、外资企业、高

---

[1]　E-learning[EB/OL]. http://baike.baidu.com/view/302172.htm,2011-08-10.

新技术等企业。

我国企业 E-learning 的发展主要可以分为以下几个阶段：2000—2003 年的起步阶段，主要表现为借鉴美国 E-learning 的发展经验和特征，希望能迁移和生发出本土的 E-learning 产业；2004—2006 年的尝试阶段，主要表现为 E-learning 逐渐被中国企业认可，中国银行、NOKIA 中国、中国电信、中国移动等大型企业率先实施了企业 E-learning；2007 年至今的发展阶段，表现为随着大型企业持续应用 E-learning，大量中小企业也开始了对其的了解和尝试，E-learning 迎来了一个大发展的时期。在这个时期，企业对 E-learning 有了更加深入的理解和认识，在 E-learning 应用和投资上也更加理性化，并形成了自己的 E-learning 政策和制度，建立了稳固的组织和专业团队。

从我国企业 E-learning 的发展过程来看，其主要特征表现为以下几个方面。

（1）我国企业 E-learning 的应用飞速增长。根据调研，从 2005 年到 2010 年，我国企业员工的年在线学习时长增长率是 27％，在线学习人次增长率是 65％。之所以飞速增长，是因为 E-learning 这种学习方式能大幅度为企业降低培训成本。原有集中学习的成本相对较高，特别是那些跨地域的以及分支机构比较多的企业，采用 E-learning 方式更能极大地节约培训成本。例如中国工商银行在全国各地有 33 万职工，将近 10,000 个营业厅，采用网络学习的方式，与局部集中学习相比较，成本会降低许多。

（2）E-learning 方式基本实现了企业的全员学习。E-learning 能够极大地提高培训的覆盖率。一般来说，企业的面授培训遵从二八定律，即只有 20％的人能够得到学习的机会，而基层员工得到的学习机会很少。E-learning 方式的应用极大地改变了这一状况。由于 E-learning 的边际成本几乎接近于零，多增加一个员工，基本上不增加成本，使得以前企业中高层员工才能享有的学习机会向基层扩散。从理论意义上来说，E-learning 方式的培训覆盖率可以达到 100％，即实现全员培训。

（3）提高了员工学习的自主选择。E-learning 可以提供随时、随地的便捷学习，为员工学习的个性化选择提供了可能。员工可以在办公室之外的地方学习，也可以将时间化零为整进行学习。E-learning 课程数目众多，员工拥有更多的挑选空间，可以挑选自己感兴趣的内容，或可以挑选自己认为比较优秀的课件。例如中国电信学院现有 6000～7000 个网络课件，员工的个性化学习选择空间相当大。

（4）企业中的 E-learning 部门已经成为企业学习机构的关键枢纽。在中国电信学院、中国邮政网络学院等企业大学，网络学习部门成为企业大学最核心的单元，成为与其他部门信息沟通的桥梁。教学信息化管理、知识管理、虚拟社区等功能都需要依赖 E-learning 部门去实现。E-learning 成为整个企业学习部门整合的工具，成为企业学习部门中的重要支柱。作为企业学习部门的负责人不仅需要掌握传统的 HRD 领域知识，更需要了解学习技术领域知识，了解混合式学习模式，将学习技术与面授有效地整合。

笔者在 2010 年开展了国内企业 E-learning 的调研[①]。本章第一节是对国内企业 E-learning 的调查研究，第二节介绍基于组织驱动的企业 E-learning，选择中国电信网上大学作为典型案例，第三节将介绍基于策略驱动的企业 E-learning，选择天狮网络学院作为典型案例，第四节研究针对企业 E-learning 项目的评估，第五节在前面几节的基础之上，结合国内外比较，对于企业大学中的 E-learning 发展提出建议。

---

① 2010 年开展的企业 E-learning 调研，企业样本数量为 30 家。

第一节 企业网络学习现状及分析[①]

一、企业网络学习现状

终身学习、学习型社会是我国教育中长期发展规划追求的理念，其目标是促进个人发展、社会进步与经济增长，这个理念和目标与E-learning特征非常吻合。现在，越来越多的城市在建设终身学习城市网，如上海市建立了终身学习网、北京市建立了领导干部在线学习中心。无论是在企业还是在社会，E-learning会随着信息技术的快速发展而展现它的潜在优势。笔者在调研中发现，有不少企业E-learning培训量已经达到培训总量的50%以上，有的甚至达到60%～80%，而且这个比例以后会越来越高。同时我们还发现，在2008年金融危机时期，培训总量下降的企业比例有26.6%，不变的有33.3%，上升的40%，但采取E-learning方式的培训量对于所有的企业来说都是增加的。由此可见，E-learning是未来企业学习的发展趋势。但是，与E-learning迅速发展的趋势以及E-learning部门承担的工作量不相协调的是，企业专门从事E-learning的人员较少，从2009年的调研数据来看，E-learning工作人员占整个培训部门的比例大约十分之一。这对于E-learning的未来发展还是一个挑战。

在我国，企业E-learning发展大约从2000年开始。在笔者调研企业E-learning的过程中，了解到企业开展E-learning的动机。根据统计资料，按照被调查企业的选择排序，有下列动机因素（如表7-1所示）。

[①] 吴峰. 企业数字化学习的十大发展主题[J]. 现代远程教育研究，2010(5).

表 7-1　企业开展 E-learning 的动机

开展 E-learning 因素	比例
降低培训成本	77%
提高培训覆盖率	77%
促进知识管理	54%
个性化学习机会	46%
随时随地学习、方便性	31%
组织扁平化	8%
为构建企业大学打基础	8%

（1）降低培训成本。传统集中学习的成本相对较高。一些跨地域分支机构比较多的企业，采用 E-learning 方式可以极大地节约培训成本。如中国邮政集团公司在全国各地有接近 100 万名员工，采取集中学习方式成本相当高。一般来说，E-learning 方式的成本是集中面授成本的 1/6 到 1/3。

（2）提高培训覆盖率。边际成本接近于零是网络经济的特征，多增加一个员工，E-learning 方式的培训基本上不增加成本。另外，由于 E-learning 没有地域的限制，使得传统的企业中高层员工才能享有的学习机会向基层扩散。

（3）促进知识管理。知识管理是企业 E-learning 的核心，也是企业大学的核心。传统的知识管理以纸张为媒介，而 E-learning 方式将借助网络大大加快企业知识管理与知识传播的速度与效率。

（4）为员工提供更多的个性化学习机会。以 E-learning 方式开展学习，课程的备选数目众多，员工具备更多的挑选空间，可以挑选自己感兴趣的内容，也可以挑选自己认为比较优秀的课件。

（5）提供随时随地学习的机会。Anytime、Anywhere 是 E-learning 的基本属性，可以在办公室之外的地方学习，也可以将时间化零为整进行学习。

（6）组织扁平化。组织扁平化是企业变革的需要，也是企业 E-learning 带来的一个新特征。在一些传统企业，特别是国有企业，层级化管理导致的后果是管理行政化而非专业化，上下信息传递环节太多导致效率低下。而企业 E-learning 提供了网络学习、沟通、交流平台,企业所有员工包括高层在网上学习与分享,这提取了不同层级之间的沟通和交流,使得管理变得更加快捷、直接、高效。

(7) 为构建企业大学打下基础。世界 500 强企业中有 80% 以上的企业成立了企业大学,目前国内成立的企业大学数量接近 500 家。成功的企业大学非常重视企业 E-learning 项目的实施,如中国电信学院 E-learning 项目、爱立信学院 E-learning 项目,在国内比较优秀。数字化学习是建立企业大学的必要条件,从培训中心到企业网上大学,再从网上大学到企业大学,将是成立企业大学的必要路径。

目前在我国有四个类别的企业开展在线学习比较成功,在企业得到了广泛的应用,也受到员工的普遍欢迎。第一个类别是电信、保险、银行。如中国电信网上大学、中国工商银行、中国平安金融学院等,这类行业的普遍特征是企业员工规模大,企业的分支机构多,实施企业 E-learning 的优势相当明显,一方面节约了资金,另外一方面有效地提高了员工学习的覆盖率。例如中国电信、中国邮政集团,这些企业实施 E-learning 有着客观的必要性,当然也有着天然的行业优势。第二类是高新技术产业企业,如华为公司等。一方面,由于技术的变化速度很快,高新技术产业的员工需要不断跟踪学习掌握新技术,对于学习的需求与动力比一般的行业要急迫。另一方面,高新技术行业员工的平均年龄较小,对于信息技术的掌握水平更高一些,在线学习意识也更强一些。第三类是外资企业,如爱立信学院、摩托罗拉大学、西门子管理学院、诺和诺德制药公司等。这些外资企业的 E-learning 系统是移植于总部,不需要在国内重新建设新的学习系统。由于外来企业文化的原因,这些企业的主动学习性较强。还有一类是航空业,航空公司空乘人员经常在世界各地活动,必须在工作之外的时间进行学习,从工作特点上适合 E-learning 学习。目前国内许多航空业企业 E-learning 项目开展得非常优秀,也有越来越多的航空业企业关注移动学习,未来移动学习将可能首先在航空业得到大范围的突破与发展。行业集群 E-learning 将会是企业 E-learning 的发展趋势之一。上下游产业链上的企业,或者同一行业企业共建企业大学或者企业

E-learning，这也是国外企业大学与企业 E-learning 的一种发展趋势。无论建立企业大学或者企业 E-learning，企业必须达到一定的规模。较小的企业通过联合来形成规模，从而降低每个企业的成本，这是一种有效的选择。另外，产业链上的上下游企业之间共建企业大学与企业 E-learning，可以实现知识上的互补，对于企业知识的系统构建非常有意义。2009 年中国通信业企业大学教学研究会的成立就是一个明显的例证。

我国企业 E-learning 发展历程从 2000 年开始到现在十多年时间，大多数企业 E-learning 发展处于初期阶段。在这些企业当中，有很多因素影响了企业 E-learning 的发展。每一个企业开展 E-learning 的运作模式尽管不尽相同，但也有着一些共性之处。笔者重点调查了影响企业 E-learning 发展的因素有（如表 7-2 所示）。

表 7-2　影响企业 E-learning 的因素

影响企业 E-learning 因素	比例
领导重视程度	83%
人力资源绩效考核相结合的政策	73%
服务器与网络速度	59%
E-learning 成效评估	55%
员工 E-learning 学习意识	49%
课件针对性与形式	49%
与业务部门的合作	39%

（1）领导重视程度。绝大多数企业选择这一选项，认为领导重视程度是企业 E-learning 发展的决定性因素。实际上，在我们的调研项目中，优秀的企业 E-learning 的一个明显特征就是领导高度重视与高度支持。

（2）具备与人力资源绩效考核相结合的政策。员工学习如果能与人力资源管理结合起来实施，学习与绩效考核挂钩，必将提高员工参与学习的积极性。因此，企业培训部门或者企业大学与企业人力资源管理部门之间，需要在业务上保持紧密关联。

（3）服务器与网络速度。在线学习需要基于服务器与网路，因此服务器的性能便成为关键。如果服务器登录缓慢，或者在线学习服务器响应缓慢，员工将逐渐失去学习的兴趣。在线学习需要性能优良的硬件作为支持。

（4）E-learning效果评估。这一因素直接影响领导的重视程度以及后续的投入。企业重视投资回报率，对于企业的每一项投入，企业希望可以得到预期的回报。然而，由于企业的绩效提高往往是多因素综合影响的，因此对于学习的回报就难以独立去评价，包括在线学习回报的评价。因此，如何科学地衡量与评估E-learning效果是一个有必要而且重要的研究与实践课题。

（5）员工E-learning学习意识。从调研统计资料看出，员工的学习意识并不是非常强烈。原因可能是多方面的，一方面，员工还停留在面授学习的经验水平，缺乏E-learning学习意识。另一方面，员工对于信息技术的掌握程度不高，对于电脑和网络的熟练程度制约了E-learning方式学习。从成功的企业E-learning经验来看，在E-learning学习推广初期，采取一定的强制性政策，虽然对于员工是被动学习方式，但是却很有必要。

（6）课件的针对性和形式。成人学习的目标性非常强，如果课件的内容不能满足员工的实际所求，不能解决员工的实际问题，就没有针对性，员工学习便缺乏兴致。另外，有的课件形式呆板，缺乏案例支持，缺乏互动，也容易使员工学习产生疲劳感。

（7）与业务部门进行合作。一般来说，企业E-learning项目应该由业务部门提出，由E-learning部门组织实施。项目实施的效果，也需要在业务部门得到反馈。因此项目需要两个甚至两个以上的部门高度合作。跨部门之间的合作模式与机制是否完善会影响企业E-learning的发展。

笔者针对国内企业优秀的E-learning项目做了分析，可以总结出这些优秀的企业E-learning项目的一些主要特征。（1）项目的目标与企业发展战略一致。偏离企业发展战略的E-learning项目不能得到高层的重视与支持。因此,E-learning 项目需要紧密结合企业战略、业务流程。(2)高层重视和参与。这是组织学习获得成功不可缺少的要素。高层指的是副总裁职位以上的企业领导班子,组织领导高层不仅需要公开支持学习,还需要将学习目标作为绩效目标的一部分。高层领导自身也可以参与到学习过程中,如担任教师或者演讲者。(3)和人力资源关联。企业 E-learning 和人力资源政策进行关联,可以有效推动 E-learning 的普及。企业 E-learning 和绩效考核关联,也能够提高员工学习的积极性与主动性。(4)对象分析明确,教学设计得当。对象分析是教学设计的一个重要环节,了解对象的特征,以及分析他们的需求,对于项目的设计与组织非常重要。(5)良好的项目组织、项目执行与项目实施。(6)优秀的课程资源以及学习技术支持。课程资源丰富,具有精品课程意识,能够及时地进行在线学习支持响应。关于课程资源,王根顺等[①]分析了英国开放大学的质量保证体系,也对企业 E-learning 的课程资源发展提出一些建议。他认为,课程是决定企业大学 E-learning 成功的关键因素之一。企业大学课程的出发点是强化企业的核心发展战略和核心业务能力,通过课程使得员工具备学习、沟通和合作、思维创新和解决问题、自我管理、信息处理能力。(7)关注效果。对于项目完成之后是否达到预期目标以及用户满意度进行评估。成功的企业 E-learning 项目非常注重学习效果,特别是强调通过学习促进员工行为的改变,从而提高企业绩效。这是成功的企业 E-learning 根本所在。(8)重视知识沉淀与企业文化构建。通过 E-learning 企业能形成一定程度的知识沉淀。知识管理既是企业 E-learning 的未来趋势,也是企业大学的核心所在。企业知识沉淀有多种实现方式,譬如针对学员的作业与练习进行加工与整理、编写教材、论坛帖子加工等。企业 E-learning 项目对于企业文化的构建起到促进作用,特别有利于学习型文化、扁平化组织的形成。继而,企业学习文化又对企业 E-learning 起到很好的推动作用,优秀

---

① 王根顺,马莉. 英国开放大学的质量保证经验对我国企业大学 E-learning 的启示[J]. 黑龙江教育(高教研究与评估),2008(7)(8).

的企业文化是主动学习的环境与土壤,否则企业 E-learning 学习仍然处于被动学习阶段。

企业 E-learning 面临的一个挑战是如何将员工的被动学习转变为主动学习。从调研的基本情况来看,大多数企业的 E-learning 是政策驱动,属于被动学习类型。如有的企业明确规定 E-learning 学习时间,必须在网上学习一定数量的必修课程并且完成考试等,这是典型的被动学习方式。在企业 E-learning 发展的第一阶段,通过一些制度上的设计促进员工形成在线学习意识。北京市干部教育网规定北京市局级处级干部必须每年学习 40 个小时,虽然这种政策上的规定过于硬性,但是在推广阶段可能是需要的。有一些企业的做法则温和一些,将 E-learning 与职业路径生涯、岗位胜任能力结合起来,形成一种内在的学习驱动性,这种方式从策略层面上升了一大步。中国工商银行的教育部门将在线学习与员工职业发展路径强关联,新进员工到企业之后,人力资源部门将告诉他们以后的职业发展路径,在以后的职业生涯中,每发展一步,必须要获得哪些职业资格,以及怎么获得这些资格。人力资源部门组织员工在线学习并且在线进行考试,将其作为员工获得职业资格证书的途径。资格证书两年有效,从而保证员工不断地进行知识更新与持续学习。值得分享经验的是一些外企公司,如爱立信学院,它们是一种真正意义的主动学习,这种主动学习建立在知识分享的企业文化基础上。因此,E-learning 与企业文化是密切相关的,开放、共享的企业文化会促进 E-learning 的发展。

二、企业网络学习的核心理念

(一) Web 2.0 理念

Web 2.0 是 blog、wiki、sns 等应用技术的组合。但是更重要的是一些理念,如共享、协作与大众化。Web 2.0 有以下特征:(1) 用户作为共同开发者。"用户参与"是 Web 2.0 的一个重要原则,用户不再只是被动的信息接收者,他们也是网络的建设者与内容的开发者,用户的参与把 Web 1.0 时代静态的互联网变成动态的交互。(2) 集体智慧得到重视。Web 2.0 提倡发挥集体智慧,主张开展协同工作,认为互联网应为协同工作提供平台,如:支持多人协同写作的 wiki 等。(3) 社会化网络的实现工具。根据六度分隔理论(Six Degrees of Separation),每一个体的社交圈都可以不断扩大,最终成为一个大型网络,逐渐演化成社会化网络(Social Network)。Web 2.0 提供的功能将成为人们社会生活的一部分,成为构建社会化网络的一个重要工具。Web 2.0 鼓励用户参与、注重集体智慧等思想与建构主义学习理论提倡自主学习、关注协作学习等观点是一致的。未来的企业 E-Learning 需要根植于 Web 2.0 理念的土壤上,也就是通常所说的 E-learning 2.0。企业 E-learning 只有充分发挥大众参与,才会激发其生命力。否则,管理人员仅仅充当搬运工的角色——将课件购置回来放到平台上去,而员工丧失参与的主动与热情,这只是低层次的学习模式。企业 E-learning 2.0 区别于企业 E-learning 1.0 的差别的地方在于:(1) 平台功能设置上,强调互动与方便大众参与;在资源共建上,积极鼓励员工创造优秀课件。(2) 强调学习者主动参与。E-Learning 2.0 学习环境为学习者更多地参与学习活动提供机会,适应不同学习者的学习风格,根据学习者的个性特征来选择学习方式、学习工具和学习内容,将学习的控制权尽可能地交给学习者。设计优秀的学习活动与学习策略,让每一位员工尽量自愿主动地参与到学习中来。(3) 支持协作学习。E-learning 2.0 学习环境可以很好地支持协作学习,提供学习者之间交流与协作的机制,促进虚拟实践共同体的构建。

(二) 知识管理

知识管理为企业实现显性知识和隐性知识共享提供新的途径。知识管理是利用集体的智慧提高企业的应变和创新能力。另外,知识管理在提高企业工作效率、避免企业人才流失造成的不良影响等方面有不可或缺的作用。E-learning 是动态的,如何将学习过程中员工学习成果有效地积累下来,考验着每一位企业 E-learning 管理者的智慧与水平。

知识管理包括几个方面工作：建立知识库，促进员工的知识交流，建立尊重知识的内部环境，把知识作为资产来管理。E-Learning与知识管理是一个问题的两个方面，两者是融合的，相得益彰的。E-learning的作用体现在两个方面：一方面员工通过学习提高个人的知识能力，另一方面促进企业的知识构建，两者相辅相成。员工自己创造的资源课件、员工在论坛上的反思与讨论、员工结合工作的经验与总结，都是企业知识管理体系的有机组成部分。优秀的企业E-learning必然和知识管理结合在一起。其中，怎样利用E-learning平台将员工的隐形知识转化为显性知识是一个难点，而E-learning交互策略对于知识的转化尤为关键。"交互"强调通过学习环境来增强学习者的学习过程。按照对象的不同分为个性交互和社会性交互。个性交互主要是学习者通过网络等手段与网络学习环境中的学习资源、学习对象之间的交互，社会性交互主要是学习主体与学习环境的交互和学生和教师的交互。以交流对象的多寡分为个别化信息交互和集体信息交互两类，这两种类型的交互对学习者学习兴趣的激发和学习动机的保持起到重要作用。个别化交互策略主要指在学习过程中学习主体向学习同伴（或教师）个人寻求帮助或交流心得的交流方式，如电子邮件等。集体信息交互策略主要是指学习过程中学习主体与群体的交流方式，如BBS讨论区交互、在线会议交互等。这些交互策略都是保持学习者有效学习的可行方法。

（三）活动与策略设计

活动与策略设计对于E-learning的推广、提高吸引力、增强学习效果非常必要。仅仅有平台而没有恰当的学习活动设计，就没有互动与人气。在网络游戏中有些成功的设计思路，如开心农场，就是设计了一种"偷"的活动，"偷"与"被偷"，由于担心"被偷"造成的损失，很多玩家就不时地上网，甚至早晨很早的时候就起来收割自己的网络物品以及偷别人的网络物品。久而久之，就形成了上开心网的习惯，形成了对于开心网的黏性。这个项目设计非常成功，其中关键因素是活动设计。

越来越多的企业重视 E-learning 中的活动与策略设计。中国电信网上大学的"对话发展"项目,每月一期,请公司高层和网络上的所有员工就企业战略问题、业务发展问题等进行现场沟通,增强了员工的学习动力,也增强了企业的凝聚力。这个项目不仅仅邀请企业内部的高层,而且还邀请企业外部资深业界人士做报告,极大地扩大了员工的知识面,开阔了员工视野。诺和诺德制药公司的企业 E-learning 课件,采取员工自主设计、技术部门协助制作、公司高层评选颁奖的策略设计,每年能收集员工的优秀课件数量达到 60 个左右,逐步形成企业的课件库。天狮集团的 E-learning 在推广时低调进行,提倡体验式学习,让员工通过体验切身感受到这种学习方式的优势,从而主动参与学习。部门之间看到其他部门使用这种方式效果突出,从而刺激自身也参与到这种方式的学习之中,员工间彼此促进,部门间彼此激励与带动。

> **宝钢的企业 E-learning 设计**[①]
>
> 在信息社会的今天,E-learning 是建立企业大学的必要条件。宝钢人才开发院大力推广网络培训,满足全天候学习需求。2010 年开展网络培训 330 项,37% 的培训项目部分或全部采用网络培训方式进行,比 2009 年提高 7 个百分点。网络培训班级数从 20% 上升到 22%,培训人次达 32%,呈现出良好的发展态势。上年度已达到全员网上学习,学员满意率持续上升。宝钢现在的网上课件资源主要有员工开发、企业大学开发以及购买现成的课件三个来源,其数量(小时数)各占 1/3。在宝钢,负责网上学习员工数量有 6 名,占整个开发院员工数量的 3.3%。目前在网上学习方面的年度支出占整个开发院的年度支出仅 6%。人才开发院希望借鉴

---

① 吴峰. 企业数字化学习[M]. 北京:北京大学出版社,2011.

和引用国内外企业成功实施案例和成熟的国际网络教育技术标准，创建面向集团全体员工、多语言支持和集多种培训模式于一体、培训课件分布式管理的 E-learning 学习系统，实现集团范围内的培训资源共享。目前，宝钢 E-learning 系统已经具有学院学习、教师教学、知识资源管理、学习交流、消息管理、培训管理、数据报表处理、周边系统集成以及跟踪评价管理等多个功能模块。

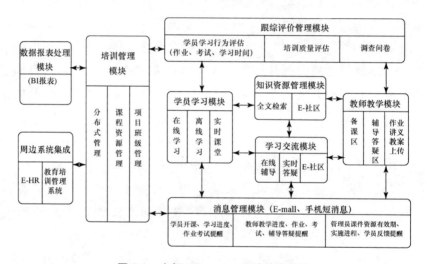

图 7-1 宝钢 E-learning 系统功能模块

调研发现，为更好地推动网上学习，宝钢人才开发院实施了嵌入式学习，在一些任职资格培训中加入网络学习内容，参加正式面授之前必须完成网络学习；对新进公司员工实施为期一年半的网络培训，近一百门课程可供员工选择；对于一些基础性的共性课程，要求某些指定的员工必须参加网络学习，如对财务经理进行财务知识培训，每年制订网络课程开发计划，明确提出一定阶段后课程中的网络课程比重。

宝钢 E-learning 还在进行着一些新的探索。他们建设 E-Learning 基于三个考量。首先，让 E-learning 成为员工学习与发展的平台，结合线上人才测评的结果库与学习地图，为员工制订个性化的学习发展计划,推动企业员工的能力发展,为公司人才发展战略服务。其次,建立员工学习门户。对于员工本人来说,可以进行一站式的学习,让学习更方便、更轻松;对其直接主管而言,可以编制员工学习需求、管理员工学习计划、监控员工学习进程、查询员工学习结果、参加培训评估;对公司高管而言,可以全盘掌握公司员工的学习和能力发展状况,了解相关员工的个人学习和发展动态。集先进学习理念、学习模式和管理思想于一体的学习门户实现学习与非正式学习的管理。最后,通过 E-learning 建设知识共享传播平台,E-learning 平台成为课程学习的平台、交流研讨的平台以及资源查阅的平台。

第二节　组织驱动的网络学习项目分析[①]

中国电信的 E-learning 平台[②]于 2003 年开始投资建设,2004 年年初投入使用,至今已经过多次升级。中国电信实施 E-learning 的主要动机分别是:提高培训覆盖率、促进绩效管理和促进知识管理。网上大学由中国电信学院在线学习教研中心管理和运营。中国电信 E-learning(也称中国电信网上大学)是中国电信学院的核心产品之一。员工登录网上大学首页之后,可以看到学院以打包形式不定期推荐给员工的课程资源,包括课程、案例、文档等,并且将这些资源进行分类。电信学院用此方式将资源推送给学员的优点是:员工们在登录网上大学平台以后,即使不去查找资源,也能够浏览比较优质的资源,以使员工的学习具有针对性。网上大学首页涵盖了检索功能、通知模块以及各类品牌培训项目入口。每周都会精选一些案例张贴出来,并与最新资源库连接。学院专门有人负责筛选资源,每个星期都会从各分公司上传的材料里遴选一些精品,推荐给学员。

电信学院网上大学同期开展多个品牌培训项目,有"天翼大讲

[①] 吴峰,童小平,黄志刚,夏冰. 基于岗位技能认证的企业数字化学习案例研究——以中国电信"大规模在线岗位技能认证"项目为例[J]. 中国远程教育,2011(3).

[②] 资料来源于笔者的问卷及调研。

堂"、"添翼振翅"、"对话发展"和"光点星课堂"等,以不同互联网互动学习形式,覆盖不同层级学习对象。其中"天翼大讲堂"和"对话发展"分别以大讲堂与多方互动形式,覆盖中高层管理人员;"添翼振翅"则以实时营销案例解析的形式覆盖一线营销人员;"光点星课堂"则以小型课堂形式覆盖基层员工和管理者。目前实时互动学习平台能支持八千人以上同时在线参与学习。

电信学院网上大学目前累计有七千多门电子课件。各省分公司和地市分公司都有权限上载电子课件,上载之后由所在公司的培训管理人员对课件质量进行审核,通过之后进行发布。然后,网上大学学习服务中心每周会从约四百多门分公司上传的课件里面挑选优秀课件推荐给在线学习教研中心,中心再从中寻找精品课程,推荐给所有员工。网上课程分类由学院来规定,其他级别管理员没有权限修改。所申报课程必须在学院大类之下,如果没有对应大类,可以放在待分类中,然后由学院专业人员帮助转移;也可以申请增加分类,但新增分类在通过审核之前不被认可。学院不定期会进行课程清理和整顿工作。对课程的打分是员工自愿的。

中国电信学院认为知识管理最重要的运营经验是激励员工进行分享。同时,为了促进网上学习,学院也制定了相应管理政策。例如,学院制定了针对资源库的《资源管理办法》和《培训管理办法》,制定了分阶段的成套验收标准,也制定了约束供应商的《电子课件开发管理办法》,其中规定了供应商所提供的课件必须符合的 Logo 位置、时长等标准,还有一些团队管理办法等。

一、"大规模在线岗位技能认证"项目分析

"大规模在线岗位技能认证"项目从 2007 年 6 月开始一直持续到现在,项目由中国电信集团公司人力资源部与中国电信学院共同负责。

1. 项目提出

该项目由中国电信集团公司人力资源部与中国电信学院共同负

责管理，其他参与部门包括集团公司各专业部门、直属单位以及中国电信集团31个省公司及下属地市分公司。参与该项目学习的员工来源于中国电信集团31个省公司及下属所有地市分公司各专业员工。截至调研时共计122837人次参与项目。该项目选择E-learning方式的原因是：成本低、效率高；便于快速统一标准、规范流程；能够快速在在线认证基础上建设集团统一的认证试题库；便于各级公司认证流程监控及认证结果上报；由于中国电信培训管理流程已固化到在线学习平台，便于使认证体系与培训体系有效融合，促进企业绩效管理水平提升。

2. 项目目标

本项目目标是改变企业传统的认证手段和模式，利用电子化手段管理企业认证流程，建立基于网络的电子认证档案，从而规范与统一全集团认证工作。利用互联网手段普及认证资格，提升员工岗位胜任能力，增强企业竞争力。有效节省时间，节约成本，提高认证效率。通过在线岗位认证机制提供一个员工个人职业生涯发展的辅助指引平台。

3. 项目战略性

E-learning项目为企业战略服务，这是企业E-learning的主要特征。项目与企业战略的结合程度紧密，将会对企业绩效产生直接贡献。项目按照企业战略、业务流程展开，这样既具有针对性，又容易得到企业高层、参加学习的员工的支持与配合。大规模岗位技能认证项目紧跟中国电信业务发展需求，配合员工发展实际进度，从战略角度与公司发展保持一致。战略性具体体现在：(1)目标一致性。项目目标与企业发展战略一致，岗位认证项目紧密结合企业战略、业务流程。(2)高层参与。这是组织学习获得成功不可缺少的要素。中国电信的部门领导不仅公开支持项目学习，还将学习目标作为绩效目标的一部分。(3)关联性。该项目学习内容与员工实际工作结合紧密，颇受员工重视，岗位认证结果与员工绩效直接挂钩。(4)政策支持。为了支持该项目学习，公司内部制定了相应的政策支持措施和宣传手段。

二、项目设计与实施

1. 设计

中国电信"大规模岗位技能认证"项目是一个持续性项目,涉及集团级、省公司、分公司、员工等多种不同层级单位的不同角色。网络平台专门设计了一套考试系统用来支持岗位技能认证操作。为了保证认证的实施,省公司和市公司都安排相应管理部门,不同级别管理部门的权限不同,由电信学院指定各个管理部门需要认证的岗位和专业,并由各个管理部门管理题库。由直线经理[①]对员工报名资格进行审核。由于考评与绩效相关,而直线经理是员工的直接上司,所以审核流程与人力晋升挂钩。省公司的考试既可以在线上进行,也可以在线下进行。如果在线上进行,员工必须提交个人晋升计划,如什么时间学习什么内容、理论上学到了哪个层级、能力上提高到了什么程度等。学习过程中直线经理可以随时随地进行监控。员工根据个人岗位专业和等级情况,可根据要求报考各级岗位的技能认证,原则上需要拿到下一级证书才能报考上一级认证。认证案例库规模庞大,与现有网上大学知识管理平台的案例库分离,它只用来考核。公司的培训管理人员在考核时看到有代表性的案例,可以把它复制到知识管理平台的案例库。中国电信制定了全集团统一的认证标准,它同时是一个基础岗位认证模型。网络体系中还体现出一些跟行政考核相关的像试卷审批、认证编号管理、认证情况汇总、绩效管理等工作,供市公司管理员使用。如果直线经理出差或是近期不能上网,没法到线上审批员工报名资格的话,直线公司的行政管理人员有权代办。认证过程中,有些岗位不需要提交案例,反映出认证类别差异。考评员管理可以指定哪些人有考评员资格,因为考评员要参与一些主观题的批卷以及最后的结分。阅卷则由各省按集团统一规定自行操作,认证通过比例不作限制,按规定分数线评定。学院通过网上大学试题管理保证每

---

① 直线经理(Line Manager)是指诸如财务、生产、销售等职能部门的经理。每一个直线经理都是一个管理者,肩负着完成部门目标和对部门进行管理的职责。

个员工在自动抽卷时获得同等难度和区分度的试卷。集团级管理员可以通过认证系统非常清晰地监控各级单位认证情况,查询各级单位不同时期岗位技能认证种类以及报名人数、参加人数、通过人数和线下认证人数。

2. 学习支持

(1)学习资源支持。在本项目的"能力提升"环节,学习者可以通过认证专用课程(电子课件,由培训管理者指定,或由员工自己选学)的学习、相关辅助材料(电子案例、电子文档,由系统自动关联)的学习达到既定学习目标。网上大学提供认证专用课程资源库支持员工的岗位能力提升学习。

(2)平台与技术支持。网上大学有专门的学习服务中心,在各级管理人员的使用和员工的学习过程中,提供热线电话和电子邮箱两种方式的技术支持,电话接听在上班时间,24小时电子邮件支持,技术支持基本能够满足学员需求。一般来说,初次参加认证的学员通常对考试时如何操作提的问题较多,从2008年起每轮认证考试前下发考试操作电子手册,组织模拟考试,使该类问题大幅度减少。中国电信的在线岗位技能认证体系能够很好地支持全集团岗位技能认证工作,并随着系统的硬件、软件多次优化,相关服务不断完善,基本满足该企业常规管理工作,所有功能均经大量用户使用验证其效果。尤其是自动分发试卷、自动策略组卷、自动阅卷、断电数据保护、失误操作数据保护等功能受到所有分公司的欢迎。认证试题库在多年认证后也达到一定试题和组卷策略保有量,为以后的认证考试奠定了内容基础,大大降低了专业部门编写、组织试题试卷的工作量。另外,由于平台连续多年进行大规模岗位技能认证,促使各级公司将认证相关辅导课程、资料、案例与试题等都陆续上传到网上大学学习平台,供员工在能力提升阶段学习或参考,因此,积累的大量认证培训资源可持续供应后续员工认证时使用,并逐步形成认证专用资料库。

(3)学习支持工具。本项目中,系统提供支持学员学习的工具有:学习案例提交与审阅体系;在线课堂实时授课与辅导系统;专用聊天室辅导；知识社区论坛相关版面答疑。学习支持的策略有：在认证报名阶段，由报考者直线经理对其进行资格审批，并在学习者的能力提升阶段，监控其学习进度，辅导其学习，同时对学习者提交的学习案例进行审阅；各级公司组织岗位技能认证相关在线或混合培训，由内训师专门负责在线辅导。

3. 项目创新

(1) 技术方面。中国电信学院在进行考试下推时，系统设立有1台中心考试服务器，6台大区分布式考试服务器、14台省公司分布式考试服务器。按照单位所处地理位置自动就近选择空闲服务器，并根据网管中心所设定的分布式考试服务器管辖范围及调度策略，将考试、试卷及考生信息自动推送到其所属的分布式考试服务器上，同时保留手动调整功能，从而实现负载自动均衡。考生登录网上大学进行考试时，系统将自动引导进入相应的分布式服务器参加考试，也可直接登录相应的分布式考试服务器进行考试。

(2) 学习方法。突破了学员自己通过书本自学或面授学习的形式，引入在线课程学习、在线接受教师辅导、在线与其他同专业员工交流共同提升的形式，使学员的学习从单一模式进入协作模式，有效提高了学员的学习积极性以及解决问题的效率。

(3) 项目组织。在认证公告报名阶段，组织网上报名时间快、反馈流程短，审批简单。在能力提升阶段，直线经理负责制的管理机制，促使直线经理真正参与到下属员工的个人能力培养与提升过程中，起到辅导与监督作用，使直线经理在企业的培训体系内发挥其应有作用。在考试阶段，在线考试的形式利于试卷保密与管理，灵活的自动策略组卷使每个员工在考试现场抽到的试题都不一样，有效降低作弊几率。在结果应用阶段，电子证书的两年有效期管理使得员工必须要参与动态认证才能保持证书的长期有效，从而使员工的知识结构快速更新。

三、项目总结

中国电信学院"大规模在线岗位技能认证"是其中最优秀的项目

之一。具体来说本项目有以下几个特点:

(1) 以岗位技能认证促进在线学习,在线学习提高岗位认证率。人力资源政策是本项目推广与实施的关键,从组织角度,学习的目的是为了提高组织绩效,因此,用绩效考核的方式来驱动与检验学习显得非常重要,其中,岗位技能认证是绩效考核的一种重要的方式,这也是本案例的特色。

(2) 重视知识管理。知识管理是企业 E-learning 的核心,也是企业大学的核心。知识管理为企业实现显性知识和隐性知识共享提供新的途径,知识管理是利用集体的智慧提高企业的应变和创新能力。另外,知识管理在提高企业工作效率、避免由于企业人才流失而造成的不良影响等方面有不可或缺的作用。E-learning 学习是动态的,如何将学习过程中员工学习沉淀有效地积累下来,考验每一位企业 E-learning 管理者的智慧与水平。该项目有知识社区论坛作为支撑,并且在逐年累月地扩充与完善试题库。还有,电信网上大学具有 7000 多门课程,形成了颇具体系的知识管理库。

(3) 项目的目标与企业发展战略一致,并且得到高层充分重视与参与。偏离企业发展战略的 E-learning 学习项目不能得到高层的重视与支持,因此,学习项目需要紧密结合企业战略、业务流程。高层重视与参与是组织学习获得成功不可缺少的要素。在该项目中,项目的发起由中国电信集团公司人力资源部与中国电信学院共同提出,而项目的内容则是各级管理者高度重视的员工岗位胜任能力建设与发展。

(4) 基于 Web 2.0 理念,充分发挥省级分公司、地区分公司的主动参与性。Web 2.0 是 blog、wiki、sns 等应用技术的组合,但更重要的是其中的理念,这个理念就是共享、协作与大众化。Web 2.0 的主要特征就是用户作为共同开发者,集体智慧得到重视。在这个项目里,集团网上大学管理者充分授权,支持省级分公司、基层分公司上载优秀的课件、案例。

(5) 高投资回报率。投资回报率(ROI)是收益与投资的比例。由于本项目参与人员众多以及组织得当,ROI 达到 980%,非常高,这也说明,E-learning 在大型国有企业的发展具有旺盛的生命力。

第三节 策略驱动的网络学习项目分析[①]

天狮集团网络学院[②]隶属于该集团企业大学——天狮集团国际商学院。天狮集团是一家涉足多行业的跨国企业集团。其业务辐射190多个国家,在110个国家和地区建立了分公司。天狮集团国际商学院是从集团培训处逐步发展起来的,具备独立法人资格,商学院的院长是天狮集团总裁。国际商学院的定位是协助组织实现企业价值最大化和股东利益最大化,其作用主要体现为六个方面:战略、品牌和文化的宣传者;管理人才的培养者和指导者;企业战略实施的推动者;员工职业素养的提升者;客户供应商合作伙伴服务的提供者;员工职业生涯的设计者和指导者。

天狮集团网络学院由国际商学院主导构建,委托北京一家科技公司提供基准版本及个性化功能的定制开发。该平台是商学院发展过程中的一种技术支持。截至调研日,总公司分别在天津、伦敦、新加坡三地服务器部署了集团版、区域版两套中英双语系统,平台可覆盖全球六大区域,为各属地员工提供在线学习与考试、离线学习与考试、个人学习履历查询、认证查询、资源下载等服务,并初步实现了培训管理的全面 E 化。在全球金融危机的特殊时期,很多跨国企业、国有企业、民营企业在企业学习的经费、培训量方面都有所缩减,但天狮集团在企业学习上的投入却一直上升,主要原因是公司业绩仍然处于增长态势,而且高层比较重视学习和人才培养,这也给企业 E-learning 的发展带来了契机。集团将 E-learning 纳入整个全球化学习中,配合面授、全球巡讲等手段,以 E-learning 平台这种技术手段来推行全球化学

---

① 吴峰,李元明,熊春苗. 企业 E-Learning 实施与活动设计个案研究[J]. 现代远程教育研究,2010(3).

② 资料来源于笔者的问卷及调研。

习。提高培训覆盖率、促进绩效管理和知识管理是天狮集团实施E-learning的最大的动机。对于天狮集团来说,最大的问题是解决学习的全球化问题,对于海外分公司,存在时间和空间的差异,如果不采用一些技术手段,甚至公司的一些战略意图都不能得到有效传递与贯彻,通过E-Learning方式可以辅助公司将战略性的信息及时落地。只有采用E-learning方式才能够覆盖到海外100多个国家,如果只用面授方式是无论如何不能够实现的。E-learning培训不是为了锦上添花,而是为了解决企业最实际的问题。

一、企业网络学习实施设计

1. E-Leaning 平台设计方面

天狮集团企业 E-learning 的特征可以描述如下。技术上,以分布式为体系架构,重点解决地域访问速度问题。功能上,平台功能以实用为主,但缺乏以能力胜任模型为依据。天狮集团最开始在总部部署了一套系统,但在海外访问速度上出现一些问题,鉴于此,集团在伦敦和新加坡专门开发区域版的系统,搭建平台的目的是为了区域地区员工打开网页速度快,以免影响学习效率。目前,对于上述三个系统,员工均可以自由选择,集团版内容比海外版的内容丰富,伦敦和新加坡部署的是离线系统,课程是下载的离线包,离线包下载到当地,可以支持断点续传,学完之后回传数据,不受任何影响,包括全球的考试都能够支持。目前天狮集团E-learning平台可以覆盖六个大区,亚太、欧亚、欧洲、美洲、非洲、中国区,还有日本分公司。三个服务器两套系统都支持在线或离线的考试、个人学习履历的查询、认证的查询和资源的下载。E-Learning 平台客户端界面功能以实用为导向,模块位置顺序安排多从学员关注角度出发。平台的搭建是符合 SCORM1.2 标准,任何格式的文件都可以放上去,给各种形式的课程提供支持。胜任能力模型是企业学习的重要理论基础,员工学习是为了弥补自身能力和所在岗位需要的能力之间的差距。

企业 E-learning 平台的设计也是建立在胜任能力基础之上,不过该平台现阶段缺乏相关模块的支持。天狮集团购买和实施 E-learning 平台的主要目的如下：(1)扩大培训的覆盖率。在海外有很多当地的员工，如果他们对本集团的企业文化不了解，会导致他们对企业没有归属感，所以扩大培训覆盖率对于企业的发展很重要。(2)打破时间和空间的壁垒，实现海内外同步培训。(3)推动企业文化、业务知识在全球范围内宣传。(4)固化培训流程与简化培训操作。通过 E-learning 系统进行培训，会很容易解决固化培训流程问题。从培训管理的角度，E-learning 培训方式非常节省管理的人力。(5)降低培训成本。虽然国际商学院最初购买与实施 E-Learning 平台并没有刻意追求降低培训成本的问题，但培训成本的降低已是不容忽视的结果，如差旅费、讲师费的节省等。(6)整合资源。将优秀的培训管理、资源、讲师等整合在一起。

2. 学习支持设计方面

在学习支持方面，由于人手不够等原因，天狮集团企业 E-learning 平台目前还没有开设论坛、聊天室等功能模块，因此目前对于学习内容方面的线上支持不是太多，还是主要采取线下支持的方式，每门课程商学院会留下电话，学员如有问题，可以通过电话询问。平台系统提供员工全天候学习的机会。E-Learning 课程学习的过程中，员工既可以在公司学习，也可以选择在家学习。有一些离线课程，每位员工都有自己的密码，必须本机登录，离开机器就不可以再登录。离线课程需要登录到平台上下载下来，给员工学习提供了很大的时间自由度。学员在技术方面遇到的障碍主要集中在电脑中毒、缺某个插件等，技术小组会针对问题集中进行解答，还有一个最主要的障碍在登录方面，网络学院和 EHR 之间身份验证系统接口，公司有 KM 和 EHR 两个系统，学员在使用的时候需要区分，因此将来需要统一的身份认证系统。

二、活动策略设计

企业 E-learning 的一个最大困难就是不能充分发挥员工的主动

性。平台和课件已经建设完备,但是如果员工参与程度不高,也就不能有效地发挥E-learning应有的功能和作用。因此,E-learning实施策略以及有效的活动设计就非常有必要,这也是近年来E-learning研究的一个核心领域。天狮集团E-learning部门具有较为成功的实施推广与活动设计经验与策略。

1. E-learning推广活动设计

(1) 依靠高层支持和带动。在天狮集团,关于E-learning方面没有明确的政策性条文,但是总裁对于开展E-learning项目非常支持,很多课程高层都会参与学习和考试,包括集团副总裁也会参与考试。高层在学习方面非常积极,有一些高层在学分考核评奖活动中获奖。高层的参与和选课的积极性,会带动所在部门和整个公司员工的学习参与。

(2) 鼓励员工进行体验式学习。E-learning在推广时低调进行,没有通过部门领导强制要求学习,而是让员工通过这种方式切身感受到这种学习方式的优势,从而主动参与学习。部门之间看到其他部门使用这种方式效果明显,从而刺激自身也参与到这种方式的学习之中。

(3) 跟进集团战略规划。E-Learning在推广时选择了最佳的时机,配合集团总裁的战略指引讲话,将总裁的讲话制作成E-learning课件形式并放到平台上,组织全体员工进行学习,并在线考核,一次性快速帮助员工了解平台、熟悉功能,所以首期推进是基于项目的,学员在学习的过程中熟悉平台功能并逐渐会使用平台。

(4) 配合线下的面授培训。针对管理层开展一些面授课程,制作E-learning课件放到平台上,面授结束后如有遗忘,可以随时到平台上继续复习。面授课程的考核工作量很大。对此,可以开展线下课程培训和线上考核的学习方式,降低时间成本,让集团高层管理人员有时间了解平台,熟悉功能,对E-learning推广会产生积极宣传和促进作用。

(5) 新员工线上培训。新员工培训采用线上线下结合的方式,实现新员工入职两天内便可接受新员工线上培训,以最快速度帮助新员工进入工作角色。线上考核通过者,方可进入面授阶段。

（6）接口人培训。组织核心业务部门接口人参加平台功能培训，并协助其完成本部门的培训管理，对平台利用率较高的部门给予表彰并在 OA 上发布，以营造竞争氛围。

（7）海外版平台推进。基于海外的网络状况，及时开发海外版学习平台，快速覆盖更广阔的区域。配合集团主推项目，开展线上学习及考试。例如：集团总裁亲自负责的《计划与总结 E 化》项目，开展了七场近千人的面授培训后，将课件及操作指导放在 E-learning 平台上供学习和复习，并组织全员在线考核。

2. 平台应用策略设计

学员根据实际需要自主选择服务器与平台版本。平台的版本根据集团的实际情况有所不同，集团版因为网络状况良好，所以有一些丰富的多媒体资源和样式灵活的内容供学员浏览学习，支持在线学习及考试，且功能全面。但海外版由于网络等问题，只支持离线学习及考试，界面及功能相对简单，能够适应当地的管理需求，不牵涉认证、素质模型。

从系统功能设计来看，天狮集团商学院的 E-learning 平台具有以下特色：

第一，个性化功能设计。个性化选择是符合天狮集团特色的，如作业模板的下发与提交。有一些培训课程并不适合考试，便会考虑作业模板形式。除了作业模板，员工经常会提交一些心得体会，关于学习总裁或其他领导的讲话等，写得较好的学员也会得到一些奖励。另外，商学院希望把所有的培训资料全面电子化，所以将每一个培训班的文档资料，全部上传到服务器上，以便保存数据。

第二，适当的激励机制。平台会阶段性地进行学习数据的统计分析，配合激励手段。例如设立突飞猛进奖，奖励这一个月内学分增长速度最快的那些员工。另外，课程和学分结合，一门课一般会有结业考试，通过考试后获得学分。

第三，引导需求。网络学院要把管理权限下放到不同层级的管理培训人身上，采取以点带面，树立标杆的方法。例如质量中心，有一些质量方面的内容需要普及全体员工,网络学院则需要帮助质量中心去做推广,这须与质量中心负责人交流,然后质量中心派一位专门负责人和网络学院对接,授权质量中心该员工做管理员。部门通过平台来传播课程内容,也是呈现部门管理水平的一个机会,所以就会带动更多的部门主动和网络学院合作,网络学院辅助推广他们的部门知识,提供平台支持,这也会使网络学院不再被动。各部门参与意愿强烈后,逐步导入规范性管控。部门推广采用引导需求方式,海外也已经开始推广。最初,集团海外推广难度很大,没有什么机制能够控制、激励各部门。当海外部门看见集团总部利用平台开展学习和管理卓有成效的时候,参与的主动性也提高了,主动找到网络学院寻求合作。所以这种方式能够引导各部门的需求,进而调动各部门参与的主动性。

第四,E-learning 课程期限设置。国际商学院网络学院的 E-learning课程还有一个很重要的特点,就是课程放在线上公布的时间和频率是有规定的,比如设置开放周期限制,而不是课程永久放在平台上。通常一门课会设置两周的开放时间供学员学习,两周后撤掉。此举措也是从学员的心理动机角度考虑,因为两周后这门课程就不能浏览学习,学员会珍惜时间,抓紧时间学习此门课程。这种期限设置能够起到催促和督促的作用。

三、考核策略设计

天狮集团商学院 E-learning 平台的课程种类主要是两大类:线上和线下课程,课程的设计主要是学分制,有选修课和必修课的两种形式,课件按时长和难易程度来界定学分,学员学习结束后需要通过考核才能获得该门课的学分。如《总裁指引》课件考核的试卷,已考试通过 400 多人;《食品安全》有 900 多人参与考试并通过。试题是由讲授课程的人负责出题,然后网络学院集中做成试题库,随机抽取试卷。关于线上课程和线下课程的比例,根据不同的对象有所差别。一般按高层管理人员、中层管理人员、基层管理人员来进行划分课程并规定学分要求。高层管理人员要求线下的课程多一些,基层的员工要求线上的课程多一些,中层管理人员线上课程和线下课程的学分要求是一样的。这和冰山模型是一致的。一般来说,高阶管理能力需要互动建构,更倾向于线下方式,而基础知识类和技能类,则侧重于线上方式。

此外,对基层管理人员和中高层管理人员,个人学分目标达成率、团队成员学分目标平均达成率方面,考核也设置了相关要求。年终考核时如果没有完成学分,基本上不评优、不提薪、不提职,同时年度个人绩效考核成绩递减 10%。如果超过学分要求,基层管理人员年度学分排名前 5%,可以给予奖品鼓励;年度学分排名 6% 到 50%,奖励 8 个学分计入下一个学年,此外还有一定的奖品;年度学分排名 51% 到 100%,年度个人绩效考核成绩递增 2%。关于中高层管理人员,在个人学分目标达成率、团队成员学分目标平均达成率方面也做了详细说明,年度学分前 5%,团队成员每人一份奖品;排名 6% 到 50%,团队成员每人也有一份相应的奖品。

四、网络学习项目实施

1. 项目描述

本案例选择了"总裁指引学习及在线考核"进行研究。这个项目时长约 10 天。项目负责部门是天狮集团国际商学院,由全球人事行政中心总经理批准,对象为全体员工。此项目开展目的如下:一次性扫清学员登录障碍;帮助学员快速认知并使用平台;快速理解并掌握总裁战略指引核心内容。在设计项目具体内容之前,开展了需求分析:因本项目培训学习的内容是关于总裁对企业战略指引的讲话。从民营企业性质看,总裁的权威性很高,员工无一例外自愿参加学习和考试,从而提高员工对企业战略的了解,有利于自身与组织的绩效目标一致,且对自身发展十分有益,所以员工对培训内容的需求很高。

2. 项目设计与执行

在学习环境方面,项目执行的过程中,学习环境良好,服务器、网络都能保持稳定、畅通,保证学员学习顺畅、持续。在学习时间方面,学员在学习过程中消费的时间可以是工作时间,也可以是非工作时

第七章 基于网络信息技术的学习创新 233

间。此培训课程内容时长1个小时,考试时间是45分钟。在项目宣传方面,项目开展的宣传和策划活动主要是通过 OA 平台发布通知,同时学员内部也可通过相互宣传使员工皆知本培训项目。在学习覆盖率方面,预计参加此项目学习的人数为 1094 人,实际参加的人数达到全额 1094 人,在项目实施的覆盖率方面达到了 100%的比例。在学习资源方面,在此项目中为学习者提供的学习资源主要是线上课件内容,课件形式是视频格式,为学员创建一种身临现场听总裁讲话的情境。在技术支持方面,因本项目实施的目的之一是帮助学员认识并使用平台,所以保证 24 小时电话服务,以使学员学习顺畅。如果部分学员忘记密码导致登录障碍,IT 部门人员也会随时帮助初始化。在学习支持方面,发布登录及学习考试路径和注意事项,在平台上发布操作帮助文档。

3. 项目效果与影响

从统计数据来看,学员的满意度超过 90%。从学习者自身角度看,学员是不喜欢考试方式的,但是本项目的考试方式并没有降低学员参加学习的积极性。项目提出者国际商学院的满意度为 100%。同时此项目效果产生的影响力让总裁对此项目和这种学习方式相当满意,从高层角度扩大了 E-learning 学习效果的宣传,从而得到更多的支持。企业高层在管理评审会议上给予表扬,并要求今后继续采用这种方法帮助员工学习。通过对本项目的表彰,得到各部门的认可和对以后网络学院工作的支持。

4. E-learning 价值体现

"总裁指引学习及在线考核"项目的内容是关于企业文化建设及战略指引,天狮集团是民营企业,总裁的战略指引及总裁对公司的愿景是每位员工都想了解的。但从整体总部员工数量来看,采用面授的方式不能实现普及学习,包括在教室、讲师数量等方面都无法实现。从学习时限来看,总裁讲话精神,以往部分员工半年后才通过面授学到,时间滞后非常严重。采用 E-learning 方式进行培训,解决了上述的问题,将总裁的思想及时普及每位员工,也会让高层看到这种学习方式的优势,在政策支持和培训经费投入方面都起到积极促进作用。从培训经费角度看,如果采用面授培训所需投入的经费会很高,差旅费、讲师费用、场地费用等。但采用 E-learning 方式,在此项目中经费投入几乎是零,因平台早已购置,课程内容是录制总裁讲话,无须购买。节约成本可以说是采用 E-learning 学习方式优点之一。从考试角度看,如果不借助 E-learning 平台,而采用笔纸考试,纸版考试的阅卷量太大,几乎无法实现全员批改,所以通过 E-learning 可以实现全员考核,这也是面授无法实现的。

天狮集团企业特点之一是全球性,这对于天狮集团的企业学习提出了新的挑战。比如如何克服地域时间限制,在面授成本极高的情况下采取何种方式降低企业学习成本,如何在全球分公司尽快地贯彻集团战略,各个分公司如何克服地域限制保持统一的企业文化。对于这些挑战,合适解决方案就是采取 E-learning 学习方式。本案例中,企业 E-learning 部门处于企业大学——国际商学院的框架之内。战略服务性是企业 E-learning 项目区别于高校 E-learning 项目的一个主要特征。从天狮集团的 E-learning 项目实施可以看出,其项目的战略性强,因此容易得到高层的重视,特别是民营企业总裁的亲自参与,对于推广与实施项目起到至关重要的作用。因此,高层重视是天狮集团企业 E-learning 项目的一个重要特色。有效的活动设计对于企业 E-learning 的发展至关重要。天狮集团国际商学院采取了大量的策略与活动设计去推广 E-learning,从平台的推广、员工的应用、适当的考核等各个方面。目前,大多数企业 E-learning 还远远未到主动学习阶段,大多处于被动学习阶段,在目前这个阶段,有效的学习策略与活动设计是很需要的,这也是天狮集团企业 E-learning 的优秀特征所在。本案例中,一个不足之处就是 Web 2.0 理念没有深入到企业 E-learning 应用中。Web 2.0 理念在企业 E-learning 中主要体现在三个方面:(1) 在平台功能设置上,强调互动与方便大众参与;(2) 在资源共建上,积极鼓励员工创造优秀课件;(3) 在设计优秀的学习活动与学习策略上,让每一位员工尽量自愿主动地参与到学习中来。本案例中,平台互动被关闭,资源共建还没有充分发挥员工的积极性。

第四节 企业网络学习项目评估[①]

企业 E-learning 由于其服务于企业战略的特性,从而表现出和学校 E-learning 差异性的特征,如企业 E-learning 学习系统设计基于能力胜任模型,企业 E-learning 与绩效关联,企业 E-learning 设计与人力资源、员工职业生涯路径紧密连接,等等。下面是企业 E-learning 与学校 E-learning 的特征比较。

表 7-3 企业与学校 E-learning 特征比较

维度	学校 E-learning	企业 E-learning
定位	教辅	一种主要的学习方式
目标	提高学生学习知识与学习成绩	为企业战略服务,提高企业绩效
对象	学生	成人,在职
方式	混合式	独立方式,也可以是混合式
参与	师生参与	员工
组织	教师	人力资源部或培训中心
关联性	—	与胜任力关联,与职业生涯关联
测量	考试成绩	资格考试,或者不测量
投资回报率	—	重视
平台功能	相对复杂	相对简练
学习主动性	目前大多被动	主动、被动都有
知识管理	没有	可能有
效果	重视程度一般	非常重视
创新	—	重视,体现在技术、组织、学习方法、评估方法上
绩效	—	非常重视
满意度	一般关注	非常关注

[①] 吴峰. 企业数字化学习项目评估指标体系研究及定量分析[J]. 远程教育杂志,2010(10).

表 7-3 可以看出企业 E-learning 的一些特征：(1) 战略服务性非常强。项目服务于企业发展战略，否则就很难得到高层的支持，员工也没有学习的动力。(2) 学习对象差异性。企业的学习对象是成人，课程的选择更趋向于实际应用，课程的设计更侧重于目标导向。(3) 非常关注效果。E-learning 学习是否达到预期的效果，学员满意程度、项目提出部门的满意程度、绩效或者业绩是否得到提升等，是检验企业 E-learning 项目成功与否的重要标志。(4) 注重投资回报。E-learning 项目的投资回报率也是企业一个重要的关注点。(5) 关联性较强。主要表现为与胜任能力关联、和员工职业生涯规划关联、与人力资源政策关联，等等，除此之外，还有许多别的特征。

一、企业网络学习项目评估模型

国内外一些对于 E-learning 的评估维度以及对于企业学习的评估维度值得借鉴。2007 年美国培训与发展协会 ASTD 组织了企业学习项目的评选，评选指标体系包含学习投入、员工学习机会、效率、关联、效果测量、效果、非学习措施、高层参与和创新这九项。李业成 (2001) 指出企业导入 E-learning 的关键因素需要有高阶主管支持及明确的导入目标、资讯环境与技术支援，还有负责导入的专案组织运作。陈创立 (2000) 指出成功的网络化训练除了在软件硬件的搭配与良好的课程建构外，相关组织行为、情景因素的配合还是非常重要的。他认为成功的网络化训练所应具备的因素包括：(1) 显性因素——设备、课程、企业有利资源；(2) 组织协调层次——组织文化、组织结构；(3) 群体行为层次——领导、冲突、群体规范、沟通；(4) 个人行为层次——态度、学习、人格特质、激励。林荣彬 (2001) 认为有关影响企业建构网络化训练的因素有五个方面，包括：(1) 环境因素——产业特征、企业规模大小、组织正式化程度；(2) 资讯环境因素——电脑与网路环境完整性、管理平台功能、IT 专业人员配合；(3) 使用者因素——教育程度、学习动机、使用电脑经验能力、年龄；(4) 课程因素——课程性质与类型、内容呈现方式；(5) 主导因素——高阶主管的支持、主导单位发展团队。王舒可(2002)认为影响企业实施网络化训练之关键成功因素为：(1)组织因素方面——高阶主管的支持、组织文化、组织集权化程度、负责发展团队；(2)受训练者特质方面——个人背景、参与课程动机、使用网络课程软件的能力、过去使用网络学习的经验、他人支持；(3)课程因素方面——课程类别与性质、教材设计、线上教学者的干预程度、受训者的学习控制、学习成果的鉴定与激励、课程目标；(4)网络技术方面——电脑及网路设备完善与频宽的充分使用、网路训练平台的适合性与系统的使用、网路人才。

整合上面这些观点，笔者从流程角度对于企业 E-learning 项目进行分析，如图 7-2 所示，可以分为五个流程：学习准备、学习进行、学习效果、学习绩效、评估反馈。在学习准备阶段，组织者基于给定的学习对象进行学习项目设计，项目的战略服务性非常明确，学习者在一定的学习环境下准备开展学习。在学习进行阶段，组织者实施 E-learning 项目，学习者在线学习。在学习效果阶段，学习者个人获得发展，主要是获得知识和技能的提升，以及由于知识技能的提升导致行为的改变；组织获得发展，主要体现在形成企业知识沉淀、企业文化养成、流程再造、组织变革与创新。在学习绩效阶段，个人的发展以及组织的发展最终导致企业绩效的提高。在评估反馈阶段，一般是以学习结果和学习绩效作为依据，其中包含投资回报率 ROI 的评估。

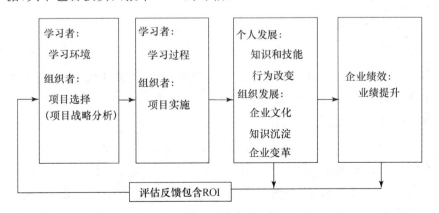

图 7-2 企业 E-learning 项目框架模型图

二、指标体系研究

按照上述企业 E-learning 项目框架模型图，笔者提出企业 E-learning 项目评估指标体系如表 7-4 所示。

表 7-4　企业 E-learning 项目评估指标体系

C1：基础指标	C2：战略性	C3：实施	C4：学习过程
D11：员工学习投入 D12：员工学习机会 D13：员工学习环境	D21：目标一致性 D22：高层参与 D23：关联性 D24：政策支持	D31：价值体现 D32：对象分析 D33：组织 D34：宣传 D35：执行力 D36：效果测量	D41：学习支持 D42：技术支持 D43：学习资源 D44：学习交互 D45：学习平台
C5：报告评估	C6：效果	C7：影响与创新	C8：投资回报率
D51：需求分析 D52：方案设计 D53：评估报告 D54：总结报告	D61：目标完成度 D62：覆盖率 D63：学员满意度 D64：高层满意度 D65：绩效改变	D71：可重复性 D72：认可程度 D73：知识沉淀 D74：创新 D75：学习文化	D81：投资回报率

本指标体系分八个一级维度来刻画企业 E-learning 项目评估。具体如下。

1. 基础指标

本指标主要描述企业 E-learning 的环境框架，对于企业 E-learning 基本情况的描述。企业为员工 E-learning 学习提供的机会、投入的成本和网络条件。必要的基础条件是 E-learning 正常进行的保证，具体包括：(1) 员工学习投入：组织在 E-learning 学习方面的经费，包括正式/非正式学习以及非学习活动，外包的学习项目花费，以及对员工参加各种学习与考试费用的资助。在这里用 E-learning 投入占总投入的比例来表示。(2) 员工学习机会：员工平均每年通过 E-learning 方式所学习的课时总数等指标，反映了组织里学习的广度。在 ASTD 获奖组织中，2006 年平均是 44 小时。在这里用每个员工的平均学习时间来表征，用小时表示。(3) 员工学习环境：网络条件、员工计算机素养。E-learning 学习需要计算机、网络、服务器来支撑，本项考察网络带宽、员工的计算机普及程度、计算机性能等这些硬件环境。

必要的学习环境是项目进行的基本条件,不同企业的这一指标不具备可比性,因此在整个指标体系中的权重并不大。

2. 战略性

E-learning 项目为企业战略服务,这是企业 E-learning 的主要特征。项目与企业战略的结合程度紧,将会对企业的绩效贡献程度大。项目按照企业战略、业务流程展开,这样既具有针对性,又容易得到企业高层、参加学习的员工的支持与配合。具体包括:(1)目标一致性:项目目标与企业发展战略一致。偏离企业发展战略的 E-learning 学习项目不能得到高层的重视与支持,因此,学习项目需要紧密结合企业战略、业务流程。(2)高层参与:组织学习获得成功不可缺少的要素。组织的领导们不仅公开支持学习,还将学习目标作为绩效目标的一部分。高层领导是否自身参与到学习过程中,如担任教师或者演讲者。高层指的是企业领导班子,副总裁职位以上。(3)关联性:为了切实提升绩效,组织都具有正式的流程,建立战略目标与胜任力、学习之间的关联,并且将学习资源映射到岗位、胜任力、个人发展计划及组织目标中,并且将学习纳入绩效考核。(4)政策支持:对于企业学习,企业内部是否有正式的政策支持性文件。政策支持文件包含两个方面:一方面是为 E-learning 创造环境,鼓励与引导这种学习方式,如将 E-learning 学习时长也计入员工年度的培训量;另一方面是对员工 E-learning 学习方式做出规定,如有的企业要求员工年完成 E-learning 学习 40 小时,这种带有强制意味的规定对于企业在初期推广 E-learning 有促进作用。

3. 实施

考察人力资源部门或者培训中心实施企业 E-learning 项目的流程与环节。如对于项目的组织力度、宣传力度、执行力等的评估。具体包括:(1) E-learning 价值体现。为什么该项目采用 E-learning 方式而不是面授或者其他学习方式,也就是采用 E-learning 这种学习方式的必要性,如节省时间、节省费用、扩大覆盖面,或者满足随时随地学习要求等,如果不采用 E-learning 学习方式而采取别的方式代价将变大。(2) 对象分析(问卷/访谈)。对象分析是教学设计的一个重要环节,了解对象的特征,以及分析他们的需求,对于项目的设计与组织非常重要。(3) 组织。本指标考察项目的组织情况,从组织构架、组织力度、参与组织人数、组织分工来刻画。(4) 宣传。项目的推广是通过哪些宣传措施,如下达内部通知、海报,或者网络宣传,有无具体的宣传活动策划。通过宣传,让更多员工了解这个项目从而选择学习这个项目,另外,宣传也是使得员工学习从被动走向主动的一个重要措施。(5) 执行力。项目的执行情况与执行力度。所有环节衔接是否顺利流畅,在哪些环节会产生问题以及如何得到解决。(6) 效果测量评估。效果测量,反映了测量组织和个人的绩效指标,并将绩效的变化与学习关联起来,反映学习效果的过程与方法。一般在测量效果时,使用了顾客/员工的满意度、产品/服务的质量、生产效率等指标。

4. 学习过程

员工通过 E-learning 方式进行学习,这种学习方式不同于面授方式。因此学习平台、互动性、网上学习资源就非常重要。本指标从员工的学习角度进行评估。具体包括：(1) 学习支持。本项目是否有课程讲师答疑或者助教答疑。学习支持是 E-learning 学习的重要一环,如果没有学习支持,学员往往一知半解,有问题不能得到及时解决。在企业中,通常业务部门会充当答疑讲师或者助教。(2) 技术支持。学员出现学习上的技术问题是否能得到尽快的回复,如员工对于学习系统的不熟练操作是否能得到有效解决,是否有系统应用帮助文件,以及支持服务响应的时间。(3) 学习资源。E-learning 项目的支撑需要在线学习课件等资源的支持。本指标考察总体课件情况,以及支撑本项目的课件情况。实际上,课件来源多样化应该也是一个考量指标,基于 Web 2.0 理念,员工以后应该渐渐成为课件资源的提供者与创造者。(4) 学习交互。交互性是 E-learning 学习的特性。好的学习支持环境应该提供强大的交互功能。现在应用比较广泛的交互工具是论坛、聊天室、视频会议。项目应具有学习交互的工具并且真正地得到很好地应用。(5) 学习平台评估。在 E-learning 研究中关于学习平台评价的文献较多,按照学习平台是否满足学习要求来进行刻度划分。

5. 报告评估

对需求分析报告等文字材料的完整性进行评估。一个好的项目,文字材料的整理与归档是必需的,包括需求分析报告、方案设计报告、评估报告、总结报告。在项目启动之前,按照教学设计和项目管理的流程,做需求分析研究,特别是对象分析。需求分析的成功与失败直接关系到项目能否得到学员的支持与欢迎。按照项目管理流程,在项目执行阶段,需要进行方案设计。学习结束之后,需要进行学习评估,以及对整个项目进行总结。本项指标考察企业E-learning的项目执行流程是否规范。详细的报告材料是下一次开展类似学习活动的借鉴与基础,也是企业知识管理的一部分。从项目管理角度来说,要求每一个阶段都有明确的文字材料。

6. 效果

对项目完成之后是否取得预期目标,以及满意度进行评估。企业十分注重学习效果,特别是强调通过学习造成员工行为的改变,从而提高企业绩效,是企业学习的根本所在。效果评估部分采用柯氏四级分类评估模型。具体包括:(1)预期目标完成度(一般以项目提出者为参照)。项目提出单位对于项目执行的满意程度,是考察项目效果的标志之一。(2)覆盖率。本项目有多少员工参加,占全体员工的比例。高覆盖率的项目比高覆盖率的项目实施起来难度要大。(3)学员满意度。这是柯氏评估模型中第一级评估,E-learning学习对象是学员,因此这项指标具有非常的重要性。(4)高层满意度。高层的支持是企业E-learning长期稳定发展的必要条件,因此考察高层对于E-learning项目的满意程度。(5)绩效或业绩改变。这是柯氏评估模型中第四级评估。通过这个项目,不仅参加者学习到知识,更重要的是有行为上的改变,最终导致企业绩效或业绩的提升,如企业流程再造等。

7. 影响与创新

此项指标是指项目完成产生哪些影响,有哪些技术上、组织上的创新。一个项目完成之后,它可能还会有潜在的一些影响,如学习模式在整个行业内部得到推广,后来又多次重复举办等。创新是 ASTD 在 2007 年进行学习项目评估时引入的一个新的评价指标,强调组织学习的持续创新能力。具体包括:(1)项目可重复性。项目是否具有可持续发展前景,项目可重复性体现项目设计的质量以及项目是否具有需求针对性。(2)认可程度。该项目在企业内部、行业内部、行业外部得到认可的程度。同行的肯定,是对于判断企业 E-learning 项目成功与否的标志,也利于本项目在行业之内产生辐射效应。(3)知识沉淀。通过 E-learning 学习之后,企业能形成一定程度的知识沉淀。本项指标考察企业学习部门对于企业知识管理的重视程度。企业知识沉淀有多种实现方式,如针对学员的作业与练习进行加工与整理、编写教材、论坛帖子加工等。(4)创新。体现了在商业环境迅速变化,学习也越来越受重视的环境下,成功的组织学习对于创新的要求。组织所取得的成功,当然也蕴涵着持续创新的贡献。创新主要体现在技术、组织、学习方法、评估方法四个方面上。(5)企业学习文化推动。企业 E-learning 项目对于企业文化的构建起到促进作用,特别是对于学习型文化、扁平化组织的形成。

8. 投资回报率(ROI)

投资回报率收益与投资的比例。这是企业高层非常重视的一个因素,特别是在企业 E-learning 实施与推广初期。E-learning 的投资回报率计算方法有狭义与广义两种。狭义的投资回报率计算是指在达到同样的效果基础上,面授学习方式的花费与 E-learning 学习方式的花费之比。这种方式计算起来简单,也是现在采取的较为普遍的计算方法。广义的投资回报率计算相对复杂,指通过 E-learning 学习而带来企业绩效提高、经济的增长。广义的投资回报率计算的难点在于,企业经济增长往往是多因素的综合结果,难以剥离出独立的 E-learning 学习的因素。但是针对一些理想化的 E-learning 项目,可以计算出广义的投资回报率。例如针对银行信贷员的 E-learning 学习项目,通过学习之后,信贷员在单位时间接待客户的数量的提高以及投诉率降低,而接待客户数量的提高和投诉率的降低是可以用经济价值来进行衡量的,从而可以计算标准的广义投资回报率。

三、层次分析方法定量化分析

在企业 E-learning 的研究中,评估的应用与范围越来越广泛。如对于课件质量的评估,对于 E-learning 系统的评估,对于项目的评估。但是定性的评估相对较多,定量的较少。如何采用科学的方法将评估指标体系定量化,是一个应用性的研究问题。

层次分析法[①](The Analytic Hierarchy Process,简称 AHP)是区域经济学中应用得较多的一种方法,通过两两比较的方法用以对于指标权重进行确定。

层次分析法应用步骤。(1)构造递阶层次结构。应用 AHP 解决实际问题,首先明确要分析决策的问题,并把它条理化、层次化,理出递阶层次结构。AHP 要求的递阶层次结构一般由以下三个层次组成:目标层(最高层),指问题的预定目标;准则层(中间层),指影响目标实现的准则;措施层(最低层),指促使目标实现的措施。(2)构造判断矩阵并请专家填写。填写判断矩阵的方法是:向填写人(专家)反复询问,针对判断矩阵的准则,其中两个元素两两比较哪个重要,重要程度,对重要性程度按 1~9 赋值。(3)层次单排序与检验。对于专家填写后的判断矩阵,利用一定数学方法进行层次排序。单排序是指每一个判断矩阵各因素针对其准则的相对权重。对于判断矩阵,计算满足 $AW=\lambda_{max}W$ 的特征根 λ_{max} 和特征向量 W。W 为对应于 λ_{max} 的归一化特征向量,即为同一层次中各因素对于上一层某个目标相对重要性排序权值。(4)一致性检验。由于客观事物的复杂性、人们占有资料的不完全性和认识能力的局限性,对事物的认识难免有主观片面性和模糊性,由此构造的判断矩阵会存在偏差而无法满足一致性的要求。因此在实际中要求判断矩阵满足大体上的一致性,需进行一致性检验。只有通过检验,才能说明判断矩阵在逻辑上是合理的,才能继

---

① 层次分析法[EB/OL]. http://baike.baidu.com/view/364279.htm, 2011-07-08.

续对结果进行分析。计算一致性比例 C.R.（consistency ratio）并进行判断，当 C.R.＜0.1 时，认为判断矩阵的一致性是可以接受的，C.R.＞0.1 时，认为判断矩阵不符合一致性要求，需要对该判断矩阵进行重新修正。(5) 层次总排序及其一致性检验。计算同一层次所有因素对于整个总目标相对重要性的排序权重，即为层次总排序。它是用下一层次各个因素的权重和上一层次因素的组合权重，得到最下层因素相对于整个总目标的相对重要性。(6) 多位专家汇总得出权重。由多个专家打分之后，得到各自的层次总排序计算结果。将其综合，得到综合指标体系中各指标的最终权重。一般来说，采取专家权重求平均的方法来确定最后权重。

层次分析方法很好地解决了指标体系定量化问题。为了减少主观偏差，一般采取多专家方法。每位专家运用 AHP 方法进行指标体系权重计算，然后对于多个专家的计算结果进行权重求平均，这样尽可能避免某个专家的偏向判断。值得一提的是，专家的不同背景对于评估指标体系的权重有一定的影响，如高校教师与在企业工作的 E-learning 专家对于这个指标体系的计算结果差别就较大。对于企业 E-learning 项目的专家评估，通过层次分析方法计算出最后权重，对于战略性、效果、影响与创新、投资回报率四项，计算出来的权重要大，而基础指标、学习过程、实施、报告评估四项，计算出来的权重要小，这也符合企业 E-learning 项目的特征。

下面以某银行 E-learning 项目为例按照上述指标体系进行评估，这个项目名称是"个人信贷客户经理岗位专业资格培训与考试"。本项目时间跨度两个月，项目由个人金融业务部提出，由企业教育部门组织实施，通过 E-learning 方式进行。全行从事于个人信贷营销业务人员的 80% 参与该项目的学习。项目设计前，总行组织相关部门到广东等七个一级分行进行了信贷业务培训需求调研，与各一、二级分行从事信贷业务人员进行座谈，了解到大多数信贷业务人员自感业务知识更新较快，急需进行系统的培训。项目结束后，学习者对于本项目的平均满意度为 94%，项目提出者对于本项目的满意度为 100%。

第一步，构造判断矩阵与计算。所有判断矩阵的一致性比例均小于 0.1，因此通过一致性检验。

表 7-5 判断矩阵计算权重

C 判断矩阵：（一致性比例：0.0270）

	C1	C2	C3	C4	C5	C6	C7	C8	W
C1	1	1/7	1/3	1/5	7	1/7	1/7	1/7	0.0600
C2	—	1	5	5	7	1	1	1/3	0.1716
C3	—	—	1	1	7	1/5	1/5	1/7	0.0852
C4	—	—	—	1	7	1/3	1/3	1/5	0.1041
C5	—	—	—	—	1	1/5	1/7	1/7	0.0403
C6	—	—	—	—	—	1	1	1/3	0.1553
C7	—	—	—	—	—	—	1	1/3	0.1632
C8	—	—	—	—	—	—	—	1	0.2203

C1 判断矩阵：（一致性比例：0.0000）

	D11	D12	D13	W
D11	1	5	3	0.4718
D12	—	1	1/3	0.2120
D13	—	—	1	0.3162

C2 判断矩阵：（一致性比例：0.0687）

	D21	D22	D23	D24	W
D21	1	1/3	1	1/5	0.1766
D22	—	1	3	5	0.3556
D23	—	—	1	1/5	0.1766
D24	—	—	—	1	0.2912

C3 判断矩阵：（一致性比例：0.0157）

	D31	D32	D33	D34	D35	D36	W
D31	1	1/3	1/5	1/5	1/7	1/5	0.0816
D32	—	1	3	3	1	3	0.2075
D33	—	—	1	1	1	3	0.1816
D34	—	—	—	1	1/3	1	0.1589
D35	—	—	—	—	1	3	0.2218
D36	—	—	—	—	—	1	0.1487

C4 判断矩阵：（一致性比例：0.0043）

	D41	D42	D43	D44	D45	W
D41	1	3	3	5	3	0.2886
D42	—	1	1	3	1	0.1935
D43	—	—	1	3	3	0.2096
D44	—	—	—	1	1/3	0.1297
D45	—	—	—	—	1	0.1786

C5 判断矩阵：（一致性比例：0.0000）

	D51	D52	D53	D54	W
D51	1	1	1	1/3	0.2226
D52	—	1	1	1/3	0.2226
D53	—	—	1	1/3	0.2226
D54	—	—	—	1	0.3321

C6 判断矩阵：（一致性比例：0.0187）

	D61	D62	D63	D64	D65	W
D61	1	3	3	1/3	1/7	0.1424
D62	—	1	1/3	1/5	1/7	0.0955
D63	—	—	1	1/7	1/9	0.0955
D64	—	—	—	1	1/5	0.2302
D65	—	—	—	—	1	0.4365

C7 判断矩阵：（一致性比例：0.0115）

	D71	D72	D73	D74	D75	W
D71	1	1/3	1/5	1/7	1/7	0.0886
D72	—	1	1/5	1/3	1/5	0.1322
D73	—	—	1	3	1	0.2715
D74	—	—	—	1	1/3	0.2136
D75	—	—	—	—	1	0.2941

第二步,专家根据客观事实进行评分。

表 7-6 专家分值 （每项满分 10 分）

	D11	D12	D13	D21	D22	D23	D24	D31	D32
得分	8	9	10	10	7	10	10	9	8
	D33	D34	D35	D41	D42	D43	D44	D45	D51
得分	9	7	8	8	8	9	10	6	4
	D52	D53	D54	D61	D62	D63	D64	D65	D71
得分	7	7	4	9	8	10	8	8	7
	D72	D73	D74	D75	D81				
得分	10	7	8	10	10				

总得分 $=\sum D_i \times W_i = 8.469$,因此本项目专家得分是 8.469 分,属于优秀范围。这个指标体系有效地刻画了企业 E-learning 项目状况,并且也为企业 E-learning 项目的实施提供了参考坐标与借鉴。

第五节 国际比较与建议

一、企业网络学习的趋势[①]

E-learning 由于其基于信息技术社会特征,并且其理念与终身学习一致,因此具有强大的生命力,根据一项面向企业学习部门负责人的调查发现,他们认为未来的企业学习将有 70% 是通过 E-learning 方式实现。据不完全统计,目前企业学习部门对于 E-learning 应用的投入比例从 2008 年以前的不到 8% 递增到 2011 年的 15% 左右,并且还会逐步增长,这充分说明了企业 E-learning 未来的核心价值。

未来企业 E-learning 更加重视个性化学习。个性化学习也是终

---

① 吴峰. 终身学习在行业中的发展趋势——企业大学与企业 E-learning[J]. 中国远程教育,2012(3).

身学习的主要理念之一。只有解决了个性化学习,学习者对于学习的选择遵从自身的需求和意愿,终身学习才能深入人心。个性化学习的解决方案有二:第一是基于组织能力胜任模型的解决方案,岗位与能力对应,能力与课程对应;第二是基于个人的自适应智能化设计,按照每一位学习者以前的学习路径、学习心理、学习适应性去选择合适的学习内容。因此,将这两种方案构建到 E-learning 体系中将是一个趋势。

主动学习以及学习活动和策略设计会是企业 E-learning 的未来前景。E-learning 面临的一个很大挑战是如何吸引员工主动学习,因此学习活动与策略设计成为关键,其对于 E-learning 的推广、吸引力的提高、学习效果的增强非常必要。仅仅有平台而没有恰当的学习活动设计,就没有互动与人气。越来越多的企业重视 E-learning 中的活动与策略设计。

社会化学习也将是 E-learning 的发展趋势,E-learning 也会促进社会化学习这个理念蓬勃发展。根据六度分隔理论(Six Degrees of Separation),每一个体的社交圈都可以不断扩大,最终成为一个大型网络,逐渐演化成社会化网络。Web 2.0 所提供的功能将成为人们社会生活的一部分,成为构建社会化网络的一个重要工具。Web 2.0 鼓励用户参与、注重集体智慧,这与建构主义学习理论提倡自主学习、关注协作学习等观点不谋而合。

新技术的应用将推动企业 E-learning 快速发展,如游戏化学习与移动学习等。游戏化学习,就是采用游戏化的方式进行学习,它是目前比较流行的教学理论和教育实践,有些学者又称其为"玩学习"。学习和娱乐的本质是通过"玩"而学习到东西,兴趣是最好的老师,如果游戏能使人专注一个事物,那么也能应用于学习。移动学习是一种在移动计算设备支持下的能够在任何时间、任何地点发生的学习。移动学习所使用的移动计算设备必须能够有效地呈现学习内容并且提供教师与学习者之间的双向交流。目前在我国的企业中,这两种新技术具有相当良好的发展态势。

E-learning 使得协作学习更加容易。它能提供合作学习的机会，技术工具使学习者之间的合作变得非常方便。学习者之间的互动和合作可以提高学习的效率。因为学习是一项社会性的活动，学习者不仅仅是学习知识内容，而且通过网络、合作和学习社区可以获得长久的学习体验，学习者通过交流、合作和共享知识增进学习效率，通过反思和讨论提升学习成绩。

虽然目前企业 E-learning 在我国大中型企业中发展非常迅速，但是在发展过程中也面临着很大的挑战。主要有：

（1）E-learning 领域缺乏政府部门的重视与规划。目前在我国，没有政府部门分管 E-learning 行业及领域，因此形成行业无序的发展状态。反观在韩国，由中央经济部门联合几个部委主管和规划韩国 E-learning 的发展，将 E-learning 提高到国家学习战略的高度。即使在中国台湾地区，也有政府背景的财团法人资讯工业策进会（简称"资策会"）机构去推动 E-learning 发展。

（2）E-learning 领域缺乏标准以及资源共享不够充分。特别是平台标准、课件标准、应用实施标准，导致资源共享水平不高，重复建设过多，缺乏专业性，最终导致行业的不良竞争，缺乏对于终身学习的更加有力的支持。

二、政策建议

笔者在对美国、韩国、中国台湾地区企业 E-learning 进行了比较，总结了他们的发展历程、经验及趋势。[①] 美国、韩国及中国台湾地区这三个地域的企业 E-learning 发展各有特色，但是通过分析显示，它们也有显著共性的地方：（1）企业 E-learning 在这三个地域都处于快速发展阶段，企业中通过 E-learning 方式进行培训的量占整个企业培训量的比例都超过了 50%，E-learning 在企业培训中的重要性大大提升；（2）行政部门的推动是创建 E-learning 发展环境的重要推手。例

---

① 江凤娟，吴红斌，吴峰. 美国、韩国、中国台湾地区企业 E-learning 的发展分析及启示[J]. 中国远程教育，2012(9).

如，美国启动 E-learning 研究，推动 Advanced Distributed Learning 计划；韩国实施教育系统信息通信技术建设；中国台湾地区实施数位典藏与数位学习科技计划。这些都快速推动了 E-learning 行业的发展。

(3) 社会化学习是企业 E-learning 的主要趋势之一。例如，美国正在实施 Web 3.0 计划；韩国的智慧学习，强调开放与群体实践；中国台湾地区的 E-learning 2.0 计划突出以"学习者为中心"的学习方式，强调学习的互动与分享。这些计划与行为都是社会化学习的具体表现。

以上这些国家与地区企业 E-learning 的发展特征对于促进我国企业 E-learning 的发展具有重要的借鉴意义。

1. 注重社会理念导向

伴随着科技的发展，E-learning 作为一种新的学习方式与当今信息技术环境下构建学习型社会和倡导终身学习的理念非常符合。美国引领全球信息技术的发展，充分认识到信息技术对于社会及生活产生的深刻影响。美国最早提出 E-learning 的概念，也是最早将企业学习与 E-learning 结合的国家。韩国自 2001 年颁布《终身教育法》(The Lifelong Education)以来一直在倡导知识信息型社会(Knowledge and Information-based Society)的构建，并在信息技术积累的基础上，推动企业 E-learning 的发展。韩国从 2005 年 5 月的《U-learning 模型学校项目》(U-learning Model School Project)，从学校开始大力倡导U-learning 社会，强调学习的无处不在，更加深化当今社会形势下知识的重要性，这也推动了韩国企业 E-learning 进入到"U-learning"阶段。对于中国台湾地区，在第一个五年计划即"数位学习科技计划"后，台湾地区行政部门大力倡导"E-learning 2.0"社会的建立。E-learning 2.0 时代是伴随着全球 Web 2.0 开放(open)、社群合作(community)、群体智慧(collective intelligence)而兴起的。第二个五年计划，即 2008—2012 年的"数位典藏与数位学习科技计划"正是建立台湾地区"E-learning 2.0 社会"的最佳实践。在台湾地区，E-learning 产业发展的目标是在"E-learning 2.0 社会"发展中刺激 E-learning 学习需求，达到国际竞争力，使台湾地区成为全球 E-learning 技术发展与服务运营中心。

党的十七大报告中明确指出要将我国建设成为学习型社会,终身学习理念得到全国范围的广泛接纳,终身学习行动在我国各个领域迅速有序地开展。在企业中,终身学习的两个发展趋势是企业大学的大量兴起和信息技术环境下企业 E-learning 的大量应用[①]。可以看出,社会理念对于企业 E-learning 发展的重大影响。因此,企业 E-learning 的发展离不开国家社会理念的倡导和形成,尤其是学习型社会和终身学习的理念。

2. 制定国家支持政策

在国家政策和项目推动企业 E-learning 发展上,相比美国,中国台湾地区和韩国表现更为突出。台湾地区行政部门认为,世界各国纷纷将 E-learning 定位为提升国家知识竞争能力的重要策略,政府应该扮演推手角色,透过新兴科技力量来提供更有效的学习环境,增加更多的学习渠道,让学习者能随时随地取得所需的内容,并提升学习成效,从而达到提升国家竞争力的目的。在台湾地区,行政部门通过"E-learning产业促进和发展计划"(E-learning Industry Promotion and Development Plan)来促进本地区 E-learning 产业的发展,同时通过"数位学习科技计划"(ELNP,2003—2007)来发展 E-learning 产业,有力推动台湾地区企业 E-learning 的发展。在 2008—2012 年的"数位典藏与数位学习科技计划"中,其中一项是 E-learning 之产业发展与推动计划,目标是建立台湾地区成为全球 E-learning 学习技术发展与服务营运中心。

韩国的企业 E-learning 更是在政府鼎力支持下,走在亚洲前列。韩国 1999 年制定的《职业培训促进法》(Vocational Training Act)中就有促进企业导入 E-learning。2001 年韩国信息与通信部(现为韩国通信委员会,Korea Communications Commission)出台了《在线数字内容产业发展法》(Law for Developing On-line Digital Contents Industry),

---

[①] 吴峰,终身学习在行业中的发展趋势——企业大学与企业 E-learning[J]. 中国远程教育,2012(3).

从法律上为数字内容资源产业的发展提供了保障。2002年,当时的韩国商业工业与能源部(现为韩国知识经济部,Ministry of Knowledge Economy)又推出了"E-learning产业促进详细计划",对韩国E-learning产业的发展做出了具体的发展规划。该计划涉及一系列具体的项目,包括:建设E-learning相关基础设施;在政府部门和国有组织机构中推广E-learning;改进有关法律架构以促进E-learning的发展;建设由来自产业界、学术界,以及政府的代表共同组成的E-learning人力资源网络。2003年实施的《中小企业中人力资源支持法》(Act for HR Support of SME)支持和协助中小企业导入E-learning,并对E-learning企业进行定义和规范。2004年韩国知识经济部颁布《E-learning产业发展法》进一步规范和完善E-learning相关法律法规来推动韩国企业E-learning的发展。具体地,为了支持E-learning产业的成长,韩国政府以补助80%~100%的培训费用方法鼓励企业采用E-learning作为企业教育培训员工的主要方法,同时韩国教育部也主导五项主要的E-learning政策,包括建构式创新政策、缩短教育落差政策、无所不在学习环境的学习政策、教育及商业整合政策和E-learning的全球化政策。韩国政府特别成立的知识经济部,以实际政策及行动推动电子化教育内容的发展,并且支持电子化教育内容的传播,全面推动韩国E-learning的整体发展。韩国政府对于E-learning产业的政策支持及协助,体现了官方推动E-learning的决心。台湾地区行政部门对于E-learning产业发展的规划也体现了对于E-learning发展的重视和E-learning作为提升地区竞争力的认可。对于美国而言,政府在颁布的《技术创新法》、《小企业创新发展法》中就鼓励企业E-learning的运用和扶助E-learning产业的发展。我国企业E-learning的未来发展离不开国家政策项目的支持。

3. 开展标准研究,促进专业化与规范化发展

美国、韩国和中国台湾地区企业E-learning的发展非常重视相关标准的制定和研究,这促使了企业E-learning的快速发展。1997年美国白宫及国防部共同推动Advanced Distributed Learning计划,推行

SCORM 标准。2001 年 ADL(SCORM)、IMS、MIT(OKI)决定合作制作 E-learning 共同产业标准。由于最初美国政府单位在采购 E-learning 学习产品时提出与 SCORM 标准符合的要求,使得在 2003 年年底几乎所有的平台都能通过 SCORM 1.2 测试,很多大教材厂商也都能开发出与 SCORM 1.2 相符的教材。另外,美国的卡内基梅隆大学(CMU)积极推进 SCORM 1.3 的创建。2007 年 8 月,ADL 的 Joint 的合作实验室发布了 SCOMR 2004 标准。同年 9 月份,学校互通网络协会和 ADL 建立合作关系,通过 Core SCORM 来更好地促进和支持全球化的学习。2008 年,美国的 Brigham University 的语言研究中心、教育心理与技术系、教与学中心与 ADL 仪器举办"教学设计与 SCORM"研讨会,研讨 SCORM 标准、工具。韩国是亚洲国家中唯一在本地建立了 ADL 合作实验室的国家,2007 年在首尔建立了 ADL 合作实验室——韩国电子商务协会 Korea Institute for Electronic Commerce,简称 KIEC,是韩国 E-learning 学习标准化进程的成果之一,目的是通过推广使用 SCORM 标准来开拓国内的 E-learning 学习市场,并推向国际市场。在中国台湾地区,为了推动企业 E-learning 的发展,台湾地区行政部门在 E-learning 学习标准研究和应用方面开展了一系列活动,如参加和举办各个规范和标准研究制定组织的研讨会活动,开展 SCORM 标准内容培训班、符合 SCOMR 标准的教材制作实务培训班和 SCORM 标准认证指导等,并在 2006 年成功举办 SCORM 2004 国际会议。另外,台湾地区的资策会电子化学习技术中心的主要工作就是国际标准的研发。

目前我国企业 E-learning 行业存在缺乏规范、网络学习资源共享程度较差等问题,这制约着企业 E-learning 的发展,也阻碍着 E-learning 成为终身学习体系的支柱。企业 E-learning 行业中关于内容、平台等产业标准的制定和规范,对于企业 E-learning 间沟通和分享,构建网络资源共享环境,促进企业 E-learning 的发展具有重要作用。

4. 有效利用高校教育技术学科力量

企业 E-learning 的发展和国家、地区的教育技术发展紧密相关。

美国 E-learning 理念是伴随着美国教育技术的快速发展而形成和发展的。美国从 20 世纪 80 年代开始，积极推进中小学信息技术课程教学，并大力推进信息技术基础设施建设。E-learning 概念也正是在 2000 年教育技术 CEO 论坛上由 Jay Cross 提出。伴随着教育技术内涵不断丰富，教育技术的新方向——企业 E-learning 也应运而生。从韩国企业 E-learning 发展历程可以看到，韩国企业 E-learning 是形成和发展于自 1996 年开始的韩国社会实施教育系统信息通信（ICT）建设的三阶段中的。韩国企业 E-learning 的产生与发展是韩国 ICT 建设的积累和韩国建设知识信息社会理念的共同结果。对于中国台湾地区，E-learning 最早是针对图书管理、图书收藏和学校教育，伴随着知识、经济的全球化，台湾地区行政部门意识到 E-learning 对于整个台湾地区发展具有重要的推动作用，开始由政府各个部门来共同推动 E-learning 产业的发展。

企业 E-learning 的发展需要教育技术发展的累积。教育技术发展的前期主要针对的是学校教育，而伴随着学校教育技术的积累和社会需求，教育技术逐步开始应用于企业。而在当今信息技术社会下，一个最主要应用就是 E-learning。企业 E-learning 的发展需要具有教育技术的视角来对企业 E-learning 进行学习需求分析、内容设计与分析、课程设计、技术应用分析、绩效技术分析等。教育技术有助于 E-learning 引领企业变革，帮助企业构建学习型组织，使企业更加具有竞争力。企业 E-learning 作为教育技术发展的一个新方向应得到重视。

5. 设立研究机构，加强企业 E-learning 行业推动与科学发展

在韩国，有三大体系从上到下共同全面推动 E-learning 在韩国社会各个领域的发展，这三大体系分别是：韩国教育科技部、韩国教育信息和服务中心、16 个大中城市学习中心。在台湾地区，"资策会"是推动 E-learning 发展的研究机构。在韩国，韩国教育与科技部每年都会发布信息技术在韩国教育领域应用的情况，从 2006 年起，韩国教育与科技部每年都联合其他几个相关部委举办 E-learning 方面的国际会议，邀请来自亚洲及全球的 E-learning 领域的专家学者共同探讨具

有前瞻性的相关话题。韩国方面举办的具有代表性的会议活动有：亚欧 E-learning 学术讨论会（ASEM E-learning Seminar）、韩国 E-learning 产业会议（Korea E-learning Industry）、韩国 E-learning 博览会（E-learning Expo Korea）、E-learning Week 会议、E-learning 全球社区论坛（E-learning Global Community Forum）等。另外，KERIS 会发布韩国 E-learning 发展白皮书（E-learning White Paper）和信息时代的适应性教育（Adapting Education to the Information Age）来总结 E-learning 现状、政策、法律法规等。

资策会，全称"财团法人资讯工业策进会"，是由台湾地区行政部门和民间共同出资，于 1979 年成立的财团法人机构。资策会长期协助行政部门进行资讯产业环境建构及信息化社会推动等工作，致力于推动台湾地区成为亚洲最 e 化的地区。多年来，台湾地区资讯产业竞争力的分析、前瞻科技相关法规的研讨，以及信息服务业的发展方向的规划等，资策会在台湾地区重要资讯政策形成及制定过程中，扮演着举足轻重的角色。在台湾地区 E-learning 发展的第一个五年计划间，台湾地区通过 E-learning 网络科学园区举办 100 多场大中型 E-learning 相关活动。2006 年在台北成功举办 SCORM 2004 国际会议。此外，资策会积极推进台湾地区 E-learning 白皮书来总结台湾地区 E-learning 的发展和对 E-learning 发展的规划，《2010 年台湾 E-learning 白皮书》就是其典型成果。另外，中国台湾地区从事 E-learning 学术研究的学者也较多，台湾地区 E-learning 的学术研究得到了台湾地区行政部门的发展计划支持，在国际上 E-learning 权威的 6 种期刊中，台湾地区学者发表了大量的学术论文，文章数量一度占据世界前三名的位置。

在美国除政府部门和高校、企业研究以外，有专门的研究机构分别是 ASTD、Bersin & Associates、Brandon-hall 来推动企业 E-learning 的发展。这三大研究机构每年都会有企业 E-learning 相关的研究报告。同时，美国作为 E-learning 发展的引领国，积极推动企业 E-learning 发展相关的国际会议，如每年举办的企业学习高峰论坛。

我国对于 E-learning 的研究聚焦在基础教育、高等教育和网络教育当中，而对于企业 E-learning 的实证研究更多的是一些 E-learning 应用较好的大企业和 E-learning 学习服务公司在做。但是企业对于 E-learning 的研究，理论上较为粗糙，缺少能够有效共享化的成果。因此，成立由政府、企业、高校、行业媒介共同参与并推动的研究机构非常有必要。

第八章 企业大学中的评估

企业大学中有两种类型的评估：一种类型是针对具体学习项目的评估，另一种类型是针对整体组织的评估，也就是针对企业大学的整体评估。这两类评估都很常见，目前关于第一类评估有一些成熟的模型与方法，第二类评估处于探索过程中。本章的两节里分别研究这两类评估。

第一节 项目评估——学习绩效评估[①]

学习绩效评估是项目实施的最后一个环节，是检验项目价值和效果的关键。它可以提供充分的信息反馈给项目设计者，使未来的项目设计不断优化改进，为项目设计指明了方向。同时，评估也是向企业高层汇报与证实学习部门价值的途径。评估也给予了学习者信心，挖掘了学习者的潜力。项目结束之后进行学习绩效评估是非常有必要的。

一、学习/培训绩效评估概述

莱斯利认为培训效果评估有两个基本命题：投入评估和产出评估。投入评估主要考虑"什么样的培训方案最可能使学习有效果"这样的问题，并考虑组织培训之前的一系列问题；产出评估是回答"培训最终带来了什么样的收益"问题[②]。

[①] 刘春雷，吴峰. 组织学习绩效评估模型初探. 见：中国通讯业企业大学教学研究会论文集编委会，行业文化与企业大学建设[C]. 北京：人民邮电出版社. 2011.

[②] 〔英〕莱斯利·瑞. 培训效果评估(第三版)[M]. 牛雅娜，吴孟胜，张金普译. 北京：中国劳动社会保障出版社，2003.

国际标准化组织(ISO)在1999年12月颁布的企业培训质量管理标准(ISO10015)中指出,培训是一个系统工程,培训的绩效评估是其中很重要的一个环节。培训的绩效评估研究的是培训项目是否达到预期的培训目标。

杰克·菲利普斯(Jack J. Phillips)也将评估描述为"评估是一个用来确定某个活动的价值或意义的系统过程"[①]。他认为,培训评估可以改进项目设计、识别不良进程、促进学习的迁移、提高员工对培训的尊重和员工的可信度、增加来自管理者的支持、改进和提高学习发展绩效、获得经济回报等。并且,Phillips在柯氏评估基础上提出了五级评估方法,也就是:

(1)受训者对培训的意见与建议,包括培训人员、培训资源、培训设施、培训管理中的优点和缺点,作为下次培训改进的依据。

(2)受训者从培训中学到了什么,这些对他工作有什么帮助。

(3)培训对受训者的行为有没有影响。

(4)培训对于受训者的绩效及组织绩效的影响与评估。

(5)确定培训的成本和利润,以计算投资回报。

培训评估体系是在工作分析、岗位说明、绩效标准和管理以及培训要素之间的流程管理,这种流程管理的核心,就是通过培训不断提高业绩,并在提高业绩的基础上,逐渐提高绩效标准,进而使企业培训进入良性循环,真正服务于企业的经营战略。培训的评估具有重要的意义,它不但总结了培训的绩效情况,而且提出了进一步的培训要求。对培训绩效的评估,是员工培训与开发工作的又一项重要任务[②]。

由于许多客观及主观原因,对于培训的评估,层级越高实施越难。因此,即使在西方国家企业中,培训的绩效评估也是不够充分的。从美国培训与发展协会(ASTD)的调查结果来看,只有13%的公司会评估培训对提升工作绩效的效果,而大部分美国公司对于培训绩效的衡

---

① Jack J. Phillips. Return on Investment-Beyond the Four Levels[C]. in Academy of HRD 1995 Conference Procedings, E. Nolton(ED), 1995.

② 留岚兰. 浅谈培训效果评估[J]. 技术经济与管理研究, 2004(5): 23.

量仍然停留在以培训人次数、时数、经费执行率为评估指标的阶段,培训成为决策层对改善员工工作绩效的一种心理安慰[①]。美国学者对10个国家的100个组织进行调查,结果是大多数企业通过学员对培训的满意度进行评估,62%的企业通过学员学习收获进行评估,50%的企业通过员工工作绩效进行评估,只有30%的企业通过企业绩效进行评估。我国企业开展绩效评估很少,一方面,是由于数据收集与方法的科学性难以把握,另一方面,也与我国企业目前培训的特点有关。我国的企业里,技能培训(包括操作技能和管理技能的培训)和观念培训(包括岗位责任观念培训、员工归属感培训和企业价值观念培训)是企业员工培训的两种主要类型。这两种类型都是较难以去测量与评估的,也很难制定出精确的评估标准,例如对企业价值观念的培训。

我国很多企业决策者们都已经认识到,培训已日益成为企业一项日常的经营策略,培训不再简单地被视为一种福利化的手段,而是开发人力资源的重要途径及提升企业竞争优势的一项重要投资活动[②]。很多企业认识了培训的重要性,在培训方面的投入也不断加大,培训范围和培训面不断拓宽,培训内容和方法也不断更新[③]。基于此,培训的绩效评估更加具有重要意义。如果对培训的绩效评估问题没有引起足够的重视,结果是花了大量的人力、物力却不明白培训的效果如何,也没有找出改进工作的症结所在,因此就更不能提升培训质量。需要通过评估,科学地回答下面这些问题:员工培训后自身究竟有了哪些改变,员工的这些改变是否与培训密切相关,培训过后企业整体效益是否有了提高以及提高多少,整个培训实施的成本如何,[④]等等。也只有在理清这些问题之后,再结合科学的评估方法,才能对企业培

---

① 袁凌,朱瑞娟.国外企业培训效果评估方法的比较分析[J].湖南经济管理干部学院学报,2004(4).
② 齐建国.对培训评估工作的再认识[J].石油化工管理干部学院学报,2004(3).
③ 丁纪闽.加强培训评估提高培训质量[J].水利技术监督,2000(5).
④ 晏秋阳,曹亚克.企业员工培训效果评估模式的探讨[J].江西行政学院学报,2002(S1).

训的绩效进行有效评估,进而对评估结果进行反馈,这样整个培训体系才能完善。

总之,建立更为科学的符合实际的培训绩效评估系统,运用科学的评估方法对企业学习项目的绩效进行评估是企业大学中一个非常重要的内容。

二、学习/培训绩效影响因素

培训绩效受到多方面客观因素的影响,其主要因素包括:培训项目设计、受训者特点、工作环境、组织特征及培训迁移过程等[1][2]。通过对培训绩效影响因素的分析,就能最大限度地提高培训活动的绩效。[3]

(1) 培训项目设计

培训内容是影响培训绩效的根本因素,培训内容要根据培训目的和培训对象进行合理安排。培训项目中课程内容的设计是否符合受训者的需要,是否根据受训者的绩效差距而进行设计,事先是否做过绩效技术分析,都会直接影响培训绩效。另外,培训方式及授课教师等因素也直接影响。

(2) 受训者特点

受训者的态度、信念、动机、思维方式和认知风格等也是重要的影响因素。对于每个受训者,参训的态度不同将直接影响培训的绩效,受训者是积极参与还是被动参与对培训绩效的影响有显著的不同。信念是个体对事物或理论在情绪上的接纳,信念决定受训者能否将学习与培训作为一种常态,决定他是否能持之以恒。动机作为激发和推动个体去学习的最深层次力量,会引导个体在培训过程中的行为表现,从而影响培训的绩效。思维方式是人们认识问题、解决问题的习

---

[1] 聂永刚.企业人力资本投资浅析[J].贵州财经学院学报,1999(1).
[2] 倪春,施泉生等.层次分析法在培训效果评估中的应用[J].开发技术,2005(4).
[3] 蒋微微.发电企业员工培训效果评估模型及企业收益研究[D].华北电力大学(保定),2007.

惯性思维程序与方式。思维方式是培训和学习的基础,思维差异也会影响培训绩效。

(3) 工作环境

预期的好的工作环境对培训绩效有正面的促进作用。如果受训者的领导对培训不重视、不鼓励、不支持,就会影响到受训者的预期——"学了也没有用",从而影响受训者的积极性,最终直接影响到培训绩效;职务晋升制度是学习的动力,合理、全面、系统的职务晋升制度能够增强受训者参加培训的积极性。

(4) 组织因素

组织因素包括组织目标的明确程度、组织制度化程度、组织文化等因素。缺乏明确目标的企业有可能模仿行业中其他竞争对手或者成功企业,这种没有结合企业自身优劣势的学习活动很容易导致企业培训与企业发展不一致。组织制度化程度对于组织学习会具有更好的保证,为员工提供培训与学习的时间与机会。分享、适应性强、强调团队合作的企业文化通常对企业的培训起到正面的影响。

(5) 培训迁移过程的影响

培训迁移是指个体在培训结束后在工作实践中能够应用培训所学到的技能、知识和理论。培训迁移关注学习者在学习中掌握的技能是否能够应用于实践,并且能够持续相当长一段时间。当然,培训迁移过程需要注意很多问题,如培训迁移的情景影响,硬件条件是否支持,时间是否允许,同事之间是否能够提供帮助,能否得到及时的反馈等。此外,迁移行为的频率也很关键,比如能够不断地使用习得技能,迁移就容易产生。另外,个体因素也发挥重要作用,比如是否追求个体成就,自我效能感是否强烈,在应用所学知识方面是否具备灵活性。

三、学习/培训绩效评估模型及理论的相关研究

(一) 国外相关研究

1. 柯克帕特里克的四层次培训绩效评估模型

柯克帕特里克(Donald Kirkpatrick)于 1959 提出的培训绩效评估

模型是目前应用最为广泛的评估方法。此模型从培训的深度和难度将培训绩效分为4个递进的层次——反应层、学习层、行为层、结果层,即受训者的反应(满意程度)、学习(知识、技能、态度的收获与改进)、行为(工作中行为的改进)、结果(受训者获得的经营业绩对组织的影响)[1][2],如表 8-1 所示。

表 8-1 柯克帕特里克四层次模型

层次	可以问的问题	衡量方法
反应层	是否喜欢该培训项目?对培训人员和设施有什么意见?课程有用吗?有什么建议?	问卷
学习层	受训人员在培训前后,知识及技能的掌握方面有多大程度的提高?态度是否发生转变?	一段时间之后的笔试
行为层	受训后,受训人员的行为有没有什么不同?他们在工作中是否使用了在培训中学到的知识?	由上级、同级同事、下属和客户进行绩效考核
结果层	组织是否因为培训经营得更好了?	事故率、生产率、流动率、质量、士气

柯克帕特里克(Kirkpatrick)提出的四层次评估模型主要是以受训人员作为评估对象,根据评估对象的活动状况进行划分,由表及里,由观念到行为至结构的变化规律来划分层次。

2. 柯氏改良模型(John Toplis,Dave Wallis and Wendy Fountain)

柯氏改良模型认为培训是一个完整连续的过程,培训绩效的评估不应该只是作为提高组织绩效的方法,它还是一个完整培训过程中重要的一个部分,而不仅仅是对受训者的评估。根据这些,学者约翰·托普利斯(John Toplis)、戴夫·沃利斯(Dave Wallis)和温迪·方泰(Wendy Fountain)在 1993 年提出了改良模型,如图 8-1 所示。

---

[1] 〔英〕莱斯利·瑞.培训效果评估(第三版)[M].牛雅娜,吴孟胜,张金普译.北京:中国劳动社会保障出版社,2003.

[2] 陈嗣成.企业人力资源管理统计学(第二版)[M].北京:中国劳动社会保障出版社,2005.

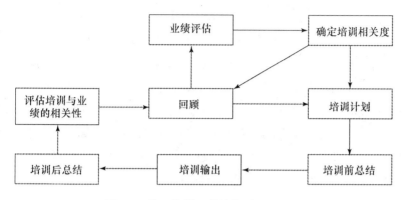

图 8-1　基于培训开发的培训评估模型

3. 菲利普斯(Philips)五层投资回报率模型

杰克·菲利普斯(Jack Philips)(1996)在柯氏四层次模型基础上，增加了第五层，即 Return on Investment(ROI)"财务评估层"ROI 是对培训绩效的一种量化测定，是将培训所带来的货币利润与成本进行比较[①]，形成了 Philips 五层投资回报率模型，具体内容如表 8-2 所示。

表 8-2　五层次评估模型

层次	评估内容
第一层：反应和计划的行动	对项目的反应，包括计划采取的行动
第二层：学习评估	学习怎样使用这些内容和材料，包括使用所学内容的信心
第三层：应用评估	用各种后续跟踪手段来确定学员是否将学到的东西应用到工作实践中
第四层：影响与效果评估	评估学员利用所培训的知识产生的实际结果，包括产量、质量、废品率、成本节约、人员流动等各种结果指标
第五层：计算投资回报	将培训产生的结果进行货币价值的转换，计算培训产生的经济效益

投资回报率的计算，运用较广泛的是下列公式：
$$TE=(E_2-E_1)\times TS\times T - C$$

---

① 〔美〕菲利普斯. 培训评估与衡量方法手册[M]. 李元明，林佳澍译. 天津：南开大学出版社，2001.

$$ROI = TE/C \times 100\%$$

TE——培训效益　　E_1——培训前每个受训者一年产生的收益

TS——培训人数　　E_2——培训后每个受训者一年产生的收益

C——培训成本　　T——培训效益可持续的年限

Philips 五层投资回报率模型首次把回报率这种量化分析的思路引入绩效评估模型中,是对绩效评估的量化分析的开端。投资回报率分析的是培训产生的经济利益,这是企业培训追求的最终目的。

4. CIPP 绩效评估模型及改进模型

丹尼尔·斯达夫雷宾(Daniel Stufflebean)将培训项目本身作为一个对象进行分析,根据项目组织过程的规律,提出的关于培训绩效评估的 CIPP 模型。他认为,培训绩效的评估包括四个方面:情景评估、输入评估、过程评估和成果评估。在 1965 年,美国联邦政府通过初级及中级教育法案时,CIPP 是所有州接受该法案时所采用的评估方法[①]。表 8-3 是该法案的具体内容。

表 8-3　CIPP 培训效果评估模型

评估项目	评估内容
情景评估	确定培训的目标,对环境进行描述和分析,发现机会与需求,并对特殊问题进行诊断,包括政府背景、环境背景及需求背景的评估。
输入评估	其目的主要用来决定何种资源可用于实现目标,包括工作计划、所需设备、经费预算和人力资源,对各类资源进行分析,确定资源配置使用的策略。
过程评估	主要为实施培训项目的负责人提供信息反馈,包括可能存在的问题、潜在的失败因素等,有助于对培训计划进行改进和调整。
成果评估	主要对培训的结果进行衡量,并与培训目标之间进行比较,为以后的培训提供参考依据。

1970 年学者沃尔、巴德和雷克汉姆(Warr、Bird 和 Rackham)对 CIPP 模型进行了修正,称为 CIRO 模型,该模型的主要内容如表 8-4 所示[②]:

---

① 华茂通咨询.员工培训与开发[M].北京:中国物资出版社.2003.
② 刘新军.点石成金:企业培训与实务[M].沈阳:沈阳出版社.2002.

表 8-4 CIPP 修正模型（CIRO 模型）

评估项目	评估内容
情景评估	审查培训项目运行背景的基本条件，确定培训的需求，培训最终要克服的问题，以及实现的培训目标。
输入评估	对企业资源，包括内部资源以及外部资源进行分析，为需要完成的培训项目进行适当的资源配置，以经济、有效的方式实现培训目标。
过程评估	主要收集培训过程中以及培训后学员们的主观信息，包括看法、评价，并据此对培训项目中可能存在的问题进行调整。
成果评估	收集培训项目所产生的结果，并将结果与最初的目标设定进行比较，评估项目的完成情况。

CIPP 评估及改进的评估模型不同于柯氏及其改善模型，是一种思路不同的评估模型，此模型围绕培训的目的进行培训项目本身的评估，培训项目本身主要集中在培训前和培训后的评估。

5. Kaufman 五层次评估模型

考夫曼（Kaufman）在研究过程中发现，评估培训产生的社会效益，不单单是培训企业获得的结果[①]。他建议第一级的评估应增加关于培训项目背景方面的评估，主要是关于评估实现培训项目目标需要的资源和条件，包括人力、物力、财力、可行性和质量分析。另外还应该评估培训对企业外围环境的影响，比如对客户、供应商，甚或竞争对手的影响。因此，他把四层次评估模型作了一些扩展，也称为五层次评估模型，具体内容如表 8-5 所示。

表 8-5 Kaufman 五层次评估模型

层次	评估内容
第一层：资源性评估及反应性评估	分析企业的各项人力、物力和财力，是否保证培训的成功；培训方法、手段和程序的接受情况
第二层：学习评估	了解受训人员对所培训的知识和技能的掌握情况
第三层：应用评估	评估个人和团队在受训后工作中的表现情况，对所培训知识和技能的运用情况
第四层：组织效益评估	评估由培训所带来的行为变化产生的组织结构，培训对组织贡献和回报情况
第五层：社会效益评估	评估培训项目对企业外部主体的影响，包括客户、供货商和相关主体的获益情况

---

① 华茂通咨询.员工培训与开发[M].北京：中国物资出版社.2003.

考夫曼(Kaufman)的评估模型在评估体系发展中有着重要的意义,这个模型不仅重视培训产生的绩效,还增加了对项目自身的评估;不仅评估培训对企业自身的利益,也关注培训对企业相关群体的影响。

6. 培训收益计量模型

从20世纪70年代至今,对培训绩效评估的研究重点转移到对第三层、第四层及第五层的分析研究,重点是分析培训结果的收益,使用的方法多为定量研究。

(1) 加里·S.贝克尔德(Gary S. becker)培训收益模型

加里·S.贝克尔德(Gary S. becker)培训收益模型在分析在职培训与员工收入分配之间关系的基础之上提出了培训绩效收益模型[1][2]。该模型的基本假设是企业利润均衡条件为企业当期收益等于企业员工的工资。由此,处于均衡点上的现象是当各个收益期取得的净收益的现值等于培训的全部成本现值,这使得企业初期边际收益等于当期工资。这也是追求利润最大化的企业雇用均衡条件。

(2) 评估效用模型

1985年塞派克(Sheppeck)和科恩(Cohen,S. L.)提出了培训效用模型,此模型是建立培训收益函数:

$$Utility = NT \times YD \times PD \times V - NT \times C$$

其中:YD——培训对工作产生影响的年数,

NT——接受培训的人数,

PD——接受培训者与未接受培训者在工作上的差异,

V——价值,对工作成绩的货币计算,

C——为每一位成员提高培训所支出的费用。

---

[1] 苗青.培训效果评价方法设计[J].中国人才,2002(12).

[2] D. L. Kirkpatrick. Evaluation. ASTD Training and Development Handbook. New York:McGraw-Hill.1996:294—312.

(3) 菲利普斯(Philips)的投资回报率模型

此模型主要以结果为基础来计算投资回报率。具体通过收集培训结束后的数据资料,将这些数据资料转换为货币价值,比较培训的效益与成本并计算培训投资回报率,公式为:

ROI＝(培训净效益／培训成本)×100％

(二)国内主要研究

根据文献检索的资料发现,国内关于绩效评估的系统性研究成果相对较少。从现有的成果来分析可以划分为三个类型:定性评估方法、定量评估方法和定性定量相结合的评估方法。

定性评估法包括:(1)目标评估法,此方法中关键要确定培训需要达到的目标,并对学习者进行前测,培训结束后对培训者再次进行后测,通过两次测量来判断学习者是否达到了预期的培训目标。这种方法要求培训目标制定要量化、具体化,方便评估[1];(2)关键人物评估法,这种方法需要选取若干特定学习者,应用360度考核方法,选择与学习者工作关系较为密切的领导、同事及下级对其培训绩效进行评估;(3)比较评估法,比较评估比较灵活,比如培训前后的评估比较,时间纵向评估比较以及学习者之间的横向评估比较。

比较评估在绩效评估中比较常用,而且操作起来也比较简单,但是缺点是主观性比较强,难以做出全面客观的评估。定量评估方法包括:(1)问卷式评估法,首先设计问卷并确定量化指标,对学习者的知识、态度、技能以及行为表现进行问卷调查,以评估培训绩效,这种方法的关键在于问卷的设计,如何将各种知识、技能及行为进行量化和标准化,使之可观测;(2)培训收益法,这种方法主要计算收益,尤其是企业的收益,当然也包括个人收益,主要利用各种收益计算模型,计算培训的成本以及效益,进而计算培训的效益,在此基础上衡量培训项目的价值[2]。这种方法的难点是如何计算培训效益,将培训结果量化并货币化。

---

[1] 苗青.培训效果评价方法设计[J].中国人才,2002(12).
[2] 彭胜峰.企业培训效果评估系统设计与应用[D].西北大学,2007.

定性定量结合的评估方法包括:(1)硬指标与软指标结合的评估方法,这种方法把培训成本、效益等所谓的硬性指标计算出来,同时结合学习者满意度以及学习者相关者的满意度等软性指标综合进行培训绩效的评估;(2)绩效评估法,这种方法主要考察学习和培训之后行为和工作绩效,判断提高的程度和范围;(3)FTF评估法,这种方法分三步进行,首先,确定员工培训前的基本情况,以确定培训的起点和基准,其次,通过情景分析、案例分析等方法对培训完成之后的员工综合素质进行评估,最后,确定一个时间限制,比如三个月,再对员工的个人知识、态度、技能等综合素质和能力进行评估。[1][2]

四、绩效评估分析——以中国电信学院渠道经理项目为例[3]

从2008年10月开始,移动通信产品代替固网通信产品成为中国电信集团的主要增长点。为此,电信集团需要通过大量的代理商去销售产品。2008年年底,代理商的销售业绩不能达到管理层的期望。调研发现,代理商销售业绩的不理想与他们未得到来自企业的充分支持有关,而承担支持代理商这一任务的是"渠道经理"这一族群。中国电信学院为渠道经理设计了一个完整的职场学习方案并组织实践,培养他们为代理商提供专业指导和培训的能力。绩效观察显示,获得了渠道经理专业支持的代理商的销售业绩有了明显的、持续的增长。代理商每月新获取的客户从82万提升到300万左右。

本学习项目对渠道经理进行了完全基于工作现场的培训和演练,同时将渠道经理在职场中有着紧密联系的各级人力资源主管、销售主管、管理层纳入项目中,按照WLP的七种角色分别让他们承担相应的角色,从而保证渠道经理的转变被他所在的职场和他的上司、同事所认可。自2009年年初至2010年6月,本项目在企业的所有分公司进行了实施,涉及的渠道经理超过7000人,这些渠道经理负责管理的代

---

[1] 王鲁捷,钟磊.企业培训效果评估方法研究[J].中国培训,2003(6).
[2] 聂永刚.企业人力资本投资浅析[J].贵州财经学院学报,1999(1).
[3] 资料来源于笔者对中国电信学院的问卷及调研。

理商销售门店超过了 40 万个，代理商销售员超过 100 万。

对于本项目，评估的重点是行为评估和绩效评估。本项目观察、收集了部分渠道经理行为变化的数据，并将行为分数的提升与代理商销售业绩的提升进行了统计分析，计算了两者的相关系数，说明了渠道经理的行为变化与其指导、培训的代理商的销售量提升之间的相关性。对于绩效变化，使用了以下两种方法进行评估：

（1）在小范围内，组织对比实验，检验渠道经理接受培训并为代理商提供支持与培训后，是否相对于其他渠道经理所管理的门店产生了绩效的提升；

（2）在企业范围内，追踪全体代理商总体销售数量的变化、代理商销售量占企业全部销售量的比重，作为评估指标。

如图 8-2 所示绩效观察表显示，获得了渠道经理专业支持的代理商的销售业绩有了明显的、持续的增长。

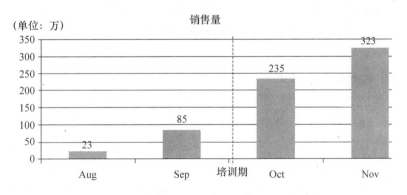

图 8-2　绩效观察表

通过这个培训项目，代理商的销售数量和占电信集团全部销售量的比重不断增加，2010 年上半年，代理商共为集团获取新客户达 1731 万户，每月可达约 300 万户。这为集团节约了大量开设新的销售门店的费用，有效地提升了电信集团在移动通信市场的竞争力。

该项目一次性成本投入为 84 万元，包括研发、优化调整、管理人员人工成本等，后续培训推广实施成本包括：一次培训 650 人，培训成本 130 万；二次培训推广至 7000 人，培训成本 245 万。总计项目成本约为459万元。

培训效果主要体现在代理商获取客户占比的提升,以2009年年底一个月的绩效观察,当月代理商渠道新增客户236万,获取的客户占企业全部获取客户的比重从27.4%提升到47.2%。接新增客户一个月带来的最低收入价值50元计算,即增量价值为0.49亿。投资回报率为968%。

第二节 组织评估——企业大学评估

一、评估指标体系研究

企业大学的评估是基于组织和部门层面的评估。目前,针对企业大学的评估不多,在文献中多提到的有两种。一种是ASTD(美国培训与发展协会)提出的,其针对企业的组织学习评估指标有:员工学习机会、效率、关联、测量与评估、效果、非学习措施、高层参与、创新。另一种是Corpu提出的,对于企业大学评估由以下几个指标组成:(1) Alignment——与组织商业战略的关系是否密切,是否为组织战略的有机组成;(2) Alliances——是否建立了广泛的外部联盟(传统大学、外包服务供应商、学习协会/社团/联盟、同业公会、电子学习供应商、培训供应商、内容专家);(3) Branding——品牌创建及推广的战略、具体举措;(4) Launching——企业大学(或新型学习项目)的成功启动;(5) Leadership Development——战略性的、系统的、全组织的领导力开发;(6) Learning Technologies——学习技术及学习环境创建,是否将工作和学习相整合,是否促进了"随时随地"的学习,促进了协作和知识共享等。上面两种评估指标可以作为参考,但并不完整。

本节是在第四章中的"基于场论的企业大学模型"基础之上进行研究的[①]。基于场论的企业大学模型由静态学习场和系统动态场构

---

① 吴峰.基于场论的企业大学模型[J].现代远程教育研究.2012(5).

成,描述了企业学习、工作场所、绩效之间的关系。这一模型能够清晰地划分企业大学的逻辑结构,能够从战略性、经济性和绩效三个方面合理阐释企业大学的目标、方向和保障。企业大学的静态学习场由组织学习、学习体系、学习技术、合作联盟四个元素组成,系统动态场由领导力发展、人才发展、组织知识、品牌影响力四个元素组成。

二、基于场论企业大学模型的一级评估指标

从企业大学场论模型得出企业大学的主要要素组成,这些要素之间是相互独立的。下面从静态场、动态场、目标、基础、社会属性五个方面进行归纳。

(一)静态场

组织学习。组织学习是指组织为了实现发展目标、提高核心竞争力而围绕知识技能提升所采取的各种行动,是组织不断努力改变或重新设计自身以适应持续变化的环境的过程。本要素是对于组织学习状态的刻画,有学习条件、学习环境、学习制度等因素。

学习体系。学习体系是企业大学的软环境,是支撑员工学习的主要内容,主要包括课程资源、课程师资、项目运营、学习评估等。学习体系是企业大学建设的主要要件之一。

学习技术。以信息技术为载体的学习方式由于它的 anyone、anywhere、anytime 特性越来越受到欢迎,在组织学习中的应用也越来越普遍。根据一项面向企业学习部门负责人的调查,未来采用 E-learning 这种方式进行培训的量要占总体培训量的一半以上。

合作联盟。企业大学既需要充分整合企业内部的学习资源,为企业战略服务,同时需要整合外来资源,譬如厂商、咨询公司、政府、高校等,有效地驱动这些资源为员工学习提供服务。特别是,企业大学需要为产业链、合作伙伴、经销商提供学习支持,企业大学需要具有全球化的知识视野。

(二)动态场

领导力发展。领导力发展主要是针对企业管理者的领导能力开发,领导力可以被形容为一系列行为的组合,而这些行为将会激励人们跟随领导去要去的地方,不是简单的服从。领导力发展是企业大学首先关注的领域,会对企业绩效带来较大的影响。

人才发展。人力资源开发是员工发展、职业生涯发展、组织发展三者的统一,其中员工发展是指知识技能的提升,职业生涯发展是指员工的个人职业发展路径的安排,组织发展包含组织绩效的提升以及组织变革。人才发展主要是指员工发展和职业生涯发展。企业大学的一个主要目标就是企业人才的发展,通过人才发展,最终提升企业的竞争力。

组织知识。组织知识是指在组织中建构一个量化与质化的知识系统,让组织中的资讯与知识,透过获得、创造、分享、整合、记录、存取、更新、创新等过程,不断地回馈到知识系统内,形成永不间断的累积个人与组织的知识循环。组织知识在企业组织中成为管理与应用的智慧资本,有助于企业做出正确的决策,以适应市场的变迁。21世纪企业的成功越来越依赖于企业所拥有知识的质量,利用企业所拥有的知识为企业创造竞争优势和持续竞争优势对企业来说始终是一个挑战。从国外企业大学的理念出发,组织知识管理是企业大学核心功能之一,企业大学不仅仅需要传递知识,更需要不间断地创造企业特有的知识系统。

品牌影响力。企业大学对于企业来说,不仅仅只是一个被动作业的部门,而且应该是一个可以为企业驱动客户关系、提升企业无形价值的战略工具。企业大学通过研究与沉淀,形成行业的某种标准,扩大在行业中的专业影响力。譬如摩托罗拉大学的六西格玛体系成为了通讯行业的质量标准,有效地扩大了摩托罗拉的行业影响力。企业大学通过教育的手段,通过对客户、合作伙伴及供应商的培训,扩大企业对于客户与合作伙伴的黏性,快速传播了自己的品牌。

(三)目标

绩效与变革。学习与绩效是人力资源开发的两个范式,其中学习是过程,绩效是目标结果。企业大学为绩效进行服务,体现在产品产量的增加、产品质量的提升、成本的下降、时间的节省、利润的升高、投诉率的降低等方面。变革是一个创造知识、传播知识、实施变革,然后再将所学到的东西制度化为组织日常工作一部分的循环过程。组织变革最终实现组织绩效的提升。

(四)基础

战略性。与企业战略保持一致是企业大学的根本属性,服务于企业战略是企业大学区别于其他教育机构的标志。战略性主要是指企业大学的愿景、目标、定位与企业发展目标的吻合程度,学习项目的设计与业务一致性程度。基于企业大学的战略性,企业会支持企业大学的发展,为企业大学提供机构设置与人员保障、权力与制度保障、经费保障。

经济性。现代的企业大学不应是一个完全依赖企业拨款的成本中心,而应该是一个独立进行成本收益核算的部门。经济性也体现了企业大学的相对独立性,相对独立性越高,企业大学的抗风险能力就越强。许多企业培训中心在企业陷入不景气的状态下会出现资金短缺的状态,这是与它的相对独立性差有关的。企业大学不仅仅关注企业内部培训,而且关注外部培训,如针对产业链培训、行业培训,在这些项目上可以是赢利的。无论是针对企业内部或者外部的培训,企业大学都需要进行核算收费制,这也是对企业大学本身绩效考核的依据。企业大学创造学习项目的收入与企业大学的整体投入经费之间的比例是其经济性的衡量指标。

(五)社会属性

社会教育责任。企业大学既针对企业内部也针对企业外部进行人才培养与知识传播,企业大学是我国终身教育体系的重要组成部分。譬如在上海市终身教育条例中,明确将企业教育纳入终身教育范畴。企业大学的社会溢出效应是非常明显的,这种社会溢出就是企业的教育贡献。在我国,终身学习已经成为全民理念,建设学习型社会已经变成了政府的实际行动,企业大学作为企业教育的领先者,也应当具有对社会作出教育贡献与教育表率的责任与义务。

三、二级指标体系

（一）战略性

目标一致性。目标一致性是指企业大学的远景、目标、定位是否与企业的发展战略一致，企业大学应该为企业的变革与绩效服务。特别指出的是，本指标主要考察企业大学的中长期发展是否与企业的中长期发展规划一致。

业务一致性。学习项目与业务是否保持紧密一致，企业大学与业务部门紧密结合，这样才能调动业务部门及员工的学习积极性。在人力资源开发中，从需求分析到学习方式的采用，都需要从学习者以及业务部门的角度出发进行规划设计。对于本项的评估数据采用业务部门对项目的满意度。

学习指导委员会。在国外，许多企业成立了高层次的包含企业总裁、副总裁、企业大学负责人在内的学习指导委员会，该委员会对于企业大学的发展起到指引与战略规划作用。通过学习指导委员会，企业高层对于企业大学的期望及满意度等信息就能准确地传递到企业大学，从而使企业大学战略发展不至于偏离方向。

校长/CLO。本项指标主要体现企业大学校长在企业中的地位。企业大学校长的位置越高，企业大学的工作开展及学习项目的执行力就会越强，企业大学整合企业内外的学习资源能力也就越强。

经费投入。对于企业大学每年投入的经费力度是考察企业对于企业大学重视程度的一个方面，一定的经费投入是企业大学开展工作的重要保证。本项指标用年度经费投入与企业员工工资总和的百分比来刻画。我国法律规定，在我国国有企业中，职工培训经费占职工工资总收入的比例是1.5%~2.5%。

（二）组织学习

学习设施。本项指标描述企业大学提供给员工的学习条件。主要体现在四个方面：企业大学的硬件，如场地、设施与教室；个人的学习条件，例如基于网络的学习方式能否传递到员工的工作桌面；企业是否提供必要的学习时间让员工进行学习,而不是仅仅依赖休息时间进行学习;学习空间设计,教室的空间布置是否科学。

学习制度。良好的学习氛围和学习习惯依赖于学习制度的建设。企业是否制定了相应的规章制度推动学习,员工学习是否与人力资源绩效考核目标相结合,员工学习是否与职业发展生涯相结合,是否有必修的学习任务与学习时长规定等。

学习环境。本项是指员工的学习氛围的描述,特别是指企业是否支持学习与创新,企业对于学习的推动,学习文化及学习意识的形成,学习是否成为员工的常态,终身学习是否成为企业员工一种普遍理念等的描述。目前,在我国国有企业与外资企业、新兴企业之间的学习环境差异性较大。

机构设置。本项主要指企业大学是否具有合理明确的内部机构设置,企业大学与其他部门之间的业务关系是否流畅,企业大学与人力资源部门之间的工作流程是否协调。针对国有大型企业,三级培训体系(总公司—省分公司—地市分公司)是否科学健全。

学习规划。学习规划是企业大学发展及项目执行的保证。企业大学是否有完整的中长期学习规划,以及年度的学习规划。本指标同时也考察学习规划是否与企业的发展规划一致。

学习密度深度。学习密度是指员工参加学习的覆盖率,用每年培训的员工与全体员工数量的比例来刻画。学习深度是指员工年平均学习时长,一般用面授的时长来测量。学习深度与学习密度是对培训频次的深度刻画。

(三) 学习体系

设计体系。设计体系中,绩效技术分析与教学设计是关键的因素。绩效技术分析就是针对员工的绩效差距,找出基于学习的干预解决方案。针对每一个学习项目需要做学习者分析、需求分析,特别是与项目提出方紧密结合,设计出来的学习项目尽量与员工的实际需求一致。

师资体系。师资体系是指企业大学的师资来源、师资数量与结构、师资遴选体系、师资考核方法、师资质量、外来师资占比等情况的描述。另外,企业高层亲自担任课程讲师对于提升企业大学的重要地位有极好的示范作用。

资源体系。资源体系主要是指现有的课程资源的来源、数量、质量。目前,企业大学的资源来源有三种类型,分别是自主开发、市场购买、委托定制,对于通用性的课程资源一般采取市场购买方式,对于企业的核心课程一般采取自主开发方式。

评估体系。评估体系主要是指针对学习项目或者培训课程有没有进行评估,如何进行评估,评估的流程设计是否规范,评估结果是否得到反馈并用以改进下一次学习项目的设计。

运营体系。运营体系是指支撑学习项目的整个流程,包括项目组织、宣传、执行、服务支持、经费核算等。

(四)学习技术

E-learning。这种学习方式离不开由多媒体资源、网上学习社区及网络技术平台构成的全新的网络学习环境。在网络学习环境中,汇集了大量数据、档案资料、程序、教学软件、兴趣讨论组、新闻组等学习资源,形成了一个高度综合集成的资源库。E-learning 的建立是建立企业大学的必要条件之一,企业 E-learning 的应用程度、员工在线学习时长、新技术的应用都成为主要的要素。

虚拟社区。瑞格尔德(Rheingole)定义虚拟社区为"一群主要由计算机网络彼此沟通的人们,他们彼此有某种程度的认识、分享某种程度的知识和信息、在很大程度上如同对待朋友般彼此关怀,从而形成的团体。"虚拟社区是非正式学习的重要一种,是企业知识管理的组成部分,也是形成企业文化及形成企业凝聚力的场所。

社会化学习。社会化学习是指在互联网进入 Web 2.0 时代后,员工借助 Web 2.0 的技术、服务、平台去与他人之间的分享、交流、协作。基于 Web 2.0 的理念,大众群体既是创造知识的主体,也是学习的主体。本项指标主要考察社会化学习理念在企业网上学习中的应用程度。

学习方法。企业学习中会有大量的学习方法的运用,包括正式的和非正式的,如行动学习法、教练辅导、团队学习等。譬如英国瑞文斯(Reg Revans)教授提出的行动学习方法目前在企业中得到广泛应用。

（五）合作联盟

全球化。全球化是当今信息时代社会的重要特征。企业大学需要与国外同行的企业大学进行对标,吸收全球化的知识,具备放眼全球的视野。

产业链合作。企业大学需与同行业产业链保持密切合作关系,开展学习项目。深化产业链合作,保持在行业中的影响力,扩大外界客户对企业的忠诚度,从而为企业拓展价值,是新型企业大学的目标责任。

学习服务商合作。由于企业大学自身工作人员有限,能承担的角色有限,企业大学需要提供外包服务,有效地利用课件提供商、平台提供商、培训服务商提供的优质学习服务资源。

高校政府协会合作。企业大学与高等教育机构保持合作联盟关系,共同建立研究机构、合作办班、建立师资共享机制等。企业大学需要与政府机构、行业协会保持足够的协作与交流。

（六）领导力发展

领导力课程体系。本项指标主要考察企业大学是否建立领导力模型,是否建立领导力课程体系,领导力课程体系能否动态地与企业发展趋势相适应。

领导力开发。本项主要考察在企业大学中有哪些基于学习的方法与工具来提升领导力。

继任计划。继任计划是指发现并追踪具有高潜质雇员的过程。它是为首席执行官(CEO)、副总裁、职能部门和业务部门的高层经理等职位寻找并确认具有胜任能力的人员,是为组织储备核心的人力资本,其实施过程要涉及人力资源培训与开发、职业生涯管理和绩效测评等方面,是否建立了完整的继任计划是本项指标考量的主要内容。

（七）人才发展

胜任力。胜任力是指能将某一工作中有卓越成就者与普通者区分开来的个人的深层次特征,它可以是动机、特质、自我形象、态度或价值观、某领域知识、认知或行为技能等任何可以被可靠测量或计数的并且能显著区分优秀与一般绩效的个体特征。培训的起源来自于员工现有的知识能力与岗位胜任能力存在差距,通过学习与培训,员工的胜任力得到提升。

职业生涯规划。职业生涯规划是指个人和组织相结合,在对一个人职业生涯的主客观条件进行测定、分析、总结研究的基础上,根据组织的需要及自己的职业倾向,确定其职业发展路径。这项指标主要评估是否建立员工职业生涯规划,学习项目是否与员工的职业生涯规划相结合。

新员工培训。新员工培训是指给企业的新雇员提供有关企业的基本背景情况,使员工了解所从事的工作的基本内容与方法,使他们明确自己工作的职责、程序、标准,并向他们灌输企业及其部门所期望的态度、规范、价值观和行为模式等,从而帮助他们顺利地适应企业环境和新的工作岗位,使他们尽快进入角色。目前在企业大学或者企业培训中心,新员工培训占据重要的角色。

个性化学习。个性化学习是未来学习的特点趋势,只有个性化学习才能满足员工在不同岗位上的学习需求。一方面,由于员工从事不同的工作岗位,从组织层面需要员工具有不同的知识技能,这为个性化学习提供了组织层面的需求;另一方面,不同的员工的学习偏好以及学习基础不一样,只有个性化学习才能调动员工学习的积极性。企业大学个性化学习策略与程度是本项指标的关注点。

主动学习。员工从被动学习到主动学习是一个质的飞跃。本项指标关注员工学习项目中采取哪些活动设计、策略设计、人力资源激励机制,使得员工从被动学习走向主动学习。主动学习也是终身学习的主要理念之一。

(八)组织知识

出版物。本项指标关注企业大学公开出版的书籍。企业大学一定程度上有如大学机构,既要传播知识,也需要创造知识,虽然企业大学的传播知识与创造知识都是为企业战略发展服务的。

信息化知识。信息化知识主要是指基于网络的信息化知识,譬如电子文档、公司知道、搜索引擎、数据库等。信息化知识便于员工快速学习,提高工作效率。

知识管理。知识管理就是为企业实现显性知识和隐性知识共享提供新的途径,知识管理是利用集体的智慧提高企业的应变和创新能力。知识管理包括几个方面工作:建立知识库,促进员工的知识交流,建立尊重知识的内部环境,把知识作为资产来管理。知识管理包括知识管理软件系统、知识管理工作人员、知识管理流程制度、知识搜索。

知识共享。如何创造知识共享的制度与氛围,让知识共享成为习惯,加强知识在员工中的传播,形成从隐性知识到显性知识、从个人知识到组织知识的制度化方法,是本项指标的考察重点。

(九)品牌影响力

品牌开发。本指标主要关注企业大学项目是否有自己品牌,品牌在行业中的影响力,特别是项目品牌是否逐渐成为行业标准的一部分,譬如六西格玛体系、GE领导力等都成为各自企业大学的行业品牌。

学习黏性(学习者忠诚度)。黏性是施加于流体的应力和由此产生的以一定的关系联系起来的流体的一种宏观属性,表现为流体的内摩擦。这里引申为学习项目对于企业外部学习者的吸引程度。譬如在针对客户、产业链的培训之后,被培训者在一段时间之内仍然与企业保持密切联系的人数比例,可以作为学习粘性的参考指标。

社会影响力。企业大学在自己的行业里面是否有足够的影响力,企业大学在社会上是否有足够的影响力,企业大学是否有效地传播企业的价值。

(十)经济性

财务管理模式。目前,企业大学的财务审批制度有三种类型。其一,财务独立,企业大学具有完整的财务收入支配权力。其二,非财务独立,企业大学的财务核算与支出需要经过总部的审批。其三,半独立,介于两者之间。一般来说独立的财务制度能增强企业大学的抗风险能力。

相对独立性。相对独立性用收入能力来刻画,通常是指整个企业大学的收入,包括对外对内的收入,与企业大学总体花费的比例大小。本项指标刻画企业大学的相对独立能力。

赢利性。赢利性主要是指企业大学对外界项目收入与总体花费的比例。

(十一) 社会教育贡献

社会教育。为企业战略服务,企业大学也针对非本企业员工进行培训教育,如针对产业链的培训、合作伙伴的培训,这一指标主要衡量这类针对社会的教育培训工作量。

资源共享。每一个企业大学都有一定数量的师资资源、课程资源、知识体系。企业大学作为全社会终身教育的一个组成部分,这些资源的共享程度也是衡量其社会教育贡献的主要依据之一。

教育资助。教育资助主要是指企业针对教育机构的资助,一些企业针对社会教育的支持项目是由企业大学来承担与实施。

(十二) 绩效与变革

企业学习会给企业带来以下三个方面的增长与提高。

绩效提升。绩效是组织为实现其目标而展现在不同层面上的有效输出,包括个人绩效和组织绩效,组织绩效实现应在个人绩效实现的基础上。绩效提升可以体现在产量提高、效率提高、质量提升、成本下降、利润增长等多方面。

组织变革。组织变革是指对组织的权力结构、组织规模、沟通渠道、角色设定、组织与其他组织之间的关系,以及对组织成员的观念、态度和行为,成员之间的合作精神等进行有目的的、系统的调整和革新,以适应组织所处的内外环境、技术特征和组织任务等方面的变化,提高组织效能。学习带来的组织变革主要有制度变革与流程再造。制度变革是指由于学习而产生的适应新形势下的机制变革,流程再造是指由学习而推动的工作程序再造。

企业文化。企业文化是一个组织由其价值观、信念、仪式、符号、处事等组成的其特有的文化。企业大学会带来企业文化的提升、企业凝聚力的提高、员工价值观一致、共同愿景的形成。

综上所述,完整的企业大学评估体系如表8-6所示,共计12个一级指标,48个二级指标。

表8-6　企业大学指标体系

战略性	组织学习	学习体系	学习技术
目标一致性	学习设施	设计体系	E-learning
业务一致性	学习制度	师资体系	虚拟社区
学习指导委员会	学习环境	资源体系	社会化学习
校长/CLO	机构设置	评估体系	学习方法
经费投入	学习规划	运营体系	
	学习密度深度		

合作联盟	领导力发展	人才发展	组织知识
全球化	领导力课程体系	胜任力	出版物
产业链合作	领导力开发	职业生涯规划	信息化知识
学习服务商合作	继任计划	新员工培训	知识管理
高校政府协会合作		个性化学习	知识共享
		主动学习	

品牌影响力	经济性	社会教育贡献	绩效与变革
品牌开发	财务管理模式	社会教育	绩效提升
学习粘性	相对独立性	资源共享	组织变革
社会影响力	赢利性	教育资助	企业文化

四、层次分析方法定量化分析

笔者针对国内某一企业大学进行了实证研究与数据分析,步骤如下:

(1) 构造判断矩阵并计算指标因子权重。表8-7是某位专家作出的企业大学评估一级指标的判断矩阵,表中最右列是根据层次分析法计算出来的每一个指标的权重。本判断矩阵的一致性比例是小于0.1，因此本判断矩阵是有效的。

表8-7　企业大学评估一级指标的判断矩阵

评估要素	战略性	组织学习	学习体系	学习技术	合作联盟	领导力发展	人才发展	组织知识	品牌影响力	经济性	社会教育贡献	绩效与变革	W_i
战略性	1.0000	3.3201	3.3201	3.3201	3.3201	2.2255	2.2255	2.2255	2.2255	1.4918	4.0552	0.6703	0.1577
组织学习	0.3012	1.0000	1.0000	1.0000	1.0000	0.6703	0.6703	0.6703	0.6703	0.4493	1.4918	0.2466	0.0491
学习体系	0.3012	1.0000	1.0000	1.0000	1.0000	0.6703	0.6703	0.6703	0.6703	0.4493	1.4918	0.2466	0.0491
学习技术	0.3012	1.0000	1.0000	1.0000	1.0000	0.6703	0.6703	0.6703	0.6703	0.4493	1.4918	0.2466	0.0491
合作联盟	0.3012	1.0000	1.0000	1.0000	1.0000	0.6703	0.6703	0.6703	0.6703	0.4493	1.4918	0.2466	0.0491
领导力发展	0.4493	1.4918	1.4918	1.4918	1.4918	1.0000	1.0000	1.0000	1.0000	0.6703	2.2255	0.3012	0.0720
人才发展	0.4493	1.4918	1.4918	1.4918	1.4918	1.0000	1.0000	1.0000	1.0000	0.6703	2.2255	0.3012	0.0720
组织知识	0.4493	1.4918	1.4918	1.4918	1.4918	1.0000	1.0000	1.0000	1.0000	0.6703	2.2255	0.3012	0.0720
品牌影响力	0.4493	1.4918	1.4918	1.4918	1.4918	1.0000	1.0000	1.0000	1.0000	0.6703	2.2255	0.3012	0.0720
经济性	0.6703	2.2255	2.2255	2.2255	2.2255	1.4918	1.4918	1.4918	1.4918	1.0000	3.3201	0.4493	0.1075
社会教育贡献	0.2466	0.6703	0.6703	0.6703	0.6703	0.4493	0.4493	0.4493	0.4493	0.3012	1.0000	0.2019	0.0340
绩效与变革	1.4918	4.0552	4.0552	4.0552	4.0552	3.3201	3.3201	3.3201	3.3201	2.2255	4.9530	1.0000	0.2164

（2）多专家打分进行平均。在上述指标体系中，针对每一个一级指标，下面又有相应的二级指标。对于每一个一级指标，会有一个构造矩阵，并由构造矩阵确定二级指标的权重。由于篇幅有限，并且由于二级指标构造矩阵及权重的计算方法与一级指标雷同，在这里就不再冗述。针对这个企业大学案例，所有判断矩阵的一致性比例均小于0.1，通过一致性检验。

在本案例中，选择了三位专家分别针对这个企业大学的每一个二级指标进行打分，分值幅度在0~10之间。对于三位专家的打分，采取求平均的方式确定每一个二级指标的分值。最终，通过多专家方法、AHP方法、加权方法计算出该企业大学的总评分是8.023分。根据项目组事先确定的分值与等级对应表（如表8-8所示），确定本企业大学为优秀等级。

表 8-8　企业大学评价分值与等级

等级	不及格	及格	良好	优秀	卓越
分值	<6.0	6.0~7.0	7.0~8.0	8.0~9.0	9.0~10.0

企业大学在我国成立与起步时间较短,但是实践层面的发展速度很快。特别是我国正处于人力资源从数量优势转变为质量优势的转型过程中,企业大学承担了针对成人进行继续教育的责任与使命。针对企业大学评估的研究,引导企业大学的发展与建设思路,具有学术与实证价值。

第九章 结论与建议

企业大学是人力资源开发学科的一个新兴研究点,也是一个实践先于理论研究的领域。本书的主要思路是分析并总结企业大学与传统企业培训之间的差异,并挖掘这个新生事物的创新之处。为了充分了解企业大学目前的发展状况,笔者设计了多个维度的企业大学问卷和访谈提纲,实地调研了20所企业大学,网络调查了20多所企业大学,最终获得了40多所企业大学反馈的问卷和访谈资料,形成了将近40万字的案例研究报告。这些事实性资料为本书撰写提供了丰富的案例。

本书首先对国内外企业大学研究的文献进行了综述,系统梳理并分析了企业大学的起源、动机与发展路径。在此基础上,笔者借助学习创新的视角,将企业大学视为一种学习型组织,分别从企业大学的理念创新、管理创新、知识与方法创新、信息技术环境下的学习创新这四个方面进行论述。最后,笔者尝试提出企业大学的概念定义,建立企业大学模型并提出企业大学评估体系。

一、主要结论与观点

1. 企业大学是企业学习发展阶段中的创新模式

从国内外企业大学数量的迅速增长来看,企业大学的产生和发展有着重要的现实意义和价值。研究者客观理性地去分析这一事实,而不是去批判与挑剔其"大学"之名。培训部门早已在企业内部存在,企业既然选择在培训部门基础之上成立企业大学,既有它的必然性需求,也有企业管理者对于学习创新的期望。21世纪的企业各种挑战、转型与发展,具有人才需求的急迫性。这种急迫性需求不是个别的,而是全方位的、全员的、系统的。企业需要扬弃以往被动的、零散的人才培训思路,构建新的理念和框架来推进企业的培训学习与人才培养。企业大学就是为了满足这些需求而产生的。

通过对国外文献的分析可以发现,企业大学在本质上是推动企业变革、提升企业人力资源质量以促进企业发展,建立企业学习型生态文化、构建企业知识库以提高企业效率。可以说,企业大学是企业学习发展到一定时期的产物,也是企业自身的需求推动了企业大学的出现与成熟。通过对企业大学发展历程的分析,我们可以看到,大部分企业大学是在企业面临挑战与变革时期发展起来的。本书从文献梳理和实证角度探讨了我国企业成立企业大学的动机,发现有以下各种因素推动企业大学的成立:战略变革推动企业大学成立、人才需求推动企业大学成立、信息技术促进企业大学成立、国际化因素促进企业大学成立、解决问题导向的理念促进企业大学成立,同时,跨国企业的企业大学也在我国进行了复制与移植。

本书从宏观角度分析了企业大学的发展,同时从微观角度分析了从传统培训部门到企业大学这一组织变革的发生。企业大学是企业学习的创新模式,很多研究文献支持这一观点,也是目前企业学习发展的实践所证实的。这些创新体现在各个方面,如理念上、管理上、知识上、方法上、技术的使用上等。本书对于企业大学的定义,也可以很好地描述这种学习创新:企业大学为企业战略服务,以企业文化为基础,以教育理念为指导,以系统化、知识化、信息化、经济化为方法特征,以员工发展能力、领导能力、开放能力、品牌能力为能力特征,最终促进组织变革与绩效提升的非学历终身教育机构,是学习型社会的重要组成部分。

企业大学自身是一个小范围的学习型组织,它也在推动企业成为一个大范围的学习型组织。学习型组织既是一种学习生态,也是一种良好的学习文化,它是推动企业创新、提升员工能力的最佳环境。企业大学强调员工的终身学习,特别是以职业生涯发展理论来设计指导员工的终身学习,实现终身学习理念的落地。因此,企业大学既是员工终身学习的推手,也是企业成为一个学习型组织的发动机。

2. 企业大学的理念创新决定企业大学的内涵深度

企业大学涌现出来许多创新理念。这些理念直接影响企业大学的未来定位,也决定了企业大学的内涵与深度。企业大学的理念创新可以从战略发展、个体发展及组织发展三个层面解析。

基于战略发展的理念创新主要特征体现在:企业大学是直接绩效导向的,企业大学是业务部门的伙伴,企业大学促进员工个人发展,企业大学推动组织变革,企业大学将服务对象拓展到产业链。企业大学真正成为组织的战略发展伙伴需要经历四个阶段:以战术性、面向个人作为特征的第一阶段;以战略性、面向个人作为特征的第二阶段;以战术性、面向组织作为特征的第三阶段;以战略性、面向组织作为特征的第四阶段。

个人发展的理念创新主要体现在企业大学为员工个体发展提供价值,具体表现在企业大学支撑与帮助员工的终身学习付诸实践、促进员工的职业生涯发展、提升员工的岗位胜任能力。企业大学持续地推进终身学习理念,在企业里创造学习的氛围。企业大学为员工提供完整的职业发展规划,并且基于规划为员工定制个性化的学习计划,为员工提供丰富的学习内容。企业大学为每一个员工确立"理想模型",也就是建立一个目标导向系统,让员工自我开发,不断挖掘自我潜能。另外,企业大学在企业岗位胜任能力模型的基础之上系统地建立起课程体系,使得员工学习内容不仅仅与其职业生涯发展相结合,同时与他工作岗位的能力需求相结合。学习的目的既提升组织与个人的绩效,又提升员工的岗位胜任能力。

组织发展的理念创新主要体现在企业大学促进组织学习能力的提升。企业学习能力与企业绩效之间存在着不可分割的密切联系,企业大学是提升企业组织学习能力的机构,它一方面为员工传递知识与技能,另一方面为员工传递学习方法与工具,从而创造组织学习的基因。

3. 企业大学的管理创新决定企业大学的执行力度

企业大学的管理创新是企业大学理念创新的实施和具体化,主要关注如何通过管理架构与专业能力来保证企业大学的定位与内涵的实现。企业大学的管理创新是企业大学执行力度的反映，主要包括功能创新、组织创新、学习体系创新。

与传统企业培训部门相比较，企业大学的功能创新主要表现在整合产业链、独立创收、提升企业形象、推动业务变革、促进企业研发和加强知识管理等几个方面。企业大学的组织创新主要体现在：越来越多的企业成立由高层组成的学习委员会来指导与规划企业大学的发展；企业大学校长由企业的高层领导兼任；企业人力资源管理部门与人力资源开发部门（企业大学）分离，甚至有人力资源开发部门（企业大学）比人力资源管理部门更加重要的现象出现；每一个企业大学根据自己的个性特征选择适合于自己的组织模式，这些模式主要是职能模式、矩阵模式、项目模式进行的，它们优越于传统的企业培训模式。

传统的企业培训体系主要包括课程体系、师资体系、运营体系这三个内容，而企业大学的学习体系增加了绩效技术、教学设计、评估体系。新增的这三项内容在实践领域得到越来越多的重视，这反映了企业学习正在从粗放型向精细型专业方向发展。绩效技术分析是学习项目设计的最前端，是在分析绩效差距的基础上，设计最有效、最佳成本效益的问题解决方案和策略。教学设计是包含分析、设计、开发、实施、评估五要素的教学系统，以系统工程学、传播学、学习心理学与技术为基础的一种方法论。现在越来越多的企业大学关注学习项目评估，认识到学习评估是改进学习方案、测量学习价值的手段。评估的广度和深度都有逐步扩大的趋势，评估的层级正在从第二层级（学习效果评估）向第三层级（行为评估）移动，甚至有的企业大学开始进行第四层级（绩效评估）的评估。

在管理创新体系中，首席学习官是一个非常重要的角色。首席学习官直接影响着企业大学发挥作用的范围和程度。研究发现，首席学习官需要具备以下几个方面能力：与高层形成伙伴关系能力、与业务部门形成伙伴关系能力、作为学习专家的能力、作为绩效咨询专家的能力、领导能力，并且需要具备演讲能力。

4. 知识创新是企业大学的显著特征

企业知识对于减少智力资产的流失、增强企业竞争力、促进跨单位知识共享与提升工作效率、加速革新速度这四个方面具有较大的作用价值。企业大学是企业知识生产的场所，创造知识、开发知识、分享知识、传播知识是企业大学的重要功能。而且，企业大学提供的服务是基于知识的服务，企业大学提供的这种知识服务具有个性化、持续化、泛在性、效能性的特征。在这个服务体系中，企业大学创造的知识传播对象一般是指企业内部员工及企业的合作伙伴，其教学传递的内容来源于企业自身的核心知识体系。可以说，企业大学的课程体系大都是在企业知识基础上加工产生的，离开了企业知识，企业大学的教学传递就没有了基础，企业大学也就名存实亡。从这个角度来看，知识是企业大学的标志，是一个企业大学区分其他企业大学的根本属性。

与高校是学科知识生产中心相比，企业大学将是社会知识生产的中心，企业大学是社会知识体系的重要组成部分。在对企业大学未来演变可能性的分析中，很多研究者认为企业大学会彻底演变成企业的知识中心。这个观点在一定程度支持了企业大学中知识创新的重要性。

不过，目前一些企业大学在培训中重视培训项目的研发和开展，而忽视了知识创新。这种企业大学的发展模式对于企业的价值和意义值得探讨：如果企业灭亡了，企业大学还能否存在？这涉及企业与企业大学之间的本质关系，即企业为企业大学提供知识源泉，企业大学通过学习培训项目为企业战略服务。割裂了企业大学与企业之间的纽带，尽管它还有可能继续生存下去，如它蜕变成培训公司模式，但企业大学的本质将不复存在。

为进一步探究企业大学的知识创新，本书归纳并提出了任务式知识创造流程，分别是规划、分工、标准化、开发、评审五个阶段。规划阶段主要确定目标任务、确定项目组织方案的过程；分工阶段界定参与项目的各种角色权责；标准化阶段将知识开发的范式就流程统一规定并且转移给各个专业部门;开发阶段需要各个专业部门去梳理知识、挖掘知识,隐形知识显性化;评估阶段对项目最终成果进行验收。之所以将知识创新进行任务流程划分,是因为笔者调研发现,企业中的知识创造的组织工作是一件非常具有挑战性的事情。这个过程需要许多策略上的设计,企业大学明确学习创新流程和任务阶段之后,有助于将更多的精力和时间用于知识创新的细节。

5. 网上学习是企业学习方式的变革与创新

企业网上学习是顺应信息技术时代的挑战而发展起来的。它对企业学习的变革主要体现在促进学习效率、促进学习普及与促进学习公平。它对企业学习的创新主要体现在使得协作学习、混合学习更加容易发生。个性化学习、主动性学习、社会化学习将是未来企业网上学习的主要特征。

网上学习在我国大中型企业中发展迅速。这是一种基于信息网络技术的学习模式,一方面,学习的内容、学习的信息量范围扩大了很多,突破了传统学习内容的范围,另一方面,资源与内容的获得速度提升了很多,使得学习效率提高。另外,由于网上学习具有 Anyone(任何人都可以学习)特征,它能为所有的企业员工提供学习机会,因此使得学习普及率从理论上可以达到百分之百的全体学习。另外,网上学习具有 Anytime 与 Anywhere(随时与随地)特征,基层员工可以随时随地进行学习,获得了以前所没有的宝贵的学习机会,使得学习更加方便和公平。

企业网上学习的模式创新体现在协作学习与混合学习上。通常面授培训由于规模受到限制和持续时间的限制,协作学习往往不能发生。而网上学习能提供众多员工同时学习,因此使得员工之间的协作学习很容易出现。而且这种协作学习多是自发的、基于课程的。此外,网上学习的出现,使得学习出现了第三种模式,也就是混合式学习。员工学习可以有多种途径:基于课程整合的面授及网上学习结合,学习项目部分通过面授方式完成,部分通过网上完成。

网上学习的出现使得个性化学习成为可能。个性化学习也是终身学习的主要理念之一,只有解决了个性化学习,学习者对于学习的选择遵从自身的需求和意愿,主动学习才会发生。不过,网上学习的一个挑战是如何吸引员工主动学习,因此学习活动与策略设计、学习内容的丰富程度、学习界面的便捷与友好便成为关键。另外,社会化学习也将是企业网上学习的特征之一,员工的学习以个人为主体逐步转变为向他人学习和向社会学习。

本书还针对中国、美国、韩国、中国台湾的企业网上学习进行了比较,并提出发展企业网上学习建议:注重社会理念导向;制定国家支持政策;开展标准研究;促进专业化与规范化发展;有效利用高校教育技术学科力量;设立研究机构,加强企业网上学习行业推动与科学发展。

6. 基于场论模型的指标体系可以对企业大学进行深度评估

笔者在场论基础之上提出了企业大学模型,认为学习是学习者与学习场之间相互作用的行为,其结果是在知识、技能、态度认知等方面发生相对持久的变化。学习场分静态学习场与动态学习场,静态学习场有组织学习、学习体系、学习技术、合作联盟四个要素;动态学习场包括领导力、人才发展、组织知识、品牌影响力四个要素。在工作场所,员工行为与动态场相互作用,从而产生绩效。

本书中企业大学评估指标体系是基于场论模型提出来的。这个指标体系从静态场、动态场、学习目标、学习基础、社会属性五个方面进行归类,共计 12 个一级指标体系及 48 个二级指标。笔者采用这个指标体系针对国内企业大学进行了评估,并且采用了层次分析法,从定性评估到定量化评估。通过验证分析,本指标体系得到了很好地实例证明。

二、企业大学发展建议

我国企业大学处于快速发展之中,无论是企业大学理念还是实践,都处于不断探究与进步的发展过程。根据本书的研究,对于我国企业大学的发展,笔者有如下观点建议:

(1)给予企业大学更多的理解和支持,将企业大学纳入终身教育

建设体系

　　社会的理解与支持是企业大学发展的不可或缺的氛围与土壤。大多数对企业大学持消极态度者多由于企业大学名称中带有"大学"二字。但是从前面的分析可以看出,企业大学是一种新世纪下的学习模式创新,无论从理念还是实践都大大超越以前的传统培训。因此,需要社会对于企业大学名称持"理解"的态度,以鼓励创新的视角去看待企业大学,支持企业大学的建设与发展。企业大学这个名称对于激励员工的学习参与性,还是具有很大的现实意义。

　　同时,将企业教育包括企业大学明确纳入我国终身教育体系中。上海的"终身教育促进条例"第十三条明确规定"企业应当依法开展在职人员教育培训,提高在职人员素质。鼓励企业建立带薪学习制度,支持在职人员接受教育培训"。企业是社会的重要组成部分,虽然企业教育是由各个企业自主负责与实施,但是应该在法律上或者条例上明文将企业教育纳入我国终身教育体系之中,开展企业教育及企业大学有据可依。这样也便于从国家层面推动企业教育,实现企业教育的有序发展与资源共享。

　　(2) 企业高层需认识人力资本的价值,理解人力资源开发与人力资源管理的差异性

　　企业管理的一个误区是在经济不景气或效益下滑的时候,企业大学或者企业培训部门往往成为首先被削减的部门,其根本原因在于企业高层对于人力资本这个理念的认识程度不够。GE总裁兼企业大学校长韦尔奇在企业面临业绩下滑时候,不但没有削减企业大学的投入,反而加大投入,加大对于企业的人才培养,以高质量的人力资源来应对企业业绩下滑这一挑战,结果获得了很大的成功,不仅员工受益而且企业受益。所以,从长远的发展实践来看,消减企业大学作用的企业行为是短视的。

　　企业管理的另外一个误区是将企业大学这重要的工作单元纳入在企业人力资源管理部门下,使得人力资源开发工作开展起来力度不够。造成这一行为现象的根本原因是没有厘清人力资源开发与人力

资源管理的本质区别,人力资源开发是以教育学科为本位,同时经济学、系统论、心理学也是其学科基础,而人力资源管理是以管理学科为本位。因此企业大学关注的是教学设计、组织学习、数字化学习、知识管理、绩效技术等内容,而人力资源管理更多地关注招聘、薪酬、员工关系等内容。两者之间虽然有联系,但是随着社会的发展,两者之间存在着本质的差异。盲目地将企业大学置于人力资源管理部门下,会导致企业大学不能发挥其应有的能量。

(3) 推进企业大学朝战略性人力资源开发部门转变

企业大学如何为企业战略服务是对企业大学的一个巨大挑战。如果不能有效地为企业战略服务,企业大学就会处于被边缘化的尴尬境地。企业大学的出现,真正使得企业对于学习与培训高度重视,但这并不意味着是企业学习部门扩权的开始。实际上,仅仅为了强调价值而扩权的行为是无法持续的。这种挑战与危机感要求企业大学朝战略性人力资源开发部门转变。

所谓战略性人力资源开发,其主要的两个特征是部门非集中式、绩效伙伴关系。第一,专业人员需要通过成为业务部门的一部分而不是退居集中式部门之中,与业务部门一起来积极地投入快速的变革应对之中。这样,大量的学习与培训活动的经费就计算在业务部门的预算内,降低企业大学的经济压力。另外,专业人员也能证实是如何帮助业务部门实现经营目标的。通过这种方式,企业不得不将企业大学视作一种投资而非成本,预算是来为整个企业和业务部门服务的,业务部门的经理也就理所当然成为培训活动的负责人而非旁观者。第二,企业大学需要形成绩效伙伴关系。这体现在三个层面,其一是与来自不同业务部门的客户;其二是与业务部门管理者和主管建立开发伙伴关系;其三是与企业领导者和决策者建立伙伴关系。这些观念要求企业大学不是去努力扩权,以企业指导者的姿态出现,而是去考虑如何建设一个柔性化组织,将自身融入业务部门之中。企业大学不是一个独立王国,而是有神经中枢,且触角伸展到企业的每一个角落。这个理念可能与现在的许多企业大学仅仅通过要权、要钱、要人的方式建立一个封闭体系的行为是冲突的。企业大学应该越来越开放。

(4) 企业大学项目设计需基于学习范式与绩效范式的统一

企业大学本质上是一个为企业服务的教育机构。为企业服务的特征决定了企业大学是追求绩效的,企业大学同时也是一个教育学习机构,这决定了企业大学的教学活动需遵循教育学习规律。因此,企业大学既基于绩效范式,也基于学习范式。完全基于绩效范式,企业大学容易被批判为管理的工具,员工是被安排学习,学习的目的仅仅是为了提高企业的绩效,给企业带来利润。这种观念实质上会挫伤员工的学习积极性。完全基于学习范式,企业大学仅仅是为提升员工的素质服务,这种范式会得到员工的支持与拥护。即使是从长期来看,这些行为也有利于企业绩效的改善,但是由于短期看不到预期绩效,企业高管不愿投资与建设企业大学,企业大学的处境会陷入尴尬境地。因此,企业大学需要在学习范式与绩效范式之间寻求平衡,既要考虑员工的兴趣爱好,拓展员工的学习积极性,也要追求绩效产出,为企业服务。这种统一既要体现在企业大学的整个学习体系的设计过程中,也要呈现在具体的学习培训项目设计中。

(5) 推进知识管理建设,打造企业大学的核心内涵

知识管理是企业大学的核心,是企业大学提供服务的基础。目前国内一些走在前列的企业大学已经开始重视知识管理,但是普遍情况不容乐观。大部分企业大学的主要工作内容还是仅仅围绕培训展开,绝大部分企业大学都没有设立知识管理部门。这一普遍现象说明了企业大学对于知识管理的忽视。知识创造与知识管理也是企业大学个性化的体现,因此企业大学需要尽快成立知识管理部门,与业务部门一起推进知识管理建设,打造企业大学的专业品牌。

(6) 顺应信息技术的挑战,推进网上学习环境与机制建设

许多企业大学已经认识到网上学习的重要性,越来越多的企业大学建立了自己的网上学习平台,将网上学习与面授结合起来进行。虽然网上学习从广度上发展趋势较好,但是从应用深度上还是不容乐观。一方面是由于员工可能还需要一段时间去适应这种新的学习方

式,另一方面网上学习环境的建设及机制建设缺乏。其中,优秀网上课件资源建设、网上学习社会化交互环境的建设、人机界面的友好程度是网上学习环境建设的三个重要方面。网上学习机制建设的主要目的是激发员工的学习积极性,包括人力资源激励机制、策略与活动设计、制度建设。网上学习发展得越成熟,就会有越多的员工受惠于这种成本低而且方便的学习工具。

(7) 企业大学中建立学习测量与评估部门,重视两类测量评估

这两类测量评估是指针对学习培训项目的测量评估和针对组织的测量评估。第一类评估是针对学习项目,测量学习项目的效果,反馈的结果用以改进项目方案,给予学习者建议。第二类评估是针对组织的评估,也就是针对整个企业大学的宏观评估,评估结果用以扫描企业大学的流程、架构设计等是否合理,年度的投入与学习价值的产出是否合理。测量评估虽然存在着难度较大、数据收集困难、花费时间与金钱,但是评估测量对于改进流程与方案、证明学习的价值、获得员工尊重等方面有很大的意义。从系统论角度,评估是科学的方法中不可或缺的一个环节。评估能建立起学习项目的预期与目标,否则如果一个项目既不可证实也不可证伪,项目设计者无法知道其产生的结果,导致的后果是学习项目设计者失去信心,项目设计流于形式。学习者因为无法验证自己的收获,无法把握学习的环节,把握容易放松自己,学习者也会失去信心。而且深层次评估涉及收集学习者的行为与绩效,针对这些行为与绩效的收集,本身就是企业知识管理的一部分,通过测量评估能很好地帮助企业建立知识管理体系。所以测量与评估在学习中非常重要,在条件许可和资源具备情况下,在企业大学中应该建立测量评估部门。

企业大学是一个新生的事物。国外企业大学迅速发展的时间段是最近 20 年,国内企业大学迅速发展的时间段是最近十年,对于这个新生事物的研究无论国内外都处于不断地探索过程中,这也是目前国内外企业大学研究相对较少的主要原因。但是企业对于企业大学建设的高度重视,企业大学美好的发展前景,给了研究者足够的信心与

动力去关注并探究其发展过程、问题并提出专业建议。国内企业大学的蓬勃发展,给本书提供了许多可供分析的鲜活案例,也为本书增添了本土化的实证色彩。但是,企业大学发展仅仅十年时间,从纵向维度分析可能还太短,还不足以在时间长轴上观察并分析它,因此本书中许多研究观点也属于探讨与预测范畴。十年、二十年之后的企业大学将会如何,也许时间才是对本书研究结论的真正检验。

附录　企业大学调查问卷

一、基本信息

1. 您所在企业的全称是，企业总部地址是 _____
   _____ 。

2. 您所在企业人员规模（　　）。
   （A）1000 人以下；（B）1000～3000 人；（C）3000～1 万人；
   （D）1 万～3 万人；（E）3 万～10 万人；（F）10 万～30 万人；
   （G）30 万～100 万；（H）100 万以上

3. 您所在企业性质属于：
   （A）完全国有企业；（B）以国有为主的企业；（C）民营企业或民营为主的企业；（D）外资企业；（E）事业单位；（F）其他，请注明：_____

4. 您所在企业所处的行业是（　　）：
   （A）农、林、牧、渔业； 　　　（B）采掘业、制造业；
   （C）电力、煤气及水的生产和供应业；
   （D）建筑、地质勘查、水利管理业；
   （E）交通运输、仓储及邮电通信业；
   （F）批发和零售贸易、餐饮业；
   （G）金融、保险业； 　　　（H）房地产业；
   （I）社会服务业； 　　　（J）卫生、体育和社会福利业；
   （K）科学研究和综合技术服务业；
   （L）国家机关、政党机关和社会团体；
   （M）其他行业

5. 您所在企业大学/培训中心全称是 _____
   _____，企业大学/培训中心正式员工数量 _____，合同制聘用员工数量_____,企业大学/培训中心占地面积_____平方米,教室面积_____平方米,教室数量_____个。
企业大学/培训中心通讯地址_____,邮编_____,企业大学/培训中心网址_____。

6. 您所在企业大学/培训中心主持工作的负责人姓名_____,职务_____,联系电话_____及电子邮件_____。

7. 您(填表人)的姓名_____,您的部门及职务_____,办公室电话_____,手机_____,E-mail_____,传真_____,通讯地址_____,邮编_____。

二、内外部关系

1. 企业大学/培训中心历史

(1)(本题培训中心可以不填)贵企业大学在什么时间成立的?在哪些机构基础上成立?成立的背景(或者有哪些因素的出现或变革的需要促使成立)?

(2)贵企业大学/培训中心发展史上有哪些里程碑性的事情或事件?

(3)您认为贵企业大学/培训中心的发展经历过哪些阶段,各个阶段特点是什么?

2. 您所在的企业集团出台了哪些政策文件支持贵企业大学/培训中心的发展?请列上政策文件名称以及时间(如果能附上政策文件更好)。

3. 企业大学与培训中心既有联系又有差异。结合自身,您认为企业大学与培训中心最显著的差异点有哪些?(请描述至少5个差异点)

4. 贵企业大学/培训中心与政府、协会/研究会、其他企业大学/培训中心之间,近年来共同举办过什么活动?面向社会独立举办过什么活动?请描述。

5. 如果以后成立一个以高校为沟通平台的企业大学/培训中心研究会,您有意愿参加吗？（A）有　（B）没有

6. 您所在企业大学/培训中心与外部高校有较为紧密的合作吗？请列举合作的项目。

7. 据您所知,您所在企业大学/培训中心与企业的投资商、供应商、客户、代理商、合作伙伴等之间有哪些工作或者合作内容？

8. 请您描述一个企业内训项目的流程。详细描述企业大学/培训中心、人力资源部、业务部门之间的工作关系。

三、愿景、架构与功能

1. 贵企业大学/培训中心的目标与愿景是什么？

2. 请将贵企业大学/培训中心已实现和未来计划实现的功能选择如下。已实现的（　　　）；计划实现的（　　　　　）。

（A）提升企业形象；（B）解读企业战略；（C）提高企业竞争力；（D）推动业务变革；（E）独立创收；（F）研发新产品；（G）管理企业知识；（H）传播企业文化；（I）培养人才；（J）领导胜任力培训；（K）提升员工及组织绩效；（L）实施培训活动；（M）整合和培训产业链。

3. 您认为企业大学/培训中心有承担社会教育的责任吗？以雇主导向的职业学校教育体系的建立是我国职业教育未来的发展趋势,您认为能否在企业大学/培训中心基础上发展职业学校教育,如何发展？

4. 有一种理念"董事长管企业大学、总经理管企业经营"。您觉得这个说法合理吗？

（A）非常不合理（B）不合理（C）说不清（D）合理（E）非常合理
理由：

5. 贵企业大学校长/培训中心主任（　　　　　）。

（A）董事长或者总经理（总裁）兼任；

（B）企业集团领导副职兼任；

（C）企业集团人力资源部长兼任；

（D）单独设立的中层正职；

(E) 其他,请注明_____。

6. 研究表明,企业大学校长/培训中心主任的胜任能力有下面几种,请您按照其重要性程度排序:(1 为最重要,2 次之,3,4 依次)

与企业高层形成伙伴关系　　_____;

与业务部门形成伙伴关系　　_____;

学习专家　　_____;

绩效专家　　_____;

领导力　　_____;

宣传鼓动能力　　_____;

顾问咨询能力　　_____。

7. 贵企业大学/培训中心向企业集团汇报的对象是(　　):

(A) 董事长;

(B) 总经理(总裁);

(C) 企业集团领导副职;

(D) 企业集团人力资源部;

(E) 其他,请注明_____。

8. 您所在企业大学/培训中心由哪些部门组成,请简单描述各个部门的职能。

9. 国外有首席学习官岗位的设立,您认为在中国是否有必要在学术与舆论上推动并在企业设立这个岗位?为什么?

10. 请用实例证明贵企业大学/培训中心为贵企业集团的经济发展做出了什么贡献。(可以作为附件材料提交)

11. 请用实例证明贵企业大学/培训中心为贵企业集团的组织变革做出了什么贡献。(可以作为附件材料提交)

四、文化、绩效与价值

1. 您所在企业大学/培训中心对贵企业文化的养成起了哪些作用(　　)(可以多选)。

(A) 通过培训研讨对企业文化建设目标和现状差距达成共识;

(B) 通过领导力培训和评估,改变企业中高层管理者行为;

(C) 通过新制度宣贯,宣传企业文化;

(D) 通过在课件中渗透企业文化元素案例,促进企业文化与员工工作有效结合;

(E) 通过企业大学对外宣传企业文化,建立企业的品牌形象;

(F) 其他(请注明)

2. 除了培训手段之外,企业大学/培训中心还在哪些方面用哪些方式对于企业文化作出贡献?

3. 贵公司对您所在企业大学/培训中心的 KPI 考核指标有哪些?(　　)

(A) 培训预算执行率;(B) 培训费用使用效率;(C) 培训项目完成率;(D) 学员满意度;(E) 讲师体系完善度;(F) 课程满意度;(G) 内部知识文档化程度;(H) 课程体系完善度;(I) 培训工作对业务的支持程度;(J) 文化传播度;(K) 其他(请注明)

4. 请简单描述一个具体的培训(学习)项目,您们从哪几个方面考查这个培训(学习)项目的绩效,并如何获得这些绩效数据和资料。

5. 有针对一个具体培训(学习)项目的投资回报率的计算吗?请描述。

6. 您认为,通过在企业大学/培训中心的学习,粗略估计,对于保持投资商、供应商、客户、代理商、合作伙伴的粘度是多少?(黏度:被培训的供应商、客户、代理商在一个月之内主动和企业大学联系的人数/被培训总数。如一个客户项目班 40 人,在项目结束之后主动联系的有 18 人,粘度为 45%)。

7. 六西格玛是质量认证标准,是某企业大学品牌体系的一部分。贵企业大学/培训中心有这样的品牌吗?如有,请填写。

8. 贵企业大学/培训中心对贵企业所在的行业发展有怎样的推动作用?

五、知识管理与组织学习

1. 您所在企业大学/培训中心专门设有知识管理部门吗?

(A)没有;(B)有,请注明部门名称_____。

您所在企业大学/培训中心有_____人(可以是0)专职负责知识管理。

2. 您所在企业大学/培训中心知识管理的内容来源主要有:(多选)(_____)

(A) 根据国际标准及变革;(B) 根据政府政策法规获取;(C) 根据行业技术标准及变革;(D) 企业发展与变革;(E) 根据竞争者知识内容;(F) 根据企业高层的战略部署;(G) 根据市场反馈信息;(H) 根据企业中层管理者经验总结;(I) 根据明星员工操作经验;(J) 根据各部门各岗位职责;(K) 根据企业员工个人博客;(L) 根据企业E-learning平台;(M) 其他,请在下面空白处注明_____。

3. 贵企业大学/培训中心有没有建设案例库?现有多少个案例?案例库是如何形成的?案例库面向哪些对象开放?请介绍一下案例库特色。

4. 切尔斯菲尔德企业大学建立了包括企业总裁、副总裁、首席学习官在内的学习委员会,推动企业的组织学习。您认为在您企业的目前情况下,_____。

(A) 完全没有必要

(B) 没有必要

(C) 说不清

(D) 有必要

(E) 非常有必要

5. 您认为知识管理对于企业的作用有哪些?(_____)

(A) 促进跨营运单位的知识共享;(B) 增进企业竞争力;(C) 加快革新速度;(D) 控制或降低企业成本;(E) 减少智力资产的流失;(F) 全球化的运作需求;(G) 对行业及并购者的更好整合;(H) 对工作绩效的追求;(I) 网络及信息技术的发展。

6. 结合一个具体的企业知识过程案例,描述贵企业知识创造、知识获取、分享、运用四个过程的具体做法。

7. 对于知识管理,贵企业或者企业大学/培训中心有哪些支持政策与制度？

8. 您认为贵企业大学/培训中心在以下哪些方面已经做了相当的工作(多选)(　　　　)。

(A) 发展组织愿景；(B) 取得高层管理者的支持；(C) 创造持续学习的公司氛围；(D) 围绕学习重新构造政策和结构；(E) 奖励个人和团队的学习行为；(F) 将学习融入所有政策和程序中；(G) 建立卓越示范中心和样板项目；(K) 测量学习活动的财务和非财务效果；(L) 为学习创造时间和空间；(M) 随时随地有意识地学习。

9. 您认为下面哪些描述符合贵企业的学习现状？(请在下面空白填写"Y"或者"N")

　　　　所有员工都把持续学习当做一项重要工作；

　　　　企业鼓励员工规划自己的学习和自我发展；

　　　　人与人之间能使用有效的沟通技巧和手段；

　　　　企业员工提供如何进行学习的培训与指导；

　　　　人们运用各种方法来促进学习；

　　　　员工通过适应性的、参与性的以及创造性的学习方法来拓展个人的知识；

　　　　团队与个人能通过实践学习；

　　　　企业鼓励团队/小组之间相互学习,并通过各种方式来激发学习；

　　　　员工能用系统的方法来思考和行动；

　　　　企业为团队成员提供如何在团队中工作,并通过团队来学习的培训。

10. 贵企业的非正式学习方式有哪些？

六、学习体系

1. 贵企业大学/培训中心现阶段的培训(　　　　)。

(A) 主要对内培训；　　(B) 主要对外培训。

主要的培训内容(可以单选或者多选)(　　　　)。

(A)领导力； (B)专业知识和技能；
(C)通用知识和技能； (D)新员工入职培训。

2. 贵企业大学/培训中心课程内容有(　　　　)。

(A)业务能力(大局观/业务知识/成本收益分析/识别重大经营问题/行业意识/项目管理)；

(B)专业技能(成人学习/促进/反馈/监控方案/调查的设计与改进)；

(C)分析能力(分析思考法/分析绩效数据/识别能力/方案选择/构建模型/绩效差距分析)；

(D)人际关系能力(沟通/建立人际网络/咨询/人际关系处理技巧/人际关系建立)；

(E)技术能力(以电脑为媒介进行沟通/远程教育/电子绩效支持系统/科技素养)；

(F)领导能力(说服/倡导/多样化意识/树立榜样/团队动力/领导艺术/制定远景目标)；

(G)其他(请列举_____)。

3. 请描述贵企业大学/培训中心的课程体系,建立该课程体系的依据是什么?

4. 试描述贵企业大学/培训中心的领导力课程体系(或者其他名称)。

5. 贵企业大学/培训中心教学方式有(　　　　)。

(A)课堂直教；(B)E-learning；(C)导师制；(D)内部研讨；(E)教练辅导；(F)工场实训；(G)经验学习；(H)自学；(I)跨界交流；(J)集体视频学习；(K)公司学习网站；(L)其他。

6. 贵企业大学/培训中心教师组成及各部分人数填入下表:

培训教师	全职讲师	企业内部管理者	各部门明星员工	外聘讲师	其他
人数					

7. 贵企业大学/培训中心是通过哪些渠道选拔讲师的?(　　　　)(可多选)。

(A)内部中高层管理人员;(B)内部中高层技术人员;(C)有突出贡献\成就的内部基层员工;(D)外部招聘;(E)其他(请您注明)。

8. 您认为,对内部讲师的激励以下哪些方式最为有效?(　　)(最多选3项)。

(A)晋级制度;(B)培训和进修机会;(C)优秀讲师评选;(D)物质、奖金激励;(E)高管认可;(F)其他(请注明)。

9. 贵企业大学/培训中心教学评价内容有哪些(　　　　)。
(A)对讲师授课质量的评价;(B)对教学组织丰富性的评价;(C)对学员参与积极性评价;(D)对学员满意度评价;(E)对教学目标评价;(F)对课程针对性评价;(G)对教学投入的评价;(H)其他(请注明)。

10. 贵企业大学/培训中心是否设立教学设计岗位、绩效技术分析岗位(或类似的岗位)?贵企业大学/培训中心急需的岗位是什么?

七、网上学习

1. 有的理念认为,在信息社会的今天,E-learning(企业网上大学)是建立企业大学的必要条件,您认为这个说法(　　　　)。

(A)非常合理　(B)合理　(C)说不清

(D)不合理　(E)非常不合理

2. 贵企业大学/培训中心现有的网上课件资源来源:

方式	员工开发	企业大学开发	购买	委托公司开发	其他
数量(小时数)					

3. 近年来贵企业大学/培训中心计划购买多少数量(小时)的课件?希望购买哪些方面的课件?

4. 简单介绍一下贵企业网上学习体系结构与功能。

5. 目前,贵企业员工年网上学习时长占年全部培训时长的比例是多少?＿＿＿＿；您预测认为什么样的比例比较合适＿＿＿＿＿＿＿＿＿＿＿＿。

贵企业大学/培训中心负责网上学习的员工数量＿＿＿＿,占整个企业大学/培训中心的员工数量比例_____。

贵企业大学/培训中心在网上学习方面的年度支出是多少_____,占整个企业大学/培训中心的年度支出的比例_____。

贵企业在上年度进行网上学习的员工数量_____,占全体员工的数量比例_____。

6. 对于实施网上学习,贵企业有哪些支持政策和推广措施?

八、经济状况

1. 近三年来,您所在企业大学/培训中心每年总体经费来自公司拨款、大学营利、外部赞助及其他来源的比例大约各占多少?

	公司拨款(%)	营利收入(%)	外部赞助(%)	其他来源(%)
2008年				
2009年				
2010年				

2. 上一年度,您所在企业大学/培训中心对下列培训服务对象的经费投入比例分别是多少?请将数据填入下表。

分类	上年度年培训费用投入
上年度总计投入(单位:万元)	
高层管理者(占比:%)	
中层管理者(占比:%)	
基层管理者(占比:%)	
一般员工(占比:%)	
新员工(占比:%)	
供应链或经销商(占比:%)	
客户(占比:%)	
其他(占比:%)	

3. 赢利能力也刻画了企业大学/培训中心的影响力。上一年度,贵企业大学/培训中心的赢利项目主要有哪些,大约分别赢利多少?

4. 贵企业大学/培训中心的财务是由自己独立的财务部门来管理,还是由企业集团财务部门管理?您认为这两种情况对企业大学/培训中心的运营和发展有什么影响?

5. 从知识管理角度与财务角度,您认为企业消亡后企业大学会存在吗?

（A）存在并继续发展　（B）转化成另一种形式的培训机构

（C）消亡　　　　　　（D）说不清

为什么？

九、对员工的影响

1. 以学习项目为例说明企业大学/培训中心对于员工的知识、技能、态度有什么改变？

2. 您认为企业大学/培训中心对员工忠诚度的提升（流动率）、工作满意度、岗位胜任力、工作绩效、生涯规划状况方面有什么积极影响？举例说明。

3. 贵企业员工在职业生涯发展的每个阶段内，以及在面临晋升、转岗的时间节点时，公司是否有相匹配的学习资源对其进行培训支持？

（A）基本很少涉及；

（B）在员工职业生涯发展的每个阶段内有相应的培训支持；

（C）在员工面临晋升、转岗时有相应培训支持；

（D）在员工职业生涯每个发展阶段内以及面临晋升、转岗时都有相应的培训支持。

4. 贵企业大学/培训中心对员工的职业生涯培训课程有哪些（　　）。

（A）岗位道德培训；(B) 专业知识培训；(C) 领导力培训；(D) 转型相关知识培训；(E) 资格职称知识培训；(F) 轮岗学习；(G) 晋升前技能培训；(H) 压力或时间管理培训；(I) 管理知识培训；(J) 市场及客户培训；(K) 财务知识培训；(L) 其他_____。

5. 您所在企业中，多大比例的员工具有以下学习机会？

方式	比例
正式的（基于事件）学习活动（例如课堂、研讨会、在线课程）	
导师和教练	
知识分享（例如待命专家、实践社区）	
知识库（例如可检索的参考资料）	

续表

方式	比例
工作辅助	
电子绩效支持	
在职学习	
轮岗	
学费偿还	
员工支持的会议出席	
专业委员会会员经费支持	
其他（请列举）	

6. 您认为目前影响企业大学/培训中心发展的主要因素是（　　）(多选)。
(A)经费不足；(B)学习参与时间无法保证；(C)领导对学习投入重视不足；(D)培训管理人员数量不足；(E)培训管理人员自身专业能力限制；(F)培训与绩效和晋升无关联；(G)课程内容与工作联系不紧，实用性不高；(H)缺乏好的讲师资源；(I)培训需求难以准确收集；(J)缺乏专业课程资源；(K)缺乏有效培训评估；(L)没有建立员工学习档案；(M)学习方式单一，无法引起员工参与兴趣；(N)培训覆盖人员太少；(O)培训次数太少；(P)公司内部学习氛围淡薄；(Q)内部缺乏有效的运营经验沉淀和传播机制；(R)其他（请注明）_____。

十、贵企业大学/培训中心未来 3～5 年工作计划要点（或以附件方式）。

文献作者名中英文对照表

英文名	中文名
Allan Macpherson	艾伦·麦克皮森
Amanda Pyman	阿曼达·帕曼
Amy Lui Abel	艾米·蕾·阿贝尔
Ann May Cunich	梅楚尼奇
Annick Renaud Coulon	安妮克·雷纳德·库伦
Arie De Gues	德格
Beaver	彼维
Bilder Beek	拜德·比克
Branch	布兰奇
Chalofsky	希洛夫斯基
Christopher Prince	克里斯托弗·普林斯
Clara Crocetti	克拉拉·克罗切蒂
Clare Sham	克莱尔·山姆
Dave Wallis	戴夫·沃利斯
Dibta Group	迪拓集团
Donald F. Heany	唐纳德·赫妮
Donald Kirpatrick	柯克帕特里克
Eddie Blass	埃迪·布拉斯
Erica J. Keeps	艾丽卡·开普斯
Femke Jansink	菲克·詹斯克
Gadrey	甘德瑞
Gagne	加涅
Gary S. Becker	加里·S. 贝克尔德
Gibbons	吉本斯
Gill Homan	吉尔·胡曼
Glaser	格拉泽
Gordon Thompson	戈登·汤普森
Graham	格雷厄姆
Gronroos	格鲁诺斯

续表

英文名	中文名
Gustafson	古斯塔夫森
Harold D. Stolovich	哈罗德·斯多维奇
Hawthorne	霍桑
Jack J. Phillips	杰克·菲利普斯
Jay Forrester	佛睿斯特
Jeanne Meister	珍妮·梅斯特
Jerry W. Gilley	杰里·吉雷
Joaquin Alegre	阿雷格里
John e. holm Lin	约翰·林霍尔姆
John Flanagan	约翰·弗拉纳根
John Toplis	约翰·托普利斯
Karen Barley	凯伦·巴利
Kaufman	考夫曼
Kevin W. Bruny	凯文·布鲁尼
Laree Kiely	拉瑞·基利
Larry A. Roesner	拉里·罗斯娜
Lee E. Steffens	李·斯蒂芬斯
Leslie Briggs	莱斯利·布里格斯
Lex Dilworth	雷克斯·蒂尔沃斯
Lucie Morin	露西·莫林
Marcik	马西克
Marco Guerci	马可·古尔茨
Mark Allen	马克·艾伦
Marquardt	马夸特
Mc Clelland	麦克里兰
Michael Polanyi	迈克尔·波兰尼
Murray	穆雷
Nadler	纳德勒
Paul B. Roberts	保罗·罗伯特
Paul Lengrand	保罗·朗格朗
Paul Romer	保罗·罗默
Peter Holland	彼得·霍兰与阿曼达·帕门
Peter M. Senge	彼得·圣吉
Philip Kotler	菲利普·科特勒
Philip McGee	菲利普·麦塞

续表

英文名	中文名
Prince	普林斯
Radmemakers	瑞梅克斯
Reg Revans	瑞文斯
Reginald Revans	雷纳德·瑞文斯
Reynold	雷诺
Rheingole	瑞格尔德
Ricardo Chiva	里卡多·奇瓦
Richard Dealtry	理查德·迪积
Rothwell	罗斯威尔
Stephane Renaud	斯蒂芬·雷纳多
Stephen Deff	史迪芬·迪夫
Stewart	斯图尔特
Sue Shaw	苏·肖恩
T. L. Saaty	萨第
T. R. Srinivasan	斯里尼瓦桑
Tamer Elkeles	泰穆·埃克里斯
Terry W. Gilley	吉雷
Theodore Schultz	西奥多·舒尔茨
Thomas E. Moore	托马斯·摩尔
Warr、Bird and Rackham	沃尔、巴德和雷克汉姆
Watkins	沃特金斯
Wendy Fountain	温迪·方泰
Werner	维尔纳

参考文献

1. Akram A. El-Tannir. The Corporate University Model for Continuous Learning, Training and Development[J]. Education+Training, 2002(2): 76—81.
2. Amy Lui Abel. Exploring the Corporate University Phenomenon: Development and Implementation of a Comprehensive Survey[J]. Human Resource Development Quarterly, vol 23, no 1, Spring 2012.
3. Annick Renaud-Coulon. The Next Generation of Corporate Universities: Innovative Approaches for Developing People and Expanding Organizational Capabilities [J]. John Wiley & Sons International Rights, Inc. 2007.
4. ASTD. ASTD Learning System Module 3: Improving Human Performance [M]. ASTD press, 2006.
5. Campbell & Dealtry. The New Generation of Corporate Universities [J]. Journal of Workplace Learning. 2003(15): 7—8.
6. Christopher E. Bober. The Utilization of Training Program Evaluation in Corporate Universities [J]. Human Resource Development Quarterly, vol. 15, no. 4, Winter 2004.
7. Christopher Prince and Graham Beaver. The Rise and Rise of the Corporate University: the Emerging Corporate Learning Agenda[J]. The International Journal of Management Education.
8. Christopher Prince and Jim Stewart. Corporate Universities——An Analytical Framework [J]. Journal of Management Development, Vol 21 No. 10. 2002: 794—811.
9. Clara Crocetti. Corporate Learning——A Knowledge Management Perspective[J]. Internet and Higher Education 2002 (4): 271—285.
10. Clare Sham. Professional Practice, An Exploratory Study of Corporate Universities in China[J]. Journal of Workplace Learning, vol. 19 No 4, 2007: 257—264.
11. D. L. Kirkpatrick. Evaluation. ASTD Training and Development Handbook. New York: McGraw-Hill. 1996: 294—312.

12. Dede Bonner. Enter the Chief Knowledge Officer[J]. Training & Development. 2000(2).
13. Densford L. Corporate University Review Survey Finds Dramatic Increase in Corporate Universities; CUs Gain Popularity with Smaller Companies; CUs Seen as Cost-effective[EB/OL]. 2013-01-18.
14. Dibta Group. Corporate University[EB/OL]. http://www.dibtagroup.com, 2012-05-02.
15. Dick, W. A History of Instructional Design and Its Impact on Educational Psychology. In J. Glover & R. Roning (Eds.). Historical Foundations of Educational Psychology. New York: Plenum, 1987.
16. Donald F. Heany. Degrees of Product Innovation[J], Journal of Business Strategy. Spring, 1983: 3—14.
17. Eddie Blass. The Rise and Rise of the Corporate University[J]. Journal of European Industrial Training. 2005;29,1; ABI/INFORM Complete p.58.
18. Eddie Blass. What's in a name? A Comparative Study of the Traditional Public University and the Corporate University [J]. Human Resource Development International 2001 (2): 153—172.
19. Femke Jansink. The Knowledge-productive Corporate University[J]. Journal of European Industrial Training, 2005(1): 29.
20. Gange, R. M. Introduction. In R. M. Gange (Ed.). Psychological Principles in System Development. New York: Holt, Rinehart and Winston. 1962.
21. Gill Homan and Allen Macpherson. E-learning in the Corporate University[J]. Journal of European Industrial Training Vol. 29 No. 1. 2005: 75—90.
22. Glaser, R. Toward A Behavioral Science Base for Instructional Design. In R. Glaser (Ed.). Teaching Machines and Programmed Learning, II: Data and Directions. Washington, DC: National Education Association. 1965.
23. Harold D. Stolovich, Erica J. Keeps. Handbook of Human Performance Technology (2nd ed.) [M]. San Francisco: Jossey-Bass Pfeiffer, 1999.
24. ISPI. ISPI Introduction of HPT Model [ED/LB]. http://www.ispi.org/content.aspx?id=54, 2012-12-20.
25. Jack J. Phillips. Return on Investment-Beyond the Four Levels[C]. in Academy of HRD 1995 Conference Procedings, E. Nolton(ED), 1995.
26. Jeanne Meister. Corporate Universities: Lessons in Building a World-class Work

Force[M]. McGraw-Hill,1998.

27. 珍妮·梅斯特. 企业大学——为企业培养世界一流员工[M]. 徐健,朱敬译. 北京:人民邮电出版社,2005.

28. Jeanne Meister. The Brave New World of Corporate Education[J]. Chronicle of Higher Education,2001(22).

29. Jeanne Meister. Corporate Quality Universities: Lessons in Building a World-class Workforce[M]. New York: Lrwin Professional Publishers,1994:130.

30. Jeanne Meister. Ten Steps to Creating a Corporate University[J]. Training & Development, November 1998;52,11;ERIC.

31. Jeanne Meister. The Latest in Corporate-college Partnerships[J]. T+D,2003(10):57.

32. Jeanne Meister. Corporate University [J]. Chief Learning Officer,2006(3).

33. 吉雷,梅楚尼奇. 组织学习、绩效与变革:战略人力资源开发导论[M]. 康青译. 北京:中国人民大学出版社,2005.

34. 〔美〕乔恩·M. 沃纳,德西蒙. 人力资源开发(第4版)[M]. 徐芳等译. 北京:中国人民大学出版社,2009:412.

35. Judy C. Nixon, Marilyn M. Helms. Corporate Universities vs. Higher Education Institutions[J]. Industrial and Commercial Training,2002(4):144—150.

36. June Xuejun Qiao. Corporate Universities in China: Processes, Issues and Challenges[J]. Journal of Workplace Learning vol. 21 No. 2,2009:166—174.

37. Karen Barley. The Next Generation of Corporate Universities: Innovative Approaches for Developing People and Expanding Organizational Capabilities[J]. John Wiley & Sons International Rights, Inc. 2007.

38. Larry A. Roesner. Corporate University: Consulting Firm Case Study[J]. Journal of Management in Engineering, 1998(4).

39. Lee E. Steffens. The Next Generation of Corporate Universities: Innovative Approaches for Developing People and Expanding Organizational Capabilities[J]. John Wiley & Sons International Rights, Inc. 2007.

40. Lucie Morin & Stephane Renaud. Participation in Corporate University Training: Its Effect on Individual Job Performance[J]. Canadian Journal of Administrative Sciences 2004(4):295—306.

41. Lyn C. Maize and Joseph Daniel McCool. The New Corporate University: Global Impact on Learning and Development[J], Chief Learning officer,2007(8).

42. Lynn Slavenski. The Next Generation of Corporate Universities: Innovative Approaches for Developing2 People and Expanding Organizational Capabilities [J]. John Wiley & Sons International Rights, Inc. 2007.
43. Maike Andresen, Annett Irmer. Corporate Universities in Germany[J]. Corporate University Review, 1999(7): 24—25.
44. Maike Andresen, Bianka Lichtenberger. The Corporate University Landscape in Germany[J]. Journal of Workplace Learning, 2007(2): 109—123.
45. Marco Guerci. Training Evaluation in Italian Corporate Universities: a Stakeholder-based Analysis[J]. International Journal of Training and Development 14: 4.
46. Mark Allen. The Next Generation of Corporate Universities: Innovative Approaches for Developing People and Expanding Organizational Capabilities[M]. John Wiley & Sons International Rights, Inc. 2007.
47. Mark Allen. The Corporate University Handbook[M]. New York: AMACOM,2002.
48. 〔美〕马克·艾伦. 下一代企业大学——发展个人与组织能力的新理念[M]. 吴峰译. 北京: 世界图书出版公司,2010.
49. Martijn Rademakers. Corporate Universities: Driving Force of Knowledge Innovation[J]. Journal of Workplace Learning, 2005 (17): 130—136.
50. Michael J. Marquardt. Optimizing the Power of Action Learning [M]. Daviesblack Publishing, 2004: 2.
51. Nadler, L., & Nadler, Z. Designing Training Programs: The Critical Events Model (2nded.)[M]. Houston, TX: Gulf Publishing. Co. 1994.
52. Organization for Economic Co-operation and Development. The Knowledge-based Economy [M]. 1996.
53. P. A. Mclagan. Models for HRD Practice[M]. T& D Journey, 1989: 41—53.
54. 〔美〕菲利普斯. 学习的价值——组织学习如何获得更高投资回报率及管理层支持[M]. 吴峰译. 北京: 北京大学出版社,2011.
55. Paul B. Roberts. Human Resource Development Directory of Academic Programs in the United States. Published and Distributed by Hunt University of Texas at Tyler college of Business and Technology.
56. Peter Holland and Amanda Pyman. Corporate University: A Catalyst for Strategic Human Resource Development[J]. Journal of European Industrial Training, vol. 30 No.1,2006: 19—31.
57. Philip McGee. The Next Generation of Corporate Universities: Innovative Ap-

proaches for Developing People and Expanding Organizational Capabilities[M]. John Wiley & Sons International Rights, Inc. 2007.

58. Phillips, J. J. Return on Investment in Training and Performance Improvement Programs (2nd ed)[M]. Woburn, Mass.: Butterworth-Heinemann, 2003.

59. Prince & Stewart. Corporate Universities——An Analytical Framework. The Journal of Management Development[J]. 2002(10): 87.

60. Prince C. Beaver C. The Rise and Rise of the Corporate University: the Emerging Corporate Learning Agenda [J]. The International Journal of Management Education, 2001(2): 17—26.

61. R. Bilder Beek, P. denHertog, G. Marklund, I. Miles. Service in Innovation: Knowledge Intensive Business Services as Co-producers of Innovation[J]. the Result of SI4S, 1998(11).

62. Reiser, Robert A. A History of Instructional Design and Technology: Part two: A History of Instructional Design [J]. Educational Technology Research and Development. 2001, 49(2): 57—67.

63. Richard Dealtry. Case Research into Corporate University Developments[J]. Journal of Workplace Learning, volume 12, number 6. 2000: 252—257.

64. Richard Dealtry. The Corporate University's Role in Managing an Epoch in Learning Organization Innovation[J], Journal and Workplace Learning, vol. 18 No. 5, 2006.

65. Richard Dealtry. Frequently Asked Questions with Reference to the Corporate University[J]. Journal of Workplace Learning; 2001; 13, 5/6; ABI/INFORM Complete p. 254.

66. Shari Caudron. CLO Accountability[J]. Training & Development, 2003(2): 36—46.

67. Sue Shaw. The Corporate University Global or Local Phenomenon? [J]. Journal of European Industrial Training; 2005; 29, 1: ERIC p. 21.

68. T. R. Srinivasan, M. S. Parthasarathy, J. S. Dorothy, 王祎. 借助远程教学机构(DTI)促进企业大学员工发展[J]. 天津电大学报, 2009(6).

69. Tamer Elkeles, Jack Phillips. 首席学习官[M]. 吴峰译. 北京: 教育科学出版社, 2010: 28.

70. Thomas E. Moore(1997). The Corporate University: Transforming Management Education[J]. Accounting Horizons, Vol. 11 No. 1 March 1997 p. 77—85.

71. E-learning[EB/OL]. http://baike.baidu.com/view/302172.htm,2011-08-10.
72. 层次分析法[EB/OL]. http://baike.baidu.com/view/364279.htm, 2011-07-08.
73. 服务[EB/OL]. http://baike.baidu.com/view/133203.htm,2012-08-12.
74. 企业大学[EB/OL]. http://baike.baidu.com/view/166909.htm. 2012-09-12.
75. 隐性知识[OB/EL]. http://baike.baidu.com/view/68045.htm,2012-04-12.
76. 知识管理[EB/OL]. http://baike.baidu.com/view/2057.htm,2012-08-12.
77. 〔美〕彼得·圣吉. 第五项修炼：学习型组织的艺术与实务[M]. 郭进隆译. 上海：上海三联书店,1994.
78. 岑明媛. 企业大学：21世纪企业的关键战略[M]. 北京：清华大学出版社,2006.
79. 王楠,崔连斌. 学习设计[M]. 北京：北京大学出版社. 2013.
80. 〔美〕杨国安,大卫·欧瑞奇. 学习力：创新、推广和执行[M]. 北京：华夏出版社,2005.
81. 丁纪闽. 加强培训评估提高培训质量[J]. 水利技术监督,2000(5).
82. 董伟丽,侯凤梅,任锐. 企业E-learning培训的出路——企业大学[J]. 中国现代教育装备,2007(3).
83. 〔美〕菲利普斯. 培训评估与衡量方法手册[M]. 李元明,林佳澍译. 天津：南开大学出版社,2001.
84. 高琼琼. 终身学习的特点及原因探究——从终身教育到终身学习[J]. 当代教育论坛,2009(7).
85. 高志敏. 关于终身教育、终身学习与学习化社会理念的思考[J]. 比较教育研究,2003(9).
86. 何辉. 企业大学及其在我国的发展建议[J]. 江苏商论. 2008(4).
87. 胡秀英. 终身学习政策的比较研究及对我国的启示[J]. 职教论坛,2009(3).
88. 胡瑛. 首席学习官胜任力研究[D]. 北京大学,2009.
89. 华茂通咨询. 员工培训与开发[M]. 北京：中国物资出版社. 2003.
90. 黄健. 造就组织学习力[M]. 上海：上海三联书店,2003.
91. 〔英〕吉本斯. 知识生产的新模式——当代社会科学与研究的动力学[M]. 陈洪捷,沈文钦译. 北京：北京大学出版社,2011.
92. 江凤娟,吴红斌,吴峰. 美国、韩国、中国台湾地区企业E-learning的发展分析及启示[J]. 中国远程教育,2012(9).
93. 蒋微微. 发电企业员工培训效果评估模型及企业收益研究[D]. 华北电力大学（保定）,2007.
94. 经济合作与发展组织. 以知识为基础的经济[M]. 北京：机械工业出版社,1997.

95. 柯比.学习力[M].金粒编译.海口：南方出版社,2005.
96. 〔英〕莱斯利·瑞.培训效果评估（第三版）[M].牛雅娜,吴盂胜,张金普译.北京：中国劳动社会保障出版社,2003.
97. 乐传永,王清强.企业大学研究综述[J].职业技术教育,2011(1).
98. 李楠.外国企业大学发展研究[D].华东师范大学,2010.
99. 李玮.从培训中心到企业大学——基于组织变革的研究[D].北京大学,2012.
100. 李湘玲.走进企业大学[J].人力资源.2007(12).
101. 李雪松.从四个不同角度看企业大学[J].今日工程机械,2009(12).
102. 梁林梅,桑新民.当代企业大学兴起的解读与启示[J].教育研究,2012(9).
103. 林东清.知识管理理论与实务[M].北京：电子工业出版社,2005.
104. 蔺雷,吴贵生.服务创新：研究现状、概念界定及特征描述[J].科研管理,2005(3).
105. 刘春雷、吴峰、董焱.知识视角下的企业大学研究[J].现代远程教育研究,2010(11).
106. 刘春雷,吴峰.企业大学的发展定位与价值实现——以中国电信学院为例[J].现代远程教育研究,2011(9).
107. 刘春雷,吴峰.组织学习绩效评估模型初探.见：中国通讯业企业大学教学研究会论文集编委会编,行业文化与企业大学建设[C].北京：人民邮电出版社.2011.
108. 刘辉,潘娜.企业大学的运营模式及发展趋势——摩托罗拉大学的管理实践启示[J].人力资源,2007(6).
109. 刘美凤,方圆媛.绩效改进[M].北京：北京大学出版社,2011.
110. 刘松博,魏丽丽.论中国企业大学的发展策略——以美国经验为背景的分析[J].财经问题研究,2008(4).
111. 刘新军.点石成金：企业培训与实务[M].沈阳：沈阳出版社.2002.
112. 刘雨昕,李文超,郭燕飞.组织与学习[M].北京：北京大学出版社,2011.
113. 留岚兰.浅谈培训效果评估[J].技术经济与管理研究,2004(5)：23.
114. 罗建河.国外企业大学的发展与启示[J].高教探索,2011(1).
115. 苗青.培训效果评价方法设计[J].中国人才,2002(12).
116. 倪春,施옸生等.层次分析法在培训效果评估中的应用[J].开发技术,2005(4).
117. 聂永刚.企业人力资本投资浅析[J].贵州财经学院学报,1999(1).
118. 彭胜峰.企业培训效果评估系统设计与应用[D].西北大学,2007.
119. 齐建国.对培训评估工作的再认识[J].石油化工管理干部学院学报,2004(3).

120. 任之光,张彦通. 企业大学的发展与思考[J]. 高等工程教育研究,2009(1).
121. 日本世界教育史研究会. 六国技术教育史[M]. 李永连,赵秀琴,李秀英译. 北京:教育科学出版社,1984.
122. 〔美〕彼得·圣吉. 第五项修炼:学习型组织的艺术与实践[M]. 张成林译. 北京:中信出版社,2009.
123. 史蒂芬·迪夫. 学习力[M]. 常桦译. 延吉:延边人民出版社,2003.
124. 宋西玲. 基于成人教育视角的企业大学发展研究[J]. 湖北大学成人教育学院学报,2012(10).
125. 童小平. 系统视角下的组织学习力研究[D]. 北京大学,2012.
126. 王根顺,马莉. 从人力资本投资理论看现代企业大学[J]. 职业技术教育,2008(12).
127. 王根顺,马莉. 英国开放大学的质量保证经验对我国企业大学 E-learning 的启示[J]. 黑龙江教育(高教研究与评估),2008(7)(8).
128. 王鲁捷,钟磊. 企业培训效果评估方法研究[J]. 中国培训,2003(6).
129. 王世英. 企业大学做什么——企业大学功能及其对组织学习能力的影响研究[M]. 北京:经济科学出版社,2011.
130. 威廉·J.罗斯威尔,约翰·E.林霍尔姆,威廉·G.沃利克. CEO 期望的公司培训[M]. 李小铁,林钢译. 北京:北京大学出版社,2007.
131. 尉玮. 基于人力资本投资理论的企业大学运作模式与发展趋势探析[D]. 北京交通大学,2010.
132. 吴峰. 终身学习在行业中的发展趋势——企业大学与企业 E-learning[J]. 中国远程教育,2012(3).
133. 吴峰,白银. 企业大学发展及趋势研究[J]. 高等工程教育研究,2012(7).
134. 吴峰,李元明,熊春苗. 企业 E-learning 实施与活动设计个案研究[J]. 现代远程教育研究,2010(3).
135. 吴峰,童小平,黄志刚,夏冰. 基于岗位技能认证的企业数字化学习案例研究——以中国电信"大规模在线岗位技能认证"项目为例[J]. 中国远程教育,2011(3).
136. 吴峰. 基于场论的企业大学模型[J]. 现代远程教育研究,2012(5).
137. 吴峰. 企业数字化学习[M]. 北京:北京大学出版社,2011.
138. 吴峰. 企业数字化学习的十大发展主题[J]. 现代远程教育研究,2010(5).
139. 吴峰. 企业数字化学习项目评估指标体系研究及定量分析[J]. 远程教育杂志,2010(10).

140. 〔美〕埃尔克莱斯,菲利普斯. 首席学习官——在组织变革中通过学习与发展驱动价值[M]. 北京:教育科学出版社,2010.
141. 向永康,徐东飞. 探索具有南方电网特色的企业大学建设之路[J]. 中国电力教育,2012(12).
142. 闫芬. 企业大学在中国的发展、问题与对策——以奥康企业大学为例[D]. 上海交通大学,2008.
143. 晏秋阳,曹亚克. 企业员工培训效果评估模式的探讨[J]. 江西行政学院学报,2002(S1).
144. 野中郁次郎. 知识创新型企业[M]. 北京:中国人民大学出版社,1999.
145. 俞文. 世界高等教育学位制度新的发展趋势[J]. 高等理科教育,1993(3).
146. 袁凌,朱瑞娟. 国外企业培训效果评估方法的比较分析[J]. 湖南经济管理干部学院学报,2004(4).
147. 袁锐锷,文金桃. 美国企业大学现象透视[J]. 华南师范大学学报(社会科学版),2002(8).
148. 袁锐锷,文金桃. 试析美国企业大学的现代高等教育性征[J]. 比较教育研究,2002(12).
149. 张竞. 企业大学研究[M]. 北京:经济科学出版社,2011.
150. 张祖忻. 绩效技术概论[M]. 上海:上海外语教育出版社,2005.
151. 中国国家标准化管理委员会. 知识管理第1部分:框架[M]. 北京:中国标准出版社,2009.
152. 摩托罗拉大学. http://www.cjol.com/article/hrassistant/counsel/87971.htm [OB/EL]. 2012-09-12.
153. 周江林. 企业大学创建与发展的战略思考[J]. 中国高等教育评估,2005(11).
154. 朱国玮,左阿琼. 基于企业大学视角的知识转移研究[J]. 中国软科学,2010(5).

后 记

从四年前开始准备这个研究,到现在终于能脱稿付梓了。期间教育学院同事们的学术支持及许多企业大学同行的调研支持,是我坚持不懈完成本书的最大动力。

几年前我注意到企业大学在国内外遍地开花式地发展。一些高校的学术同行询问我,企业大学到底是什么?一些企业教育部门的负责同志也在期盼,能不能对企业大学做一个研究性解读。作为在北京大学从事企业教育研究的一员,这份期盼,既让我备感荣幸,也让我意识到责任。而我已有的关于企业大学的研究及相关资料储备相当有限,于是我去检索国外相关研究文献,找到了几十篇,但是这些文献主要是以操作性为主,理论研究性较少。所幸的是,在整个研究开展的过程中,国外陆陆续续又有一些相关研究性文献刊出,丰富了研究的视角。

为支持这个研究,我随后启动了两项工作。第一项,翻译了 Mark Allen 的《下一代企业大学》这本书,并于 2009 年在世界图书出版公司出版;第二项,在 2010 年启动了国内企业大学的问卷调查及实地调研。我们选择了国内一些比较优秀的企业大学作为研究对象,在此特别感谢中国电信学院、宝钢人才开发院、招银大学、中航大学、中兴通讯学院、忠良书院、爱立信学院、IBM 学习与知识部、腾讯学院、国美管理学院等的大力支持,感谢参加调研与访谈的这些企业大学的员工。例如中国电信学院的访谈记录达到了七万多字,宝钢人才开发院院长和我进行了长达六个小时的交流,没有他们的大力支持,就不会有本书的第一手实证数据来源,就没有本书的面世。

企业大学是一个复合体,并且本身处于不断发展的过程中,试图去全方位地分析它可能是一个永远也完成不了的任务,因此本研究伊始就计划从一个视角去剖析企业大学。一方面,如果用教育的框架去诠释企业大学,就会陷入理想主义,因为企业成立企业大学很显然不是以纯粹地培养员工为目的。另一方面,也不能完全用企业的理论框架来诠释它——完全用经济绩效指标来年度考核企业大学的话,那么,绝大部分企业大学是亏损的,是不能够持久的。因此,企业大学是一个复杂的研究对象,分析框架的选择正是本研究的难点之一。通过国外文献阅读及国内企业大学实证调研,我逐步形成了一个观点:"企业大学是企业学习的创新"。因此,我最终选择企业大学的学习创新作为本书的研究视角。本书以企业大学定义的思辨、企业大学国内外文献综述、企业大学发展路径作为研究铺垫,然后从创新模型的四要素出发,分别就理念、管理、知识与方法、技术方面研究企业大学的新内容、新内涵,对于每一个要素组成的逻辑性,本书反复求证,并且力求在实证中得到支持。研究结论表明,企业大学的创新是具体的、丰富的以及深刻的。这个研究结论也支持了企业大学存在的合理性。

启动这个研究之初心存怯意,一是关于企业大学的研究相对较少,心中没有底,略有担心;二是学术界有些学者对于企业大学持微妙的"反感"态度。但是在进行研究的四年之中,行业中企业大学出现得越来越多,发展得也越来越规范,专家与学者们对企业大学的好感渐强,对企业大学渐持理解与尊重的态度,这使得自己对本研究的信心倍增。去年,我申请的企业大学方面的研究项目终于获得了国家社会科学基金的批准,这一纸立项通知书看起来很轻,但对于我来说很重——权威部门终于认同了企业大学的存在价值。

本书不仅得到北京大学教育学院许多良师益友的帮助,也得到了许多行业专家的意见,在此不一一列出名字,兹表以衷心地感谢。本书有些内容也引入了我指导的研究生的有意义的思考。感谢北京大学出版社的姚成龙、邱懿、郝静三位同志,没有他们的催促与支持就没有本书的面世。

北京大学企业与教育研究中心马上要过五周年的生日,谨以此书出版作为对它生日的献礼。

书中如有不到之处,谨待贤师、益友、同行批评与指正,不胜感谢。

吴 峰
2013 年 1 月